JOSÉ ZAIB   JACOB GRIBBLER

MANUAL DE COACHING EDUCACIONAL

TRANSFORMANDO GESTORES E PROFESSORES EM LÍDERES INSPIRADORES

1ª EDIÇÃO

São Paulo, 2013

Copyright Editora Leader
Todos os direitos desta edição são reservados à Editora Leader e José Zaib

Direção de projeto
Andréia Roma

Edição
José Zaib e Roberta Regato

Ilustração
Claudio Assis

Projeto gráfico e diagramação
Roberta Regato

Revisão
Nina Regato e José Zaib

**Dados Internacionais de Catalogação na Publicação (CIP)
(Câmara Brasileira do Livro, SP, Brasil)**

Zaib, José
Manual de coaching educacional : transformando gestores e professores em líderes inspiradores / José Zaib, Jacob Gribbler. -- 1. ed. -- São Paulo : Editora Leader, 2013.

Bibliografia
ISBN 978-85-66248-04-3
1. Educação 2. Educação - Brasil 3. Educadores - Formação 4. Ensino 5. Pedagogia I. Gribbler, Jacob. II. Título.

13-05434   CDD-370

Índices para catálogo sistemático: 1. Pedagogia : Educação 370

EDITORA LEADER
Rua Nuto Santana, 65, sala 3, 2º andar
Cep: 02970-000, Pereira Barreto, São Paulo - SP
(11) 4113-9464 / andreiaroma@editoraleader.com.br

DEDICATÓRIAS

por José Zaib

Ao eterno e inesquecível mestre e professor, Francisco José Antonio - meu pai -, por ter sido o melhor Coach e líder inspirador da minha vida! Agradeço por tudo o que fui, sou e serei.

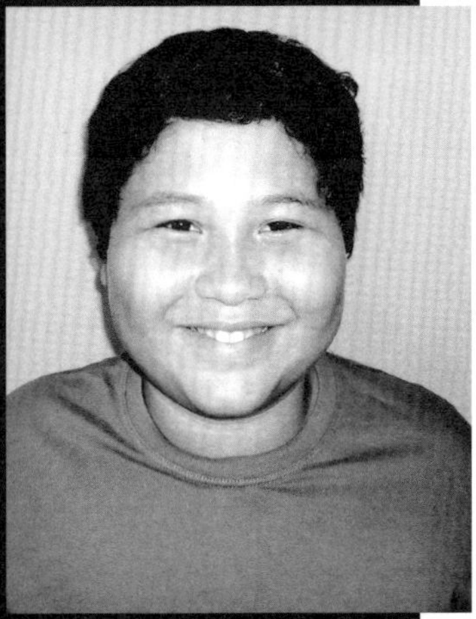

Ao meu filho, José Kayan, que já exercita, por natureza, os seus questionamentos como criança Coach e que me acompanha em minhas aulas, palestras, seminários e congressos, me instigando, diariamente, ao me fazer melhores perguntas.

---

por Jacob Gribbler

Dedico aos meus filhos, com quem tenho aprendido muito e que serão meus continuadores, e a todos os desenvolvedores de pessoas, professores, coaches e coachees que me inspiraram e me encorajaram para alcançar essa meta.

AGRADECIMENTOS

por José Zaib

A DEUS!

Aos meus pais, Francisco e Conceição, primeiros e mais importantes Coaches da minha vida!

Ao trainer e Coach Tom Best (in memorian), mestre querido, verdadeiro e congruente.
Aos Coaches e amigos, Márcio Pontes (Brasil), Oswaldo Toscano (Equador), Raul Flores Casafranca (Peru) e Leonarda Lopes (Portugal) pelo carinho e incentivo.

À minha família. Aos meus irmãos Francisco, Márcia, Paulo e Juan.

Aos meus irmãos mais velhos, Osvaldo Pereira Filho, o "Santa Cruz", Lúcia Ladeira e Luiz Sayão, Inês, Tarcísio e Aleksandra, que há 40 anos participam comigo na arte de Escalar Montanhas e no Mountain Coaching, compartilhando conhecimento, experiências e respeito à grande Teia da Vida e que continuam contribuindo para manter acesa a chama do Montanhismo Amador no Brasil através da UNICERJ.

Ao engenheiro e amigo Jacob Gribbler Neto, que me incentiva com seus feedbacks profissionais e de vida.

Aos meus amigos e colaboradores nos colégios Dom Óton Mota, Cinco de Julho, José de Alencar, Dom Óton Mota Júnior, Brasildata, Faculdade Machado de Assis, Faculdades da Costa Verde, Anhanguera-Uniderp, Barão de Mauá e INeP/EBCE.

Minha gratidão!

---

por Jacob Gribbler

Agradeço a Deus, à minha família, a todos que contribuíram para a minha formação pessoal e profissional e àqueles que vivenciaram comigo as minhas diversas jornadas, em especial ao prof. José Zaib Antonio - coprodutor das enriquecedoras possibilidades de realização da minha missão de vida.

ÍNDICE

PREFÁCIO
Por JOSÉ ROBERTO MARQUES 8

Bem-vindo ao MANUAL DE COACHING EDUCACIONAL 10

PARTE 1

CAPÍTULO 1
Apresentação e considerações iniciais 15

CAPÍTULO 2
Engenharia Humana e Metafísica do Coaching 31

CAPÍTULO 3
Autocoaching (Autoconhecimento/Self Coaching) 43

CAPÍTULO 4
Processo de mudança 89

CAPÍTULO 5
Fundamentos do Coaching 99

CAPÍTULO 6
A Metodologia APOIAR 121

PARTE 2

CAPÍTULO 7
Neurocoaching 209

CAPÍTULO 8
Ferramentas da PNL - Programação Neurolinguística aplicadas ao Coaching 219

PARTE 3

CAPÍTULO 9
Leituras interessantes em Coaching Educacional 283

CAPÍTULO 10
Formulários para utilização e apoio ao processo de Coaching 305

CAPÍTULO 11
Aforismos para reflexões ontológica e profissional 341

PARTE 4

CAPÍTULO 12
Avaliação e feedback 355

CAPÍTULO 13
A EBCE, o INeP, a RBCE, THE COACHING GAME e TIAEC 361

CAPÍTULO 14
FCE - A Formação em COACHING EDUCACIONAL 369

PARTE 5

CAPÍTULO 15
Referências bibliográficas, referências da Web 375
Os autores 382

PREFÁCIO

"Feliz aquele que transfere o que sabe e aprende o que ensina", disse sabiamente a poetisa goiana, Cora Coralina. Com certeza esta é a missão de vida de meus queridos José Zaib e Jacob Gribbler, autores deste livro e desta extraordinária ideia de incorporar os poderosos benefícios do Coaching à melhoria da educação brasileira.

Todos nós somos eternos aprendizes e porque não dizer, eternos professores. O que nos difere é a forma com que escolhemos oferecer ao outro e a nós mesmos, evolução contínua, através do aprendizado.

O conhecimento é um bem precioso e está ao alcance de todos. Para acessá-lo, basta apenas abrir-se para aprender mais e mais. Com isso, brota dos olhos uma luz diferente, que soluciona, clareia, questiona, conduz, conforta, transcende, e traz à tona uma infinidade de respostas, antes despercebidas.

Na pirâmide do Processo Evolutivo, em seu terceiro nível, o Coach tem o papel de Professor, ou seja, o daquele que apoia o desenvolvimento efetivo das Capacidades e Habilidades, individuais e coletivas de seus "alunos", e os estimula, intelectualmente, a pensarem "fora da caixa" e ousarem ir além.

Deste modo, o professor é também **guia, mentor, patrocinador,** que de forma visionária, carismática e positiva, mobiliza seus estudantes a acreditarem em si e a transformarem dificuldades em oportunidades reais de crescimento. E com isso, ele torna os cidadãos mais conscientes de seu potencial infinito.

Mas como fazer com que nossos professores e gestores escolares deem seu melhor? Como torná-los líderes inspiradores? Como estimulá-los em meio a tantas dificuldades? Como motivá-los a enfrentar os desafios do dia a dia? Como fazê-los não desacreditar em seu papel transformador na educação?

Estes são alguns questionamentos importantes que o **MANUAL DE COACHING EDUCACIONAL – Transformando Gestores e Professores em Líderes** Inspiradores aborda; como também são reflexões poderosas que o levarão a conhecer o Poder do Coaching, aplicado no contexto educacional.

Com certeza, este é um excelente aliado neste processo de formação dos líderes escolares, proposto aos professores e gestores neste livro, uma vez que estimula o desenvolvimento sistêmico do **"eu pessoal e profissional"**, e o alinhamento de valores, de forma congruente, com a missão de vida de cada educador.

Educar é o dom de ensinar e aprender. É uma via de mão dupla. É um dar e receber sem fim. Este livro é um convite a reflexão e a valorização destes agentes de mudança tão essenciais em nossas vidas e sociedade, que agora mais do que professores também podem tornar-se **Líderes Coaches.**

Venha com José Zaib e Jacob Gribbler nesta jornada de conhecimentos e tenha uma LEITURA EXTRAORDINÁRIA!

José Roberto Marques

Master Coach Trainer

Presidente do Instituto Brasileiro de Coaching – IBC.

Bem-vindo ao MANUAL DE COACHING EDUCACIONAL

Olá, tudo bem ?

Sou José Zaib, Psicólogo, Master Coach e Trainer em Programação Neurolinguística.

Também sou conhecido pelo carinhoso apelido de "Prof. Zezinho", por participar, há muitos anos, de importantes processos educacionais nas regiões onde vivo: Santa Cruz – Zona Oeste do município do Rio de Janeiro e Itaguaí – Costa Verde do Estado do Rio de Janeiro, locais onde fundei as primeiras faculdades e ainda continuo dirigindo importantes instituições de ensino como o Colégio Dom Óton Mota, o Centro Educacional Cinco de Julho, o Colégio José de Alencar, o Colégio Dom Óton Mota Jr. e as Faculdades Machado de Assis e da Costa Verde.

Em 2008, fundei um dos mais importantes centros de desenvolvimento humano do Brasil: **o INeP – Instituto de Neurolinguística e Psicologia Aplicada** que, desde então, tem como missão levar as Neurociências aos educadores .

Em 2013, idealizei e fundei a **EBCE – Escola Brasileira de Coaching Educacional**, como processo natural de desdobramento das atividades do INeP, sendo que a EBCE tem como missão exclusiva a irradiação das ferramentas, técnicas e atitudes do Coaching para a Educação.

O **MCE – MANUAL DE COACHING EDUCACIONAL** foi idealizado para compartilhar com os Gestores Educacionais, Diretores, Coordenadores, Pedagogos, Psicopedagogos, Psicólogos e Professores conhecimentos e práticas que adquiri ao longo dos últimos anos, aprendendo com alguns dos mais conceituados e melhores Coaches e Treinadores do Mundo, notadamente os da Europa e dos EUA.

E, como processo natural da Roda da Abundância, da Prosperidade e do Conhecimento e Aprendizagem, compartilho com cada um dos leitores deste Manual e dos nossos alunos da **Formação em Coaching Educacional**, os fragmentos destes preciosos e poderosos conhecimentos, para que cada um de vocês criem, construam, constituam seus próprios mapas e caminhos de desenvolvimento, aprimoramento pessoal e profissional, vida de qualidade e qualidade de vida, para que construamos, cada vez mais, um mundo mais harmonioso e feliz.

Vou acompanhá-los, ao longo deste Manual, para apoiá-los sempre que vocês desejarem compartilhar situações de aprendizagem e obter feedbacks.

Vocês também poderão comunicar-se comigo através dos e-mails específicos que criei para o relacionamento com os usuários deste **MCE – Manual de Coaching Educacional** e da **Formação em Coaching Educacional**: mce@ebce.net.br / fce@ebce.net.br

"É necessário, verdadeiramente, saber, para não ser um cego a conduzir outro cego."
Sócrates

PARTE 1

CAPÍTULO 1

APRESENTAÇÃO E CONSIDERAÇÕES INICIAIS

- Proposta do Manual de Coaching Educacional
- Apresentação
- Objetivo e estrutura
- Os Ministérios da Educação e da Saúde advertem...
- O ciclo da aprendizagem
- Modelo para aprendizagem
- O aprender está no fazer
- Reflexão
- O professor Coach
- Perguntas iniciais
- Apresentação pessoal

A PROPOSTA DESTE MANUAL

O **MANUAL DE COACHING EDUCACIONAL** surgiu da demanda de gestores educacionais, diretores, coordenadores, psicólogos, psicopedagogos, fonoaudiólogos, terapeutas, diretores e gerentes de RH e outros profissionais liberais que estão comprometidos com capacitação, qualificação, educação e desenvolvimento humano.

COACHING, FILOSOFIA E PEDAGOGIA

São os PROFESSORES os grandes propulsores da sociedade e acreditamos que os mesmos serão os grandes beneficiados deste **MANUAL DE COACHING EDUCACIONAL**, pois nossas escolas, faculdades e universidades ainda não os formam plenamente no que se refere às suas potencialidades de AUTODESCOBERTA, AUTOCONHECIMENTO, AUTOESTIMA e GERENCIAMENTO DAS SUAS INTELIGÊNCIAS MÚLTIPLA E EMOCIONAL.

Neste ponto, ao analisar a etimologia da palavra e conceito PEDAGOGIA, temos:

"A ciência de bem conduzir no modo de ser e viver, de pensar e agir. O termo Pedagogia vem do grego: pais, paidós = criança e ago = conduzir, guiar."

"Conduzir ou guiar crianças pelas mãos. Quem conduzia era um escravo culto ou liberto, chamado de PEDAGOGO: o condutor ou o guia."

Hoje, o pedagogo é caracterizado não como condutor, mas como orientador.

E, neste ponto, a PEDAGOGIA e o COACHING possuem linhas de convergência e abrangência.

"Sócrates, usando de uma profunda atitude didática e pedagógica, não apresentava ideias definitivas ou prontas, antes promovia a geração de ideias. Ou seja, o discípulo devia gerar ideias próprias com a ajuda do mestre..."

Assim, esperamos que este **MANUAL DE COACHING EDUCACIONAL** promova a integração entre os saberes tradicionais aprendidos em nossas instituições educacionais, através da PEDAGOGIA e da DIDÁTICA, e os potencialize, apoiando nossos professores, educadores e profissionais em geral por caminhos de realização pessoal e coletiva, transcendendo-os para a plena realização das suas vidas.

Os autores.

APRESENTAÇÃO

O **MANUAL DE COACHING EDUCACIONAL** é um dos mais completos livros para utilização em formação de Coaching orientado para educadores do Brasil e da América Latina.

É um produto inédito e exclusivo, idealizado e estruturado pela EBCE - Escola Brasileira de Coaching Educacional e pelo INeP - Instituto de Neurolinguística e Psicologia Aplicada.

O propósito é oferecer à elite educacional e inteligente do país, dos estados e dos municípios e também para toda a América Latina, EUA e Europa, informação, conhecimento e treinamento poderoso e transformador.

O objetivo deste manual é compartilhar experiências, conhecimento e habilidades na prática e aplicação dos conceitos, metodologias, ferramentas e atitudes no processo de Coaching.

Ao se apropriar e internalizar o processo de Coaching aqui compartilhado, o professor Coach se tornará uma pessoa melhor e um profissional de educação cada vez mais competente e preparado para os desafios tecnológicos, sociais e de desenvolvimento humano presentes nos processos educacionais.

Certamente, ao adquirir este MANUAL DE COACHING EDUCACIONAL e realizar a FORMAÇÃO EM COACHING EDUCACIONAL, você faz parte deste paradigma de um novo profissional de educação que emerge na sociedade e, por isso, pode, merece e é capaz de participar deste seleto time de professores que já está fazendo a diferença na educação do século XXI.

Afinal, existem alguns tipos de professores:

- Os que ficam vendo as coisas acontecerem.

- Os que perguntam: o que aconteceu?

- Os que fazem acontecer, mas não sabem o que fazer com o que acontece.

- Os que fazem acontecer e sabem o que fazer com o que acontece.

Em qual desses grupos você escolhe estar?

OBJETIVO E ESTRUTURA

Proporcionar aos leitores e participantes da Formação em Coaching Educacional, o conhecimento, habilidades e atitudes de Coach, através da apropriação e internalização dos conceitos, técnicas, ferramentas e atitudes que fundamentam o processo de Coaching.

O FOCO, o OBJETVO e o PROPÓSITO do curso não serão a simples transmissão ou ensino de técnicas ou ferramentas e sim desenvolver a capacidade de aprender a aprender tanto do professor Coach quanto dos seus clientes diretos, seus alunos, tornando o processo de ensino-aprendizagem mais dinâmico, agradável e com resultados efetivos, proporcionando, tanto aos professores Coaches quanto aos seus alunos e pares, visão e compreensão, além de consciência sistêmica para a importância do AUTOCONHECIMENTO, dos RELACIONAMENTOS e da COMUNICAÇÃO, envoltos, sempre, em ambiente e ações de solidariedade, empatia, rapport, carinho e amor.

Neste limiar do século XXI, com a inserção das novas Tecnologias de Informação, Cibernética, Inteligência Artificial e Redes Neurais, Biomedicina, Psicologia Positiva e Transpessoal e da Espiritualidade, a Educação ingressa definitivamente na exploração e utilização do poderoso potencial mental e cerebral inerentes ao ser, no desenvolvimento e transcendentalidade humana.

OS MINISTÉRIOS DA EDUCAÇÃO E DA SAÚDE ADVERTEM: COACHING FAZ BEM PARA A VIDA!

O Coaching é a arte do relacionamento e da comunicação entre pessoas que buscam resultados satisfatórios.

O Coaching é um processo de avaliação, planejamento e construção de ações que visam a atingir objetivos pessoais e profissionais.

O Coaching é um processo fundamentado na confiança, na empatia e no comprometimento.

O processo de Coaching utiliza-se de metodologias, ferramentas e abordagens multidisciplinares que visam à descoberta de valores, ao desenvolvimento de competências, habilidades, aumento de desempenho e performance.

O Coaching busca a plena realização da sua vida.

O Coaching, quando orientado e aplicado aos processos de ensino e aprendizagem e de gestão de pessoas em educação, é poderosa ferramenta para o desenvolvimento do aprender a aprender e...fazer!

Todavia, em momento algum, o conhecimento e a prática do Coaching substituirão as relações de afeto, carinho e amor entre o professor e o aluno.

Poderão ampliá-las e potencializá-las.

"Vivendo se aprende; mas o que se aprende mais é fazer outras maiores perguntas."
Guimarães Rosa

MODELO PARA APRENDIZAGEM UTILIZADO NA FORMAÇÃO EM COACHING EDUCACIONAL

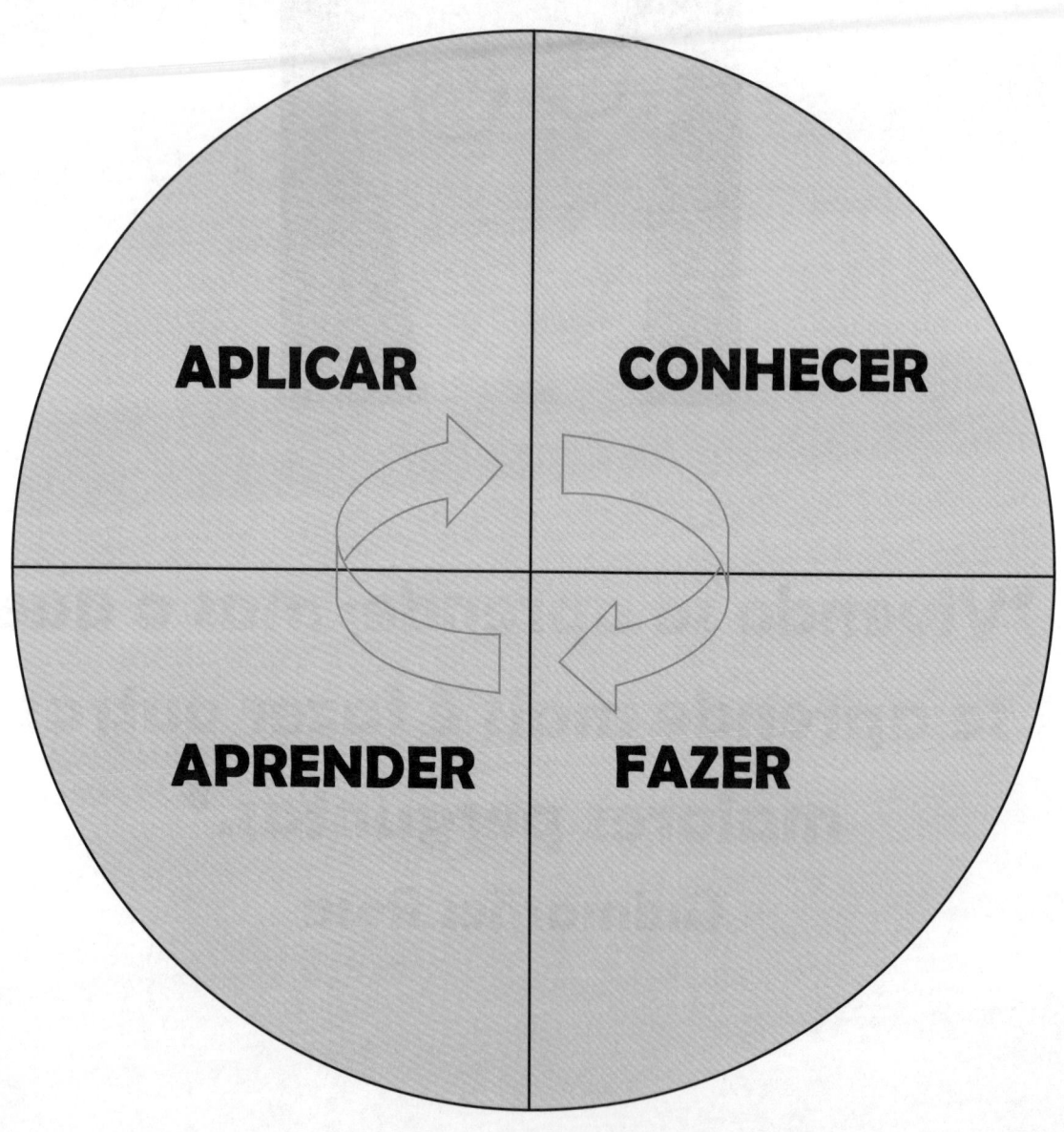

O CICLO DA APRENDIZAGEM

COMPETÊNCIA INCONSCIENTE

"Não sabe que sabe"

COMPETÊNCIA CONSCIENTE

"Sabe que sabe"

INCOMPETÊNCIA CONSCIENTE

"Sabe que não sabe"

INCOMPETÊNCIA INCONSCIENTE

"Não sabe que não sabe"

O APRENDIZADO ESTÁ NO FAZER

PRESSUPOSIÇÃO ESQUEMÁTICA DO PROCESSO DE APRENDIZAGEM QUE UTILIZAREMOS NESTE MANUAL DE COACHING EDUCACIONAL

Só se aprende COACHING fazendo COACHING.

Esta é a premissa que utilizaremos em nosso **MANUAL DE COACHING EDUCACIONAL**, um livro prático e objetivo que, associado ao treinamento e à Formação em COACHING EDUCACIONAL, lhe tornará uma PESSOA e um PROFISSIONAL mais consciente, responsável e cada vez mais comprometido com você mesmo e com o seu semelhante.

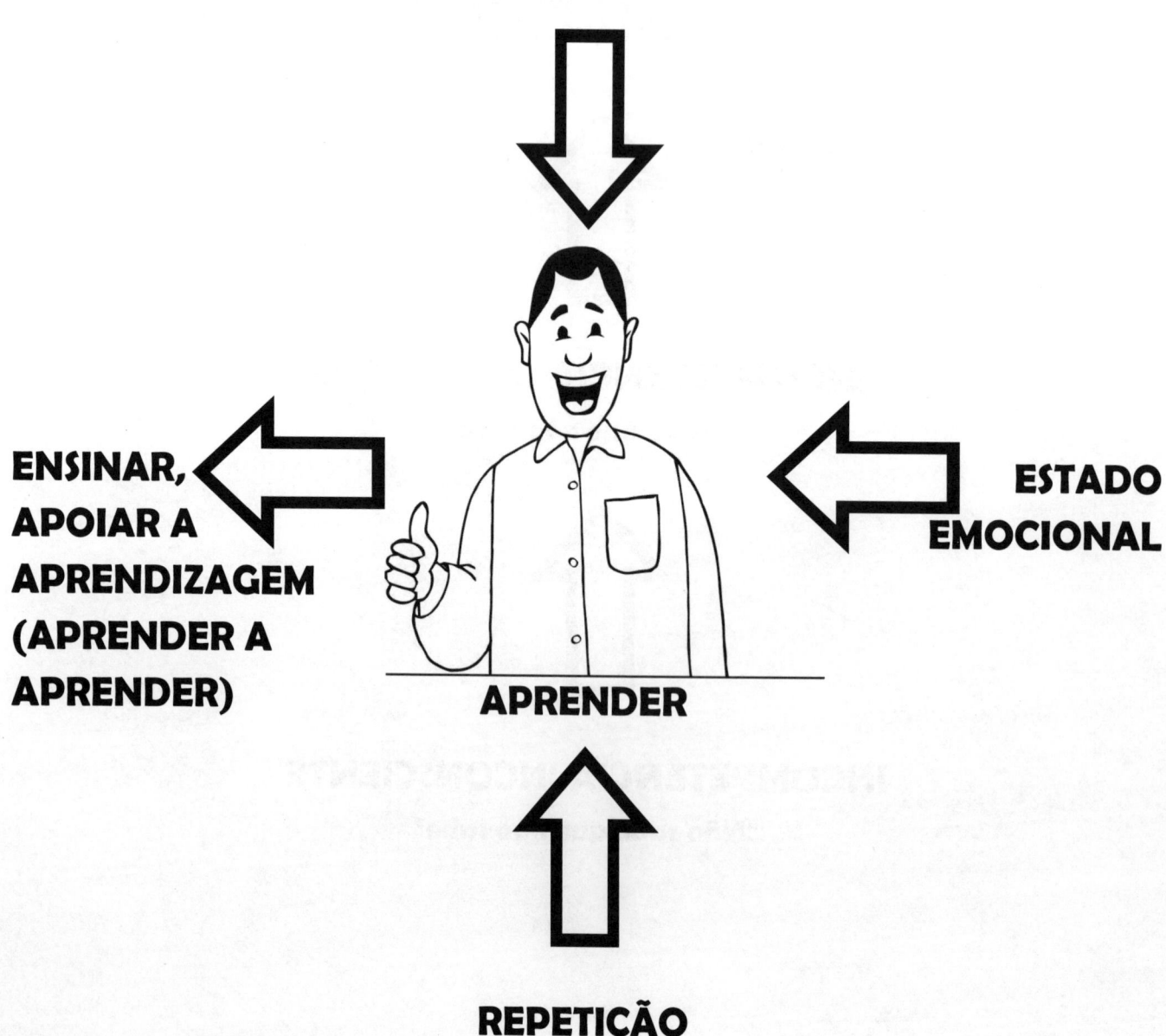

REFLEXÃO

Afirmam que:

• As ideias, filosofias, literaturas, artes, ciências ou conhecimento nasceram de questionamentos;

• As notáveis histórias, grandes feitos e conquistas humanas, biografias, realizações de sucesso, empreendedorismo e lideranças aconteceram a partir de posturas e atitudes de interrogação.

O COACHING potencializa esta investigação e faz com que as pessoas ajam...

- QUER CONHECER COMO?

O PROFESSOR COACH

- Se autoconhece.
- É competente na gestão das suas emoções (inteligência emocional).
- Apoia as pessoas a fazerem e conquistarem metas e objetivos e uma vida extraordinária.
- É um mestre nos relacionamentos e nas comunicações intra e interpessoais.
- Possui conhecimentos, habilidades e atitudes para apoiar na transformação e nas mudança humanas.
- Ajuda as pessoas a verem além do que são hoje, para enxergarem o que elas querem se tornar amanhã.

Quando perguntaram a Tales de Mileto o que era difícil, ele disse:

" Conhecer a si mesmo!"

E o que era fácil?

"Aconselhar o outro."

Diógenes Laertius, Tales

PERGUNTAS INICIAIS

- O que o motiva para ser Coach?

- O que o influencia e motiva para o Coaching?

- Como será ao se transformar em um Coach?

- De que forma você vai se comportar?

- Conte-me sobre esta sua experiência como professor(a) Coach.

APRESENTAÇÃO PESSOAL

Nome:
_____

O que faz:
_____
_____
_____
_____
_____

Time:
_____

Hobby:
_____
_____
_____
_____

O que espera do MANUAL DE COACHING EDUCACIONAL/FORMAÇÃO EM COACHING EDUCACIONAL?
_____
_____
_____
_____
_____

2

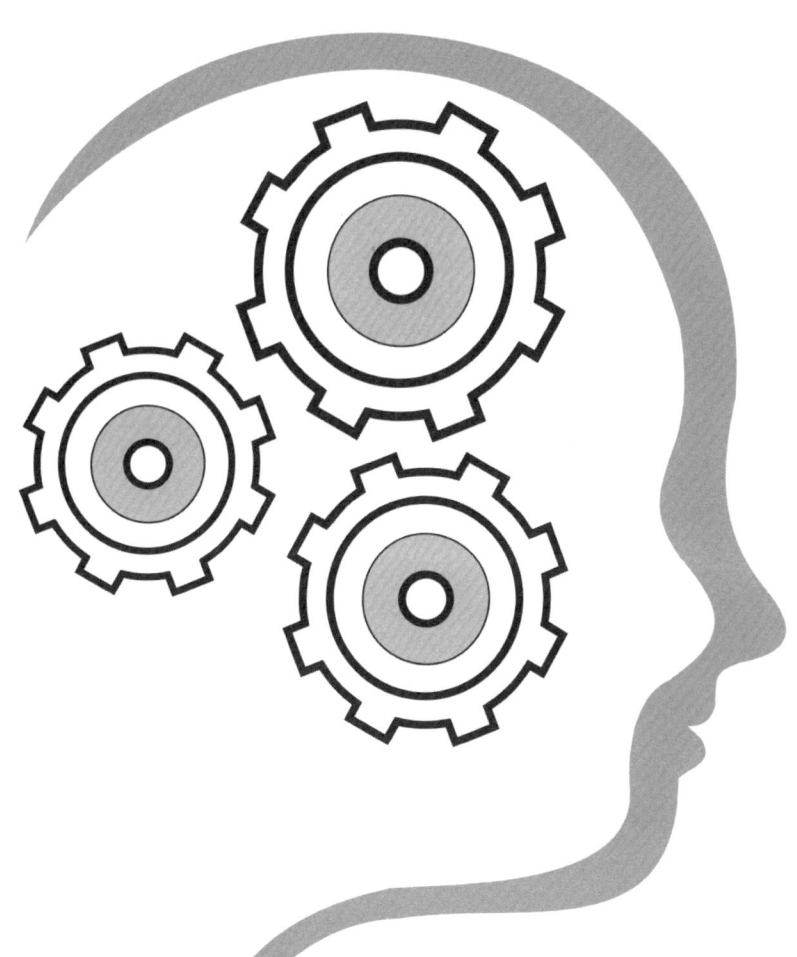

CAPÍTULO 2

ENGENHARIA HUMANA E METAFÍSICA DO COACHING

- Abordagem sistêmica no processo de Coaching
- Metáforas dos resultados 1 e 2
- Rudimentos matemáticos em Coaching
- Meta-Algorítimo em Coaching
- "DESenvolvimento"

"O MAPA NÃO É O TERRITÓRIO"

Nossos mapas mentais do mundo não são o mundo. Reagimos aos nossos mapas ao invés de reagirmos diretamente ao mundo.

Mapas mentais, especialmente sensações e interpretações, podem ser atualizados com mais facilidade do que se pode mudar o mundo.

ABORDAGEM SISTÊMICA NO PROCESSO DE COACHING

"CORPO E MENTE SÃO PARTES DO MESMO SISTEMA"

Nossos pensamentos afetam instantaneamente nossa tensão muscular, respiração e sensações. Estes, por sua vez, afetam nossos pensamentos. Quando aprendemos a mudar um deles, aprendemos a mudar o mundo.

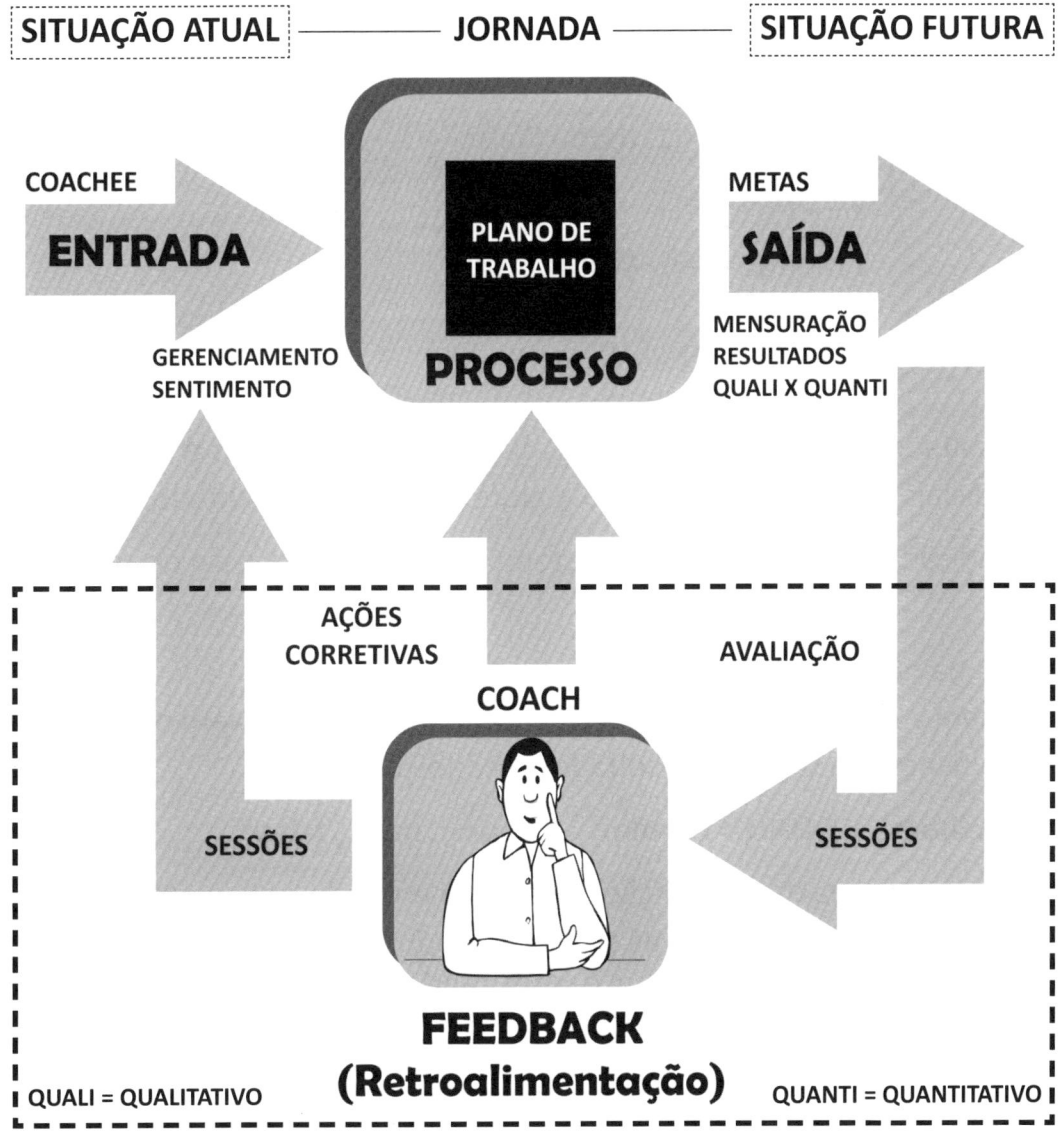

"SE UMA PESSOA PODE APRENDER A FAZER ALGO, TODOS PODEM APRENDER A FAZÊ-LO TAMBÉM."

Podemos aprender como é o mapa mental de um grande realizador e fazê-lo nosso. Muita gente pensa que certas coisas são impossíveis, sem nunca ter se disposto a fazê-las. Faça de conta que tudo é possível. Se existir um limite físico ou ambiental, o mundo da experiência vai lhe mostrar isso.

METÁFORA DOS RESULTADOS 1

MENSURAÇÃO/AVALIAÇÃO

0 = QUANDO NÃO ATINGE A META   1 = QUANDO ATINGE A META

CONDIÇÃO ".OR." = "OU" = +

QUALI	.OR.	QUANTI	MENSURAÇÃO
0 (ruim)	+	0 (ruim)	= 0 **(ruim)**
0 (ruim)	+	1 (bom)	= 1 (bom) "falso"
1 (bom)	+	0 (ruim)	= 1 (bom) "falso"
1 (bom)	+	1 (bom)	= 1 **(bom)**

Avaliação

Dos três resultados mensurados "1", dois são enganosos e ruins e produziriam feedbacks prejudiciais ao sistema, causando maiores danos nos resultados.

Assim a condição ".OR." não assegura sistematicamente o sucesso do resultado desejado.

Ex. 1- Uma máquina tem capacidade de produzir 1000 canecos/hora e ao final de 1 hora produziu exatamente 1000 canecos, porém 500 canecos (50%) estavam defeituosas, sem os fundos, então tivemos o seguinte resultado na condição .OR.:

QUANTI = 1 (bom) + QUALI = 0 (ruim) = 1 (bom), mas, "falso"

Assim se fosse mantida essa condição a máquina entenderia que estaria produzindo corretamente "1 (bom)" e passaria horas seguidas produzindo peças defeituosas, causando enormes prejuízos.

Ex. 2- MENTE .OR. CORPO = ?, onde: doente = 0 "ruim" e sadio = 1 "bom"

MENTE = 0 + CORPO = 1 = 1 "bom"

MENTE = 1 + CORPO = 0 = 1 "bom"

(seriam resultados falsos, enganosos e talvez fatais)

METÁFORA DOS RESULTADOS 2

CONDIÇÃO ".AND." = "E" = "X"

QUALI	.AND.	QUANTI	MENSURAÇÃO
0 (ruim)	X	0 (ruim)	= 0 (ruim)
0 (ruim)	X	1 (bom)	= 0 (ruim)
1 (bom)	X	0 (ruim)	= 0 (ruim)
1 (bom)	**X**	**1 (bom)**	**= 1 (bom)**

Notar que na condição ".AND." não há resultados falsos e enganosos e assegura que, numa abordagem sistêmica, os resultados ótimos ensejados sejam alcançados.

"Portanto, fica evidente que o cocheiro saberá onde e como atuar com as rédeas e o chicote, para a condução da carruagem e seus passageiros a contento."

Ex. 1- **"Insustentabilidade"**: Não podemos mais produzir bens de consumo, bens de capital, serviços de toda ordem, obras de infraestrutura e estruturais, prejudicando ou destruindo o meio ambiente.

PRODUÇÃO .AND. MEIO AMBIENTE = ?
PROD = 1 (bom) x   M-AMBIENTE = 0 (ruim) =   0 (ruim) INSUSTENTABILIDADE
PROD = 0 (bom) x   M-AMBIENTE = 1 (bom) =   0 (ruim) INSUSTENTABILIDADE
PROD = 0 (ruim) x M-AMBIENTE = 0 (ruim) =   0 (ruim) INSUSTENTABILIDADE
PROD = 1 (bom) x   M-AMBIENTE = 1 (bom) =   1 (bom) SUSTENTABILIDADE

Ex. 2- **MENTE .AND. CORPO = ?**, onde: sadio = 1 (bom)   doente = 0 (ruim)
MENTE = 1 (bom) x CORPO = 0 (ruim) = 0 (ruim) DOENÇA
MENTE = 0 (ruim) x CORPO = 1 (bom) = 0 (ruim) DOENÇA
MENTE = 0 (ruim) x CORPO = 0 (ruim) = 0 (ruim) DOENÇA
MENTE = 1 (bom) x CORPO = 1 (bom) = 1 (bom) VIDA SAUDÁVEL (situação desejada)

Ex. 3- **VIDA PROFISSIONAL .AND. VIDA FAMILIAR = ?**, onde: feliz = 1 (bom) infeliz = 0 (ruim)
V PROFISSIONAL= 1 (bom) x V FAMILIAR 0 (ruim) = 0 (ruim) INFELIZ
V PROFISSIONAL= 0 (ruim) x V FAMILIAR 1 (bom) = 0 (ruim) INFELIZ
V PROFISSIONAL= 0 (ruim) x V FAMILIAR 0 (ruim) = 0 (ruim) INFELIZ
V PROFISSIONAL= 1 (bom) x V FAMILIAR 1 (bom) = 0 (bom) FELICIDADE

Com estes exemplos, fica bem nítido que a condição .AND. é a que assegura, numa abordagem sistêmica, a excelência do resultado.

RUDIMENTOS MATEMÁTICOS EM COACHING

Em algumas expressões matemáticas elementares podemos observar condições lógicas que muitas vezes não consideramos, talvez por serem óbvias e parecerem insignificantes, mas podemos torná-las úteis e poderosas clarificando-as, ressignificando-as.

Então, vejamos as seguintes expressões:

$\dfrac{0}{1} = 0$ nada/nulo → 0 = 0 x 1 → vazio → "apto a ser preenchido"
"Não é o que acontece, o que você faz com o que acontece."

$\dfrac{1}{1} = 1$ possível e determinado → 1 = 1 x 1 → "escolha única, já é o que acontece"
"As pessoas sempre fazem a melhor escolha disponível para elas."

$\dfrac{0}{0} = X$ indeterminado → 0 = x x 0 → "várias escolhas, outras coisas podem acontecer e você pode mudar"
"Se o que você está fazendo não está funcionando, faça outra coisa."

$\dfrac{1}{0} =$ impossibilidade → "é impossível não acontecer, você pode resignificar e fazer acontecer algo"

É IMPOSSÍVEL NÃO SE COMUNICAR

Estamos sempre nos comunicando e as palavras são quase sempre a parte menos importante. Até nossos pensamentos são formas de nos comunicarmos conosco e eles se revelam aos outros pelos olhos, tons de voz, atitudes e movimentos corporais.

Notar que qualquer que seja a expressão considerada com os elementos "0" e "1", e lembrar que **"1" (bom) = meta cumprida** e **"0"(ruim) = meta não cumprida**, podemos ter um bom resultado significado ou resignificado.

Assim podemos ancorar nossos pensamentos e modelar nossos comportamentos utilizando uma abordagem sistêmica que nos assegure resultados favoráveis e positivos.

AS EXPERIÊNCIAS POSSUEM UMA ESTRUTURA

Nossos pensamentos e recordações possuem um padrão. Quando mudamos este padrão ou estrutura, nossa experiência muda automaticamente. Podemos neutralizar lembranças desagradáveis e enriquecer outras que nos serão úteis.

META-ALGORÍTIMO EM COACHING

Modelagem com centralidade na média aritmética

QUADRO DE DADOS INPUT E OUTPUT

Pn	Situação atual	Situação futura
1		
2		
3		
4		
5		
6		
7		
8		
9		

No **quadro 1**, acima, preencha a coluna **SITUAÇÃO ATUAL** da atividade/evento/empresa com os NOVE itens e/ou partes, e/ou setores, e/ou departamentos, e/ou conceitos, e/ou ações que caracterizam e significam como é organizado, como se constitui, como deve funcionar etc.

No **quadro 2,** abaixo, preencha com os algarismos de 1 a 9 os quadrinhos de tal forma que a soma deles na horizontal, na vertical e nas diagonais totalizem sempre 15.

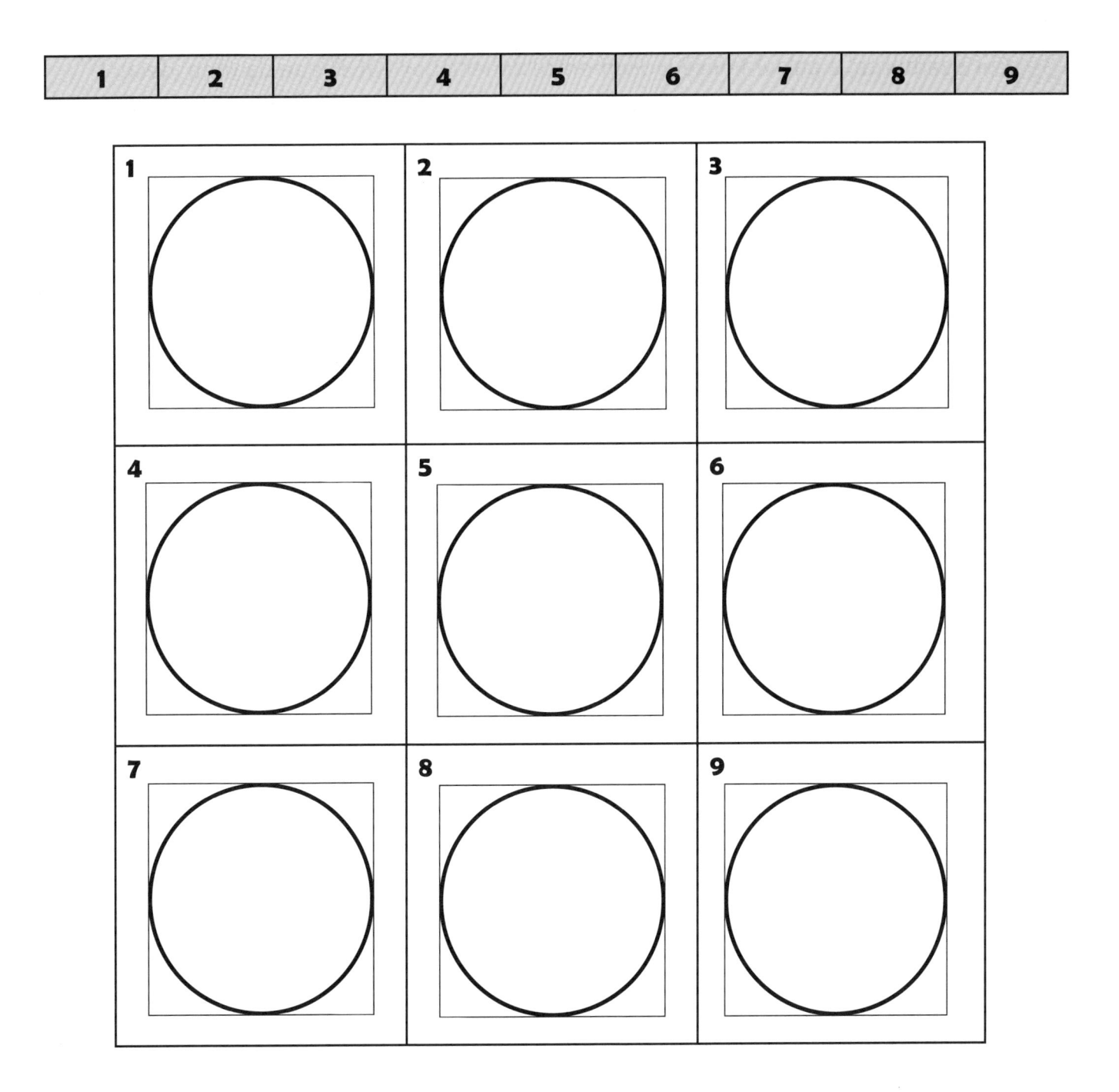

1	2	3	4	5	6	7	8	9

1	2	3
◯	◯	◯
4	**5**	**6**
◯	◯	◯
7	**8**	**9**
◯	◯	◯

Há mais de uma solução mas você só precisa encontrar uma, a primeira que encontrar é a que vale.

Assim que encontrar a sua solução, observar que no quadro 2 os quadrinhos também são numerados de 1 a 9, então, seguindo essa ordem, reescreva os itens na coluna SITUAÇÃO FUTURA do quadro 1.

O passo seguinte será analisar/comparar a coluna SITUAÇÃO ATUAL com a coluna SITUAÇÃO FUTURA e elaborar o plano de ação para as mudanças necessárias a esse desenvolvimento.

DESenvolvimento

Curiosamente, a palavra desenvolvimento começa por "DES" que dá uma ideia negativa, como **des**fazer, **des**construir, **des**manchar, **des**truir etc. e, no entanto, significa algo que cresce, avança, melhora, prospera etc.

Na figura abaixo podemos observar as situações metafóricas que dão um bom significado a "DESenvolvimento".

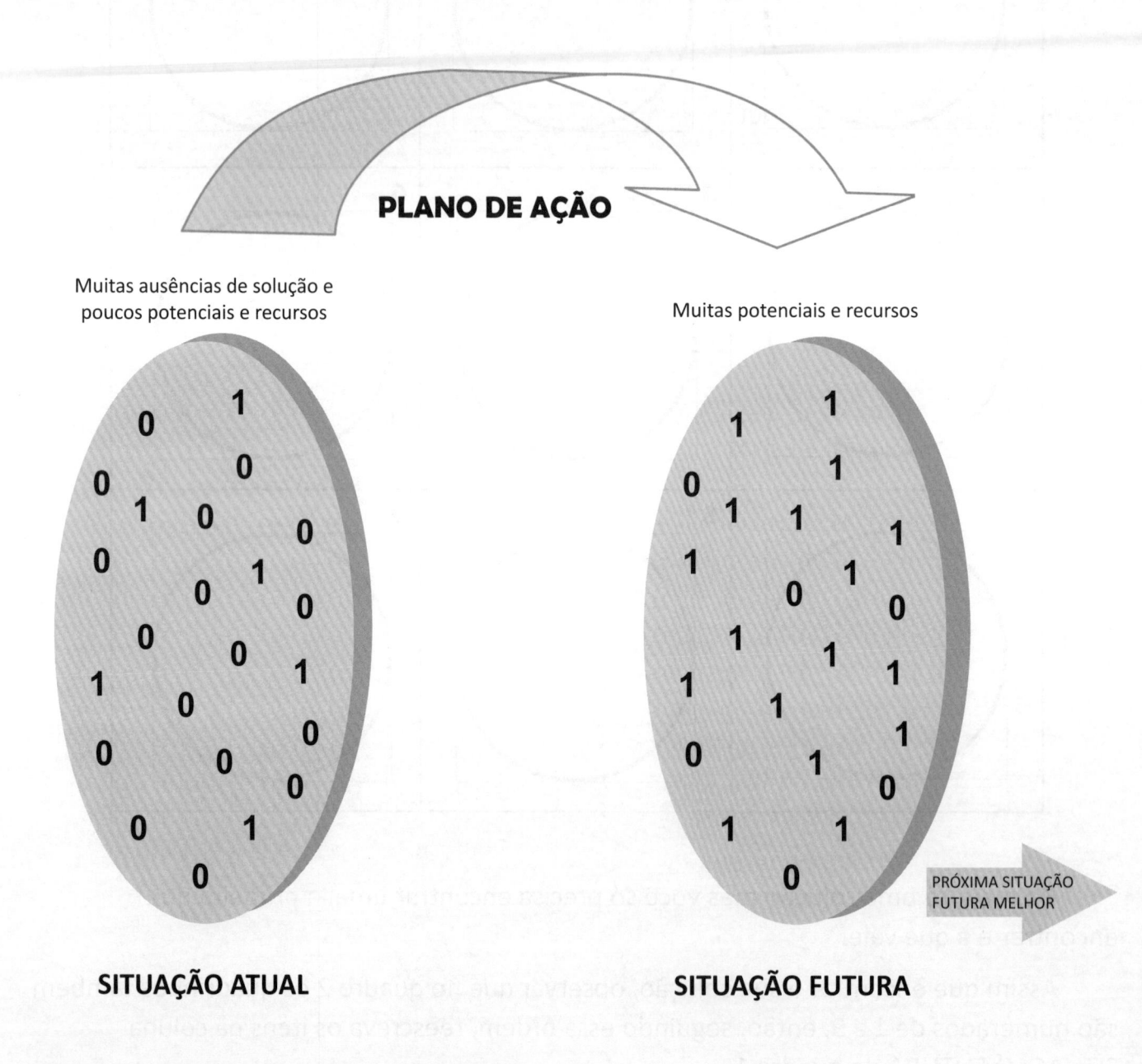

PLANO DE AÇÃO

Muitas ausências de solução e poucos potenciais e recursos

Muitas potenciais e recursos

SITUAÇÃO ATUAL

SITUAÇÃO FUTURA

PRÓXIMA SITUAÇÃO FUTURA MELHOR

0 (RUIM) = AUSÊNCIA DE SOLUÇÃO OU METAS NÃO ATINGIDAS
1 (BOM) = POTENCIAIS / RECURSOS DISPONÍVEIS OU METAS ATINGIDAS

CONCLUSÃO

Assim, o que se tem, é que estávamos "envolvidos" em um "manto" de situação "indesejada" como muitas ausências de solução **"0 (ruim)"** e poucos potencias e recursos **"1 (bom)"**, e nos desenvolvemos, nos desvencilhamos desse manto pesado que nos envolvia, nos libertamos e, através de um plano de ação bem elaborado, apoiados numa abordagem sistêmica em coaching, poderemos ser conduzidos numa jornada ecológica e sustentável, rumo as metas bem especificadas e factíveis, para uma situação futura melhor, com mais potencias e recursos (1) e poucas ausências de solução.

Daí em diante facilidades e opções de escolhas para maiores desenvolvimentos.

"AS PESSOAS JÁ POSSUEM TODOS OS RECURSOS QUE NECESSITAM"

Imagens mentais, vozes interiores, sensações e sentimentos são os blocos básicos de construção de todos os nossos recursos mentais e físicos. Podemos usá-las para construir qualquer pensamento, sentimento ou habilidade que desejarmos, colocando-os depois nas nossas vidas onde quisermos ou mais precisarmos.

3

CAPÍTULO 3

AUTOCOACHING
(Autoconhecimento/Self-Coaching)

- Modo PPF (passado, presente e futuro)
- PPF
- TCQ (talentos, características e qualidades)
- Visão, missão e valores
- Conceituação
- Identificando valores
- Escrevendo sua missão
- Hierarquia das necessidades de Maslow
- As necessidades humanas essenciais
- Exercícios de foco
- Metafísica do Coaching ou Coaching Filosófico e Existencial (Coaching Ontológico)

AUTOCONHECIMENTO:
O desafio do professor Coach!

IRMÃO · COACHEE · COACH · TRAINER · PAI · EMPREENDEDOR · PROFESSOR

"QUEM SOU EU? E, SE SOU, QUANTOS SOU?"
Richard David Precht

E, PARA ISTO, AUTOCOACHING OU SELF-COACHING...

José Zaib e Jacob Gribbler

QUAL O SEU MODO DE PENSAR, SENTIR, AGIR...VIVER?

MODO PASSADO → 9 8 7 6 5 4 3 2 1 **MODO PRESENTE** → 9 8 7 6 5 4 3 2 1 **MODO FUTURO**

O QUE MARCOU MAIS:
- Boas aprendizagens do passado (perspectiva, olhar pedagógico)
- O que você faria novamente?

COM O QUE JÁ POSSUI DE APRENDIZADOS:
- O que quer fazer daqui para a frente?
- Para quê, por quê quer?
- Como vai atingir o que quer?
- Que recursos você já têm ou precisa?
- O que pode te impedir?

COMO SERÁ/SERIA/É:
- Estar no futuro?
- O que você vê?
- O que você ouve?
- O que você sente?

PPF – PASSADO, PRESENTE E FUTURO

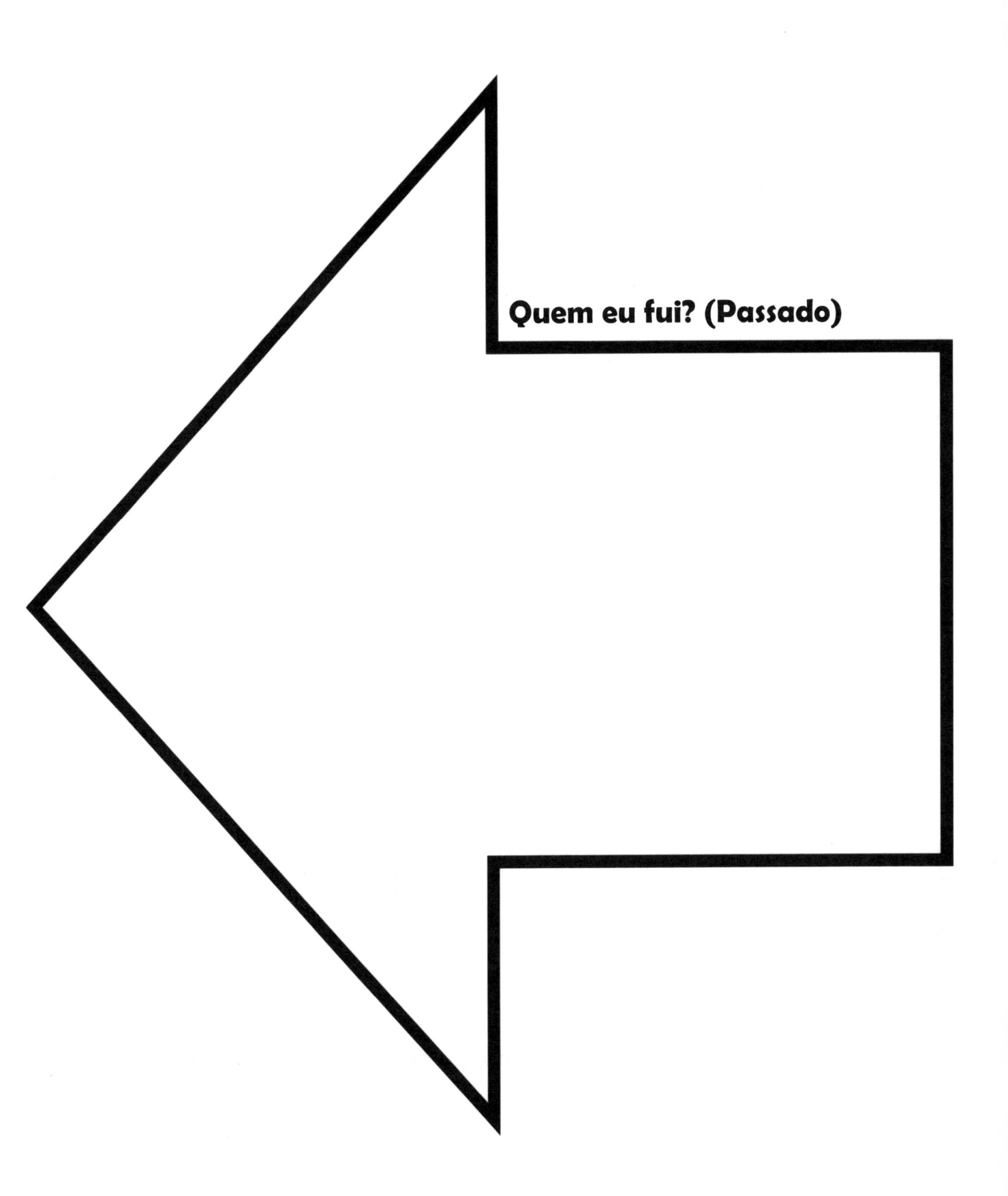

Quem eu fui? (Passado)

José Zaib e Jacob Gribbler

Quem eu sou? (Presente)

Quem eu serei? (Futuro)

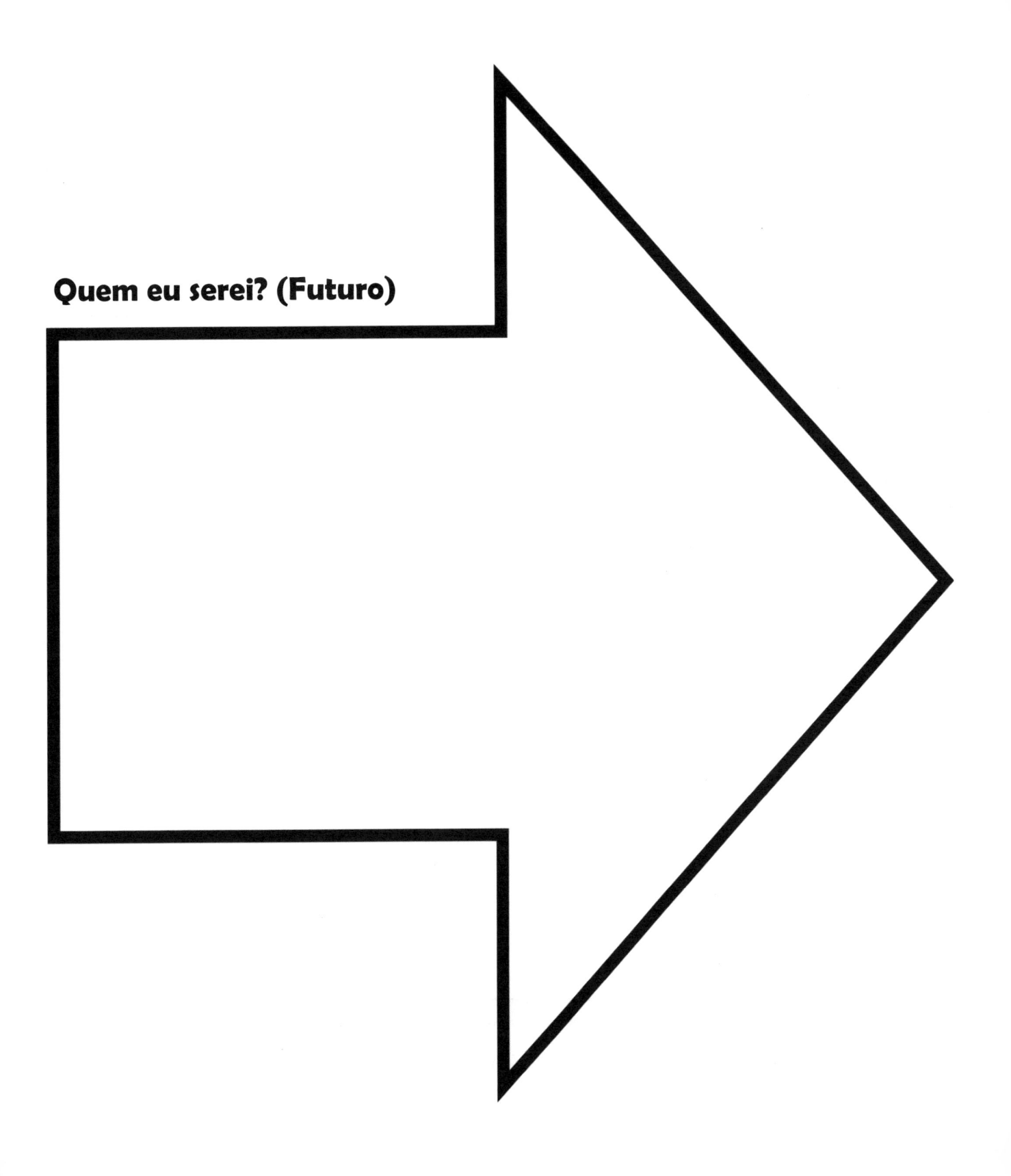

TCQ

Escreva sobre alguns dos seus talentos, características e qualidades:

1. Meus talentos

2. O que não gosto em mim

3. O que gosto em mim

4. O que já fiz bem feito em minha vida

5. O que mais quero escrever sobre mim

VISÃO, VALORES E MISSÃO

VISÃO

A VISÃO define quem eu quero ser.

A VISÃO é inspiradora.

A VISÃO é o que se sonha para a vida.

A VISÃO diz para onde vamos.

A VISÃO é o "passaporte para o futuro".

A VISÃO pressupõe a pergunta: "Aonde quero chegar e em quanto tempo?"

Segundo Paul Campbell Dinsmore, essa pergunta desmembra-se em quatro etapas, focando os curto (seis meses), médio (três anos) e longo (10 anos) prazos e o período que ele denomina de "anos dourados", a melhor idade, que precisa ser vivida com qualidade.

VALORES

Os valores são que nos levam às decisões e comportamentos.

Valor é algo que se tem.

Valor é algo que faz falta.

Valor é algo que a pessoa considera importante para o seu modelo de mundo.

O valor pode ser modificado de acordo com as experiências de vida.

"Através dos valores avaliamos o que é certo ou errado. Os valores são a base de avaliação dos nossos comportamentos."
Tad James

VALORES
José Carlos Teixeira Moreira

Notável consultor e empreendedor brasileiro, autor do livro "Usina de Valor", no qual nos lega as seguintes análises:

"Nós somos movidos e nos movemos por aquilo que tem valor para nós.

Atrás de cada gesto, atitude, movimento ou interferência humana existe algo maior, soberano, que orienta, conduz e induz o que haverá de ser feito.

Como elementos motivadores e impulsionadores das disposições e empenho humanos, os valores são as grandes razões pelas quais tudo o mais recebe energia.

Os valores para uma pessoa se apresentam simbolicamente como uma série de convicções originais, muitas delas herdadas de sua história de vida, carregadas de significados oriundos de experiências profundamente marcantes, expressadas por meio de gestos, sutilezas e detalhes que adquirem materialidade, mesmo sendo invisíveis.

Valor é aquilo pelo qual a nossa vida ganha sentido e faz assegurar a nossa singularidade como protagonistas da nossa própria existência como seres únicos.

Pelo valor que damos a algum momento, a um querer ou a um objeto que o simboliza, nos organizamos, nos preparamos e nos equipamos para tê-lo integralmente.

Desse modo, tudo o que de alguma maneira nos predispomos a conquistar ou obter incorpora, no seu íntimo, fragmentos, traços ou mesmo tudo de um valor maior que reverenciamos..."

O QUE É VALOR ?

Para Rhandy Stefano, um dos mais qualificados Coaches norte-americanos que atuam no Brasil, VALOR se caracteriza por:

- Valor é uma sensação que eu quero sentir.
- Valor é o fator motivacional da pessoa.
- Valor é o que me energiza.
- Valor é a sensação que me energiza.

Valor positivo (+)
- Sensações que eu quero sentir: aproximo!
- Mover em direção à sensação.

Valor negativo (-)
- Sensação que eu não quero ter: evito!
- Afastar em relação à sensação.

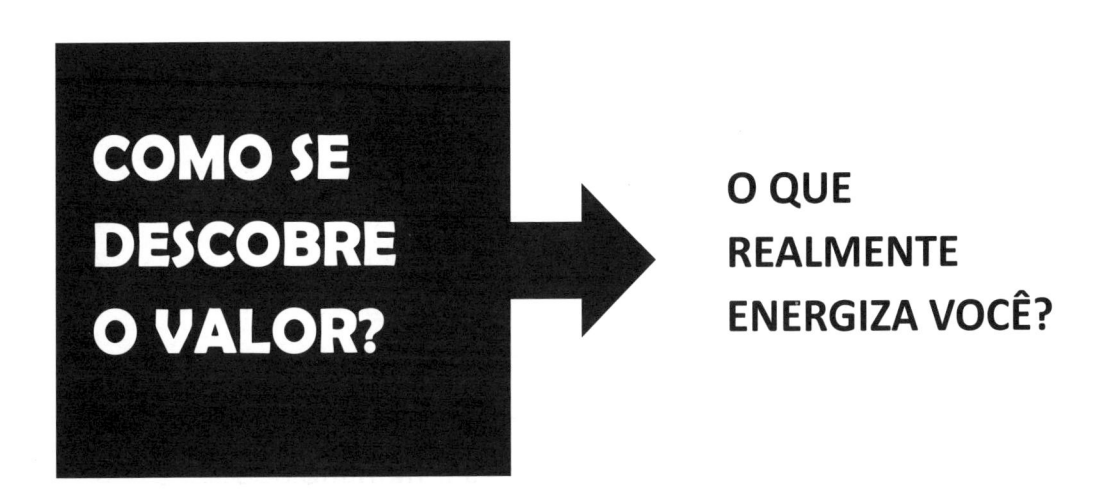

COMO SE DESCOBRE O VALOR? → **O QUE REALMENTE ENERGIZA VOCÊ?**

Visão, valores, missão, propósitos, metas, objetivos

Quem sou eu?

De onde venho?

Por que estou aqui?

O que posso fazer para crescer em todos os aspectos da minha vida e também ajudar aos outros?

Para onde vou?

Desde tempos imemoriais o homem busca respostas para estas instigantes perguntas.

Ao buscar o apoio de um Coach e participar ativamente do processo de Coaching, a pessoa irá refletir e agir sobre esses fundamentos do ser humano que são a sua visão, valores, missão, metas, objetivos e propósitos.

Faremos, agora, um profundo exercício de internalização para que tenhamos discernimento dessas poderosas forças que nos movem rumo ao bem-estar e felicidade.

MISSÃO

O que estamos fazendo aqui?

Qual a razão da nossa existência?

A missão estabelece o que fazemos hoje.

A missão define as tarefas, que são as ações que fazemos e empreendemos e o propósito de cada uma dessas ações.

A missão nos energiza.

A missão é motivadora.

A missão é orientadora.

A missão indica onde estamos.

A missão identifica a nossa vida, o porquê de estarmos aqui.

Missão = Tarefa + Propósito

Tarefas - São as ações que têm que ser realizadas para se atingir metas e objetivos.

Propósito - É o que esperamos obter como resultado da realização ou conquista da meta e objetivo.

Identificando Valores – 1

Os valores orientam e motivam nossas decisões, atitudes e ações em busca dos objetivos.

Método de identificação de valores utilizando a metáfora da "ilha deserta".

Quem você LEVARIA/NÃO LEVARIA para morar com você, em uma ilha deserta, pelo período de cinco anos? Faça duas listas com pessoas, amigos, inimigos, personalidades históricas ou contemporâneas, seu herói preferido, pessoas reais ou fictícias.

EU LEVARIA PARA A ILHA:

1- _____
2- _____
3- _____
4- _____
5- _____

EU NÃO LEVARIA PARA A ILHA, EM HIPÓTESE ALGUMA:

1- _____
2- _____
3- _____
4- _____
5- _____

Agora, questione-se o que o levou a escolher e decidir por essas pessoas.

Quais são as características de cada uma que você gosta/não gosta. Escreva ao lado do nome de cada uma.

Relacione os valores que são importantes para você:

Selecionando e decidindo:

Descreva os três valores mais importantes para você:

1- _____

2- _____

3- _____

Identificando Valores – 2

Era uma vez você passeando, em um belo dia de sol, por uma estrada de terra, com um pequeno riacho passando por baixo de uma velha ponte de madeira, árvores frutíferas ao lado, pássaros cantando...

O que aconteceria se você encontrasse, no meio da estrada, uma lâmpada?

Uma lâmpada mágica como aquelas dos filmes do Aladin.

Como seria essa lâmpada?

Você pegou a lâmpada, um pouco suja de terra e a limpou.

Ao fazer isso um gênio saiu de dentro da lâmpada...

Como seria esse gênio?

Quais seriam os três pedidos/desejos que você faria para esse gênio?

1- _____

_____

_____

2- _____

_____

_____

3- _____

_____

_____

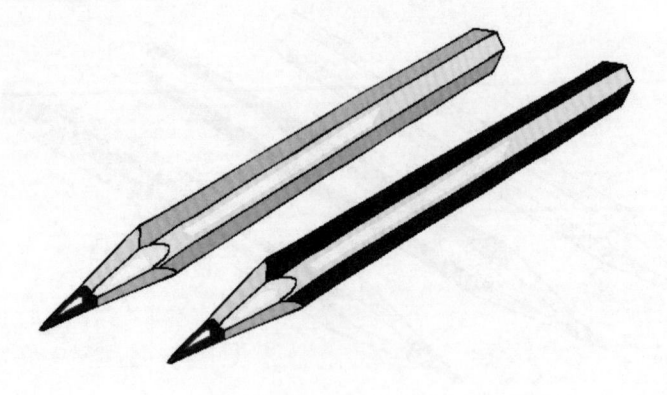

Dos três pedidos, escolha dois que você realmente quer/deseja.

1- _____
_____
_____
_____

2- _____
_____
_____
_____

Dos dois pedidos/desejos escolha, agora, somente UM.

1- _____

_____

_____

_____

Muito obrigado.
No decorrer da formação você poderá utilizar o resultado deste exercício.

LISTAGEM DE VALORES

Escolha, a seguir, os **20 valores** que melhor representam seu estilo de vida e indique os três mais importantes neste momento.

> **As respostas oferecidas nesta ferramenta são de caráter estritamente confidenciais, sendo utilizadas apenas por você e seu Coach.**

	Humor		Espiritualidade		Incluir		Aprender
	Liderança		Ter poder		Causar		Localizar
	Ser ativo		Dar poder aos outros		Reinar		Discernir
	Sucesso		Iniciar		Modelar		Emocionar-se
	Aventura		Estimular		Dominar sua área		Sentir-se energético
	Apreciação		Aumentar		Ser o maior		Guiar
	Ser direito		Facilitar		Dar prazer		Persuadir
	Ser conhecido		Criar		Experimentar alegria		Ser o primeiro
	Estética		Sintetizar		Apreciar esportes		Sensualidade
	Associar-se		Conceder		Ser parte de família		Brincar
	Produtividade		Aperfeiçoar		Ligar-se a		Ser parte de comunidade
	Servir		Integridade		Viver o presente		Nutrir
	Contribuição		Criatividade		Compaixão		Sensibilidade
	Excelência		Independência		Ter consciência		Pressão
	Espírito livre		Dar apoio		Ser sagrado		Aceitação
	Saúde		Carinho		Prevalecer		Devotar-se
	Foco		Alegria		Marcar		Ser apaixonado
	Romance		Beleza		Predominar		Educar
	Reconhecimento		Autenticidade		Descobrir		Preparar
	Harmonia		Riscos		Perceber		Vencer
	Experimentar		Paz		Realizar		Conquistar
	Ser catalizador		Elegância		Sentir		Triunfar

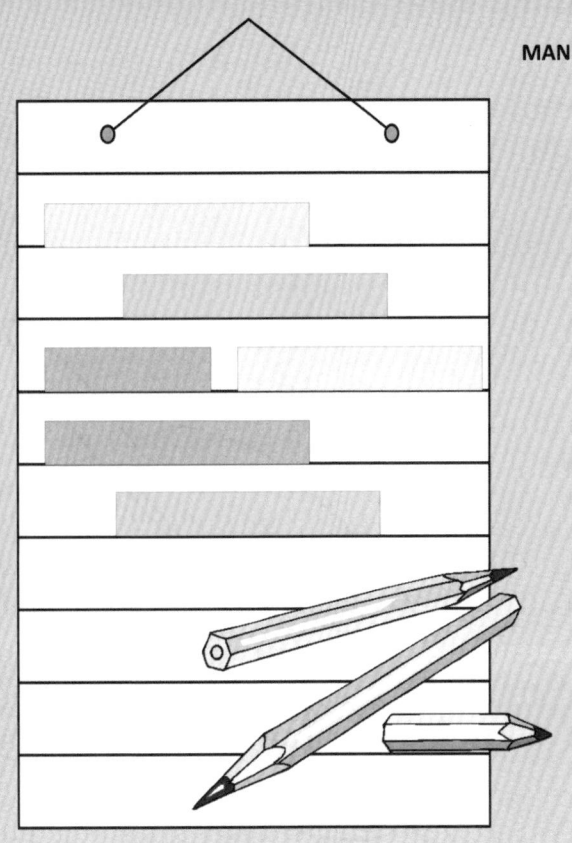

Motivar	Vitalidade	Sentir-se bem	Sem pressão
Ensinar	Perigo	Liderar	Tradição
Influenciar	Emoções fortes	Excitar	O desconhecido
Melhorar	Especulação	Governar	Encorajar
Reforçar	Ousadia	Ser um mestre	Ser o melhor
Ajudar	Busca	Ser superior	Paixão
Ser original	Ter gosto refinado	Ultrapassar	Desafios
Construir	Tocar	Divertir-se	Iluminar
Realização	Treinar	Entreter-se	Ser um expert
Ordem	Encorajar	Relacionar-se	Ser genuíno
Honestidade	Alterar	Unir	Confiança
Estar certo	Dotar	Integrar-se	Religioso
Crescimento	Prover	Empatia	Instruir
Participação	Desenhar	Visão	Superar-se
Performance	Ser imaginativo	Relação com Deus	OUTROS:
Colaboração	Planejar	Honrar	
Comunidade	Montar	Passar conhecimento	
Poder pessoal	Inspirar	Informar	
Liberdade de escolha	Detectar	Explicar	
Sentir-se conectado	Compreender	Conseguir	
Camaradagem	Observar	Derrotar	
Leveza	Brilhar	Atrair	

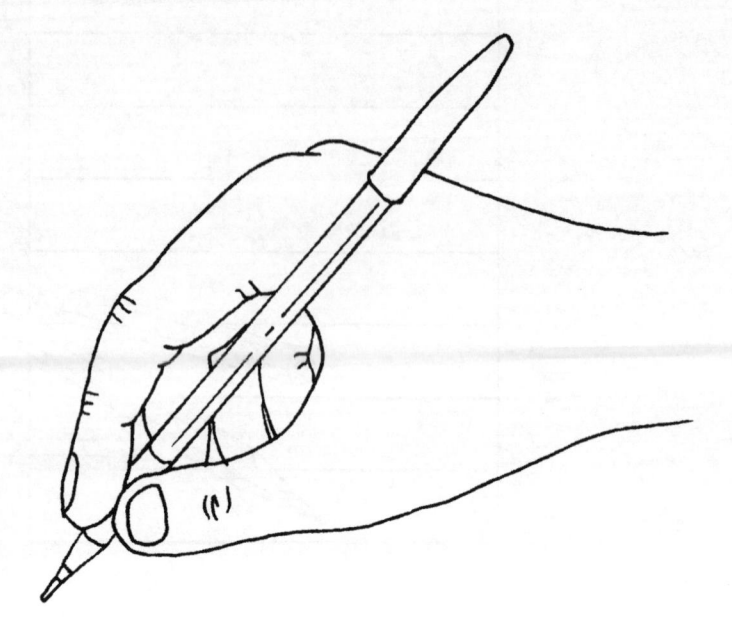

ESCREVENDO SUA MISSÃO DE VIDA

A seguir, apresentamos dois modelos para elaborar a sua missão pessoal Escolha a formulação em que você se sinta mais confortável.

MODELO 1

MISSÃO EM SEIS ETAPAS

Etapa 1 - Identifique seus cinco principais TALENTOS ou CARACTERÍSTICAS.

Quais são os seus cinco maiores talentos?

1-
2-
3-
4-
5-

Quando você pensa em si, quais são as suas principais características?

Etapa 2 - Descreva os COMPORTAMENTOS que caracterizam os TALENTOS ou CARACTERÍSTICAS.

Quais são os comportamentos que evidenciam o talento/característica?

Quais são as ações que comprovam este talento/característica?

Etapa 3 - Identifique os seus cinco principais OBJETIVOS pessoais/profissionais a serem realizados no período de 12 meses a partir de hoje.

Quais são os seus principais objetivos pessoais/profissionais a serem realizados daqui a 12 meses?

1- _____
_____

2- _____
_____

3- _____
_____

4- _____
_____

5- _____
_____

Etapa 4 - Identifique o objetivo financeiro a ser realizado no período de 12 meses, a partir de hoje.

Qual é o seu objetivo financeiro para daqui a 12 meses?

_____
_____
_____
_____
_____

Etapa 5 - Selecione os três principais talentos/características e os comportamentos que os evidenciam.

1- _____
_____

2- _____
_____

3- _____
_____

Etapa 6 - Elabore a sua missão.

Minha missão é:

SER: talentos/características,

ATRAVÉS de comportamentos,

PARA CONQUISTAR objetivos pessoais/gerais/financeiros.

MODELO 2

MISSÃO EM TRÊS ETAPAS

Etapa 1 - Reconheça, pelo menos, três TALENTOS, CARACTERÍSTICAS e QUALIDADES que você possua em sua vida.

1- _____

2- _____

3- _____

Etapa 2 - Selecione, escolha três VALORES.

1- _____

2- _____

3- _____

Etapa 3 - Estabeleça a sua MISSÃO:

Através das _____, _____ e _____ ,
QUALIDADES/TALENTOS/CARACTERÍSTICAS

Vou gerar mais de_____, _____ e _____.
VALORES

DIFERENÇAS ENTRE VISÃO E MISSÃO

• A visão é o que se sonha para a vida, enquanto a missão identifica a sua vida, o porquê de você estar aqui.

• A visão diz para onde vamos, enquanto a missão, onde estamos.

• A visão é o "passaporte" para o futuro, enquanto a missão é a "carteira de identidade" da sua vida.

• A missão energiza você, enquanto a visão dá rumo a sua vida.

• A visão é inspiradora, enquanto a missão é motivadora.

HIERARQUIA DE NECESSIDADES DE MASLOW

A hierarquia de necessidades de Maslow é uma divisão proposta por Abraham Maslow, em que as necessidades de nível mais baixo devem ser satisfeitas antes das necessidades de nível mais alto.

Cada um tem de "escalar" uma hierarquia de necessidades para atingir a sua autorrealização.

REALIZAÇÃO PESSOAL
moralidade, criatividade, espontaneidade, solução de problemas. ausência de preconceito, aceitação dos fatos

ESTIMA
autoestima, confiança, conquista, respeito dos outros, respeito aos outros

AMOR / RELACIONAMENTO
amizade, família, intimidade sexual

SEGURANÇA
segurança do corpo, do emprego, dos recursos, da moralidade, da família, da saúde, da propriedade

FISIOLOGIA
respiração, comida, água, sexo, sono, homeostase, excreção

Maslow define um conjunto de cinco necessidades descritas na pirâmide:

NECESSIDADES FISIOLÓGICAS (básicas), tais como a fome, a sede, o sono, o sexo, a excreção, o abrigo.

NECESSIDADES DE SEGURANÇA, que vão da simples necessidade de sentir-se seguro dentro de uma casa a formas mais elaboradas de segurança como um emprego estável, um plano de saúde ou um seguro de vida.

NECESSIDADES SOCIAIS OU DE AMOR, afeto, afeição e sentimentos tais como os de pertencer a um grupo ou fazer parte de um clube.

NECESSIDADES DE ESTIMA, que passam por duas vertentes, o reconhecimento das nossas capacidades pessoais e o reconhecimento dos outros face à nossa capacidade de adequação às funções que desempenhamos.

NECESSIDADES DE AUTORREALIZAÇÃO, em que o indivíduo procura tornar-se aquilo que ele pode ser: "What humans can be, they must be: they must be true to their own nature!" ("O que os humanos podem ser, eles devem ser: eles devem ser verdadeiros com a sua própria natureza).

É neste último patamar da pirâmide que Maslow considera que a pessoa tem que ser coerente com aquilo que é na realidade "... temos de ser tudo o que somos capazes de ser, desenvolver os nossos potenciais".

Críticas

Embora a teoria de Maslow tenha sido considerada uma melhoria em face das anteriores teorias da personalidade e da motivação, ela tem seus detratores. A principal delas é que é possível uma pessoa estar autorrealizada, contudo não conseguir uma total satisfação de suas necessidades fisiológicas.

Em sua extensa revisão das pesquisas que são dependentes da teoria de Maslow, Wahba e Bridgewell (ligação externa) acharam pouca evidência desta hierarquia de necessidades, ou mesmo da existência de alguma hierarquia.

O economista e filósofo chileno, Manfred Max Neef, tem argumentado que as necessidades humanas fundamentais são não-hierárquicas e são ontologicamente universais e invariáveis em sua natureza - parte da condição de ser humano.

A pobreza, argumenta, é o resultado de uma dessas necessidades ter sido frustrada, negada ou não plenamente realizada.

LISTA DE NECESSIDADES

Nesta e na próxima página, escolha as 10 necessidades mais importantes neste momento (Algo que você quer para ser o seu melhor), ou adicione outros itens.

Reflita sobre TODAS as palavras, abrindo-se para admitir necessidades escondidas ou aquelas que você não gostaria de ter ou ainda as necessidades que talvez deem muito trabalho para serem supridas.

Ser	Ter compromisso	Ser informado	Ser estável
Ser adorado	Ter precisão	Aconselhar	Ser vigilante
Ser idolatrado	Controlar	Ter dever	Ser cuidadoso
Receber carinho	Dominar	Ser obrigado	Estar alerta
Ser desejado	Comandar	Fazer a coisa certa	Guardar-se
Ser preferido	Administrar	Seguir em frente	Carreira
Receber toque	Corrigir	Obedecer	Estar ocupado
Ter aprovação	Ser obedecido	Ter tarefas	Performance
Aceitação	Ser visto/notado	Satisfazer	Prosperidade
Ser incluído	Limitar	Os outros	Satisfazer as vontades
Ser respeitado	Ser livre	Provar a si mesmo	Ter abundância
Ser valorizado	Viver sem restrições	Ser dedicado	Ter tempo livre
Ser popular	Ser privilegiado	Ter uma causa	Ser servido
Ser salvo	Ser imune	Ordem	De que precisam de mim
Ser tolerado	Ser independente	Perfeição	Melhorar os outros
Ter charme	Ser autônomo	Receber justiça	Ser útil
Ser reconhecido	Ser soberano	Reconciliação	Ser admirado
Ser elogiado	Ser desobrigado	Estar de acordo	Agradar os outros
Ser honrado	Ser liberado	Descansar	Equilíbrio
Ser premiado	Estar confortável	Ter constância	Consistência
Ser apreciado	Luxo	Ter poder	Ter lista do que fazer
Receber gratidão	Opulência	Ter autoridade	Evitar mudanças
Ser certo	Ter excessos	Ter resultados	Ser justo

Estar correto	Afetar outros	Ter força	Ser literal
Não errar	Dar	Ter capacidade	Ser regulado
Ser honesto	Ser importante	Ter resultados	Paz
Ter moralidade	Ser o ponto vital	Ter forças	Quietude
Manter a situação	Honestidade	Ter influências	Ter calma
Ser encorajado	Verdade	Ter direitos	Ter vocação
Ser entendido	Ser direito	Ter resistência	Ter determinação
Conquistar	Sinceridade	Reconhecimento	Ter iniciativa
Conseguir	Lealdade	Ter harmonia	Ter responsabilidade
Ser atendido	Ser franco	Ser lembrado	Ter motivação
Ser apresentado	Não manipular	Ser conhecido	Obter
Ser abraçado	Se comunicar	Ser aclamado	Receber cuidados
Ter certeza	Contar história	Ser famoso	Realizar
Ter clareza	Dar a sua opinião	Ter credibilidade	Alcançar
Exatidão	Compartilhar	Ser visto	Ganhar
Assegurar-se	Falar	Ser celebridade	Lucrar
Ter garantias	Ser ouvido	Segurança	Ser ajudado
Fazer/ter promessas	Comentar	Proteção	

Escolha 2 ou 3 necessidades nas quais irá trabalhar.

Em que situação você fica irritado?

ATENÇÂO:

A listagem de necessidades é uma ferramenta para o Coaching.

As respostas oferecidas nesta listagem são de caráter estritamente CONFIDENCIAIS, sendo utilizadas apenas por você e seu Coach.

AS NECESSIDADES HUMANAS ESSENCIAIS

Anthony Robbins, um dos maiores Coaches e trainers dos cenários de desenvolvimento humano nas áreas pessoal e profissional, identifica seis elementos que caracterizam as seis necessidades humanas essenciais, que são:

NECESSIDADE DE CERTEZA E CONFORTO
NECESSIDADE DE INCERTEZA E VARIEDADE
NECESSIDADE DE AMOR E CONEXÃO
NECESSIDADE DE SIGNIFICÂNCIA E IMPORTÂNCIA
NECESSIDADE DE CRESCIMENTO
NECESSIDADE DE CONTRIBUIÇÃO

As quatro primeiras necessidades são fundamentais e a realização das duas últimas só é possível após a satisfação das primeiras.

OS META-OBJETIVOS

Todas as ações e comportamentos dos seres humanos acontecem em função da busca de satisfação de um ou mais dessas seis necessidades essenciais.

Todo esse fazer do ser humano é chamado de meta-objetivo, ou seja, além dos objetivos ou os objetivos dos objetivos.

Cada ser humano tem a sua própria maneira de satisfazer a essas necessidades.

Pode-se denominar as maneiras de realização das necessidades de veículos. Alguns veículos são construtivos, alguns neutros e, outros, destrutivos. Temos como exemplo a manutenção da doença como veículo para obter amor e conexão e isso poderá dificultar a cura em função desse ganho secundário da doença. O dinheiro, na maioria das situações, é utilizado como veículo para satisfazer a necessidade de significância. Bebidas alcoólicas e drogas, muitas vezes, são veículos destrutivos para tentar satisfazer a necessidade de variedade e incerteza.

Um fator importante para lembrar é que os seres humanos escolhem seus veículos e não são os veículos que os escolhem.

A verdadeira realização e felicidade humana depende e muito da satisfação dessas seis necessidades essenciais.

CERTEZA E CONFORTO

A necessidade de certeza e conforto está relacionada à habilidade de evitar a dor e obter prazer, levando à segurança e à sobrevivência.

Potenciais veículos para satisfazer essa necessidade essencial são: comida, controle, consistência, identidade e fé.

INCERTEZA E VARIEDADE

Os seres humanos têm necessidade de certo grau de surpresa, variedade, desafios, diferença e novidade na vida.

Na ausência disso, a vida para eles fica sem graça, sem tempero e motivação. Quando o ser humano encara a incerteza e o desconhecido, ele expande a sua vida.

Potenciais veículos utilizados para satisfazer essa necessidade são: enfrentar desafios, novos relacionamentos, novos empregos, viagens, aventuras, estudar e aprender algo novo, uso de álcool e drogas.

SIGNIFICÂNCIA

É a necessidade de o ser humano ser e sentir-se importante, reconhecido, original, único e diferente.

Os veículos para satisfazer esta necessidade essencial são muito variados. O dinheiro, o poder, a fama são mecanismos claros de conquistar significância na sociedade. E, o inverso, ter o maior problema, ser o mais humilde pode dar significância.

Ter um filho é uma boa maneira de obter significância, pois os filhos, enquanto pequenos, valorizam os pais.

CONEXÃO E AMOR

Tudo o que o ser humano quer na vida é o amor. Essa é uma necessidade básica do ser humano. Uma criança que não recebe um mínimo de amor não sobrevive.

São inúmeros os veículos para a satisfação desta necessidade essencial. Desde o uso da doença para ganhar conexão e atenção amorosa, o que dificulta a recuperação e cura devidas a esse ganho secundário, até o amor incondicional dos pais para os filhos.

CRESCIMENTO

Todos os seres humanos têm a necessidade de crescer na vida, aprender, mudar, transformar-se, expandir e melhorar.

CONTRIBUIÇÃO

É a necessidade essencial dos seres humanos de dar, ajudar, servir, contribuir e fazer diferença na vida de outros seres humanos.

Quando se ajuda os outros a se realizarem, o ser humano se realiza.

Uma boa fórmula para a felicidade é sempre dar aos outros o que queremos receber.

O ser humano precisa escolher a maneira mais harmoniosa de satisfazer as suas necessidades essenciais.

COMO SATISFAZER AS NECESSIDADES ESSENCIAIS? EXISTE UMA FÓRMULA?

O ser humano pode satisfazer qualquer uma ou todas as seis necessidades essenciais, MUDANDO a sua PERCEPÇÃO (crença/apreciação) ou por algum PROCEDIMENTO (veículo/maneira).

Assim, o **SEGREDO** para **SATISFAZER AS NECESSIDADE ESSENCIAIS** é **MUDAR NOSSAS PERCEPÇÕES E NOSSAS AÇÕES**.

COMO SE MUDAM AS NOSSAS PERCEPÇÕES E AÇÕES?

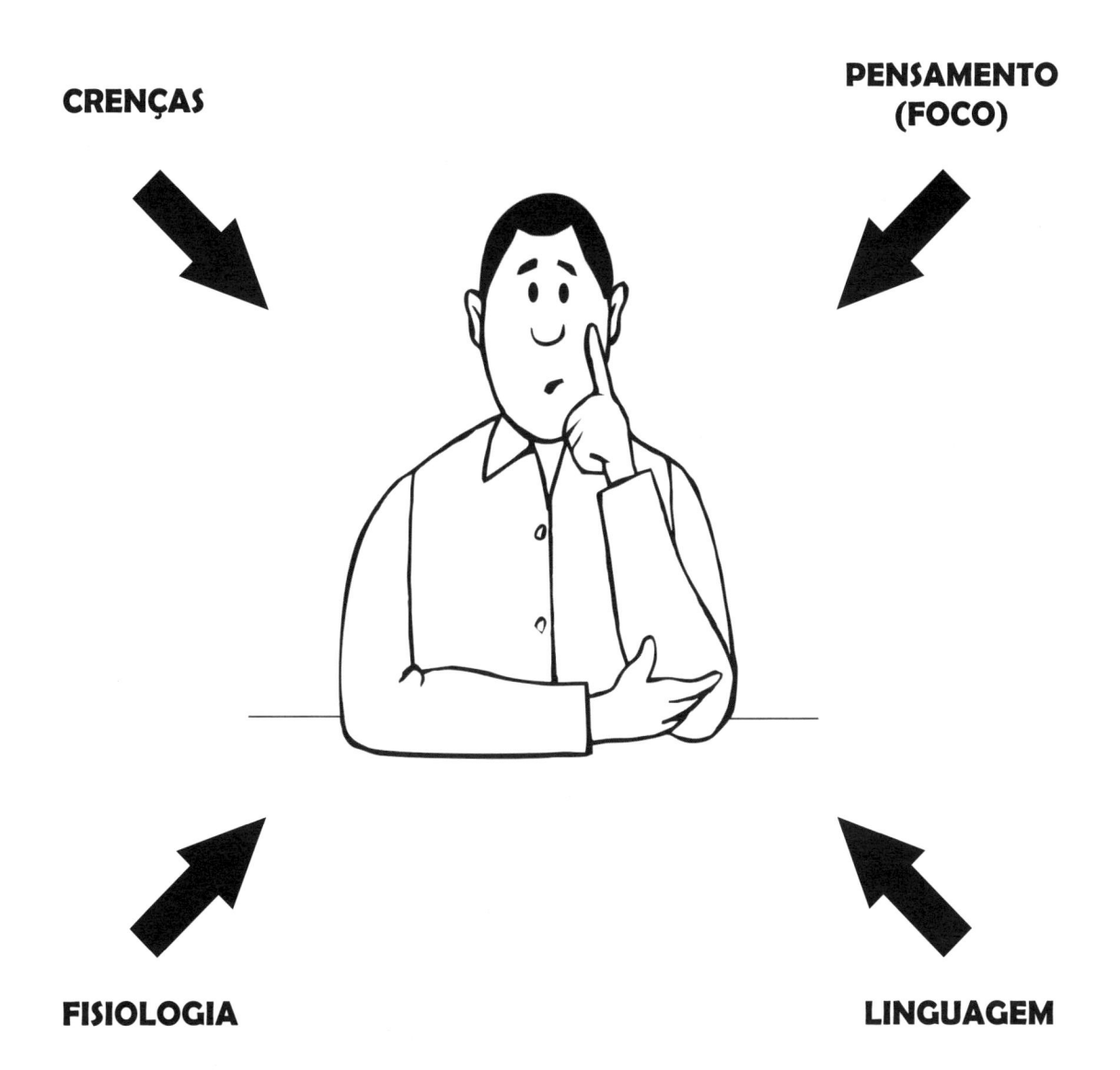

CRENÇAS

PENSAMENTO (FOCO)

FISIOLOGIA

LINGUAGEM

VOCÊ!

VISÃO

VALORES

MISSÃO

RESUMO ESQUEMÁTICO DO SER INTEGRAL NO PROCESSO DE COACHING

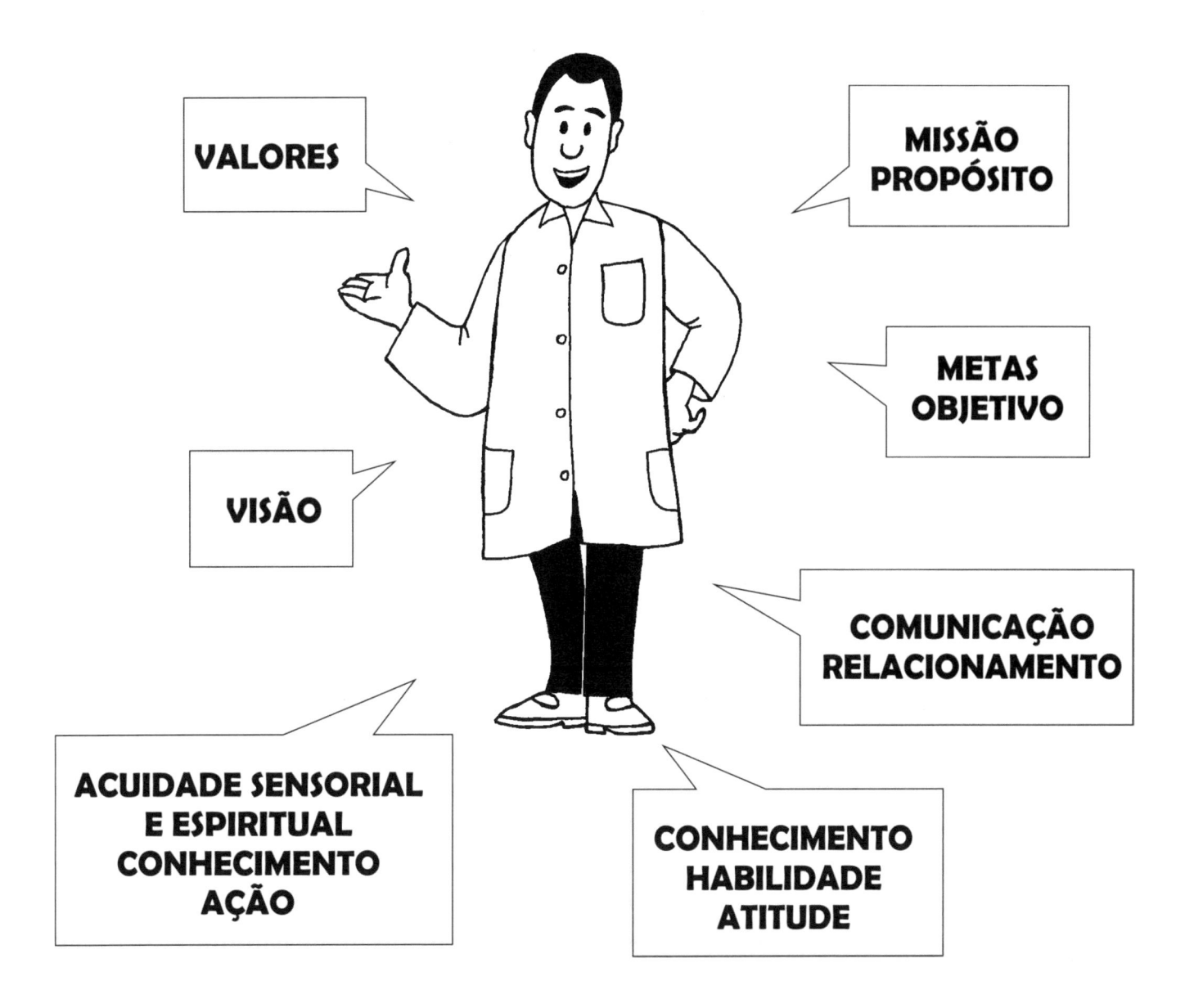

- **VALORES**
- **MISSÃO PROPÓSITO**
- **METAS OBJETIVO**
- **VISÃO**
- **COMUNICAÇÃO RELACIONAMENTO**
- **ACUIDADE SENSORIAL E ESPIRITUAL CONHECIMENTO AÇÃO**
- **CONHECIMENTO HABILIDADE ATITUDE**

ANOTAÇÕES IMPORTANTES

EXERCÍCIOS PARA TREINAR E DESENVOLVER FOCO

1 - O QUE VOCÊ FARIA COM O SEU TEMPO SE SOUBESSE QUE TERIA APENAS MAIS UM MÊS DE VIDA?

2 - A MISSÃO / PROPÓSITO

Pode ser divertido, interessante e importante buscar ou definir melhor o objetivo de sua vida.

Responda à seguinte pergunta:

- QUAL SERIA SEU PRINCIPAL OBJETIVO SE VOCÊ TIVESSE APENAS MAIS UM ANO DE VIDA E O SUCESSO ESTIVESSE GARANTIDO EM TUDO QUE VOCÊ FIZESSE?

Represente e desenhe o seu principal objetivo descrito acima, dentro deste círculo, sem usar uma só palavra.

O QUE QUER QUE VOCÊ DESENHE PODERÁ SER SEU PRINCIPAL OBJETIVO NA VIDA.

PENSE SOBRE AÇÕES E COMPORTAMENTOS PARA AJUDAR A TRANSFORMÁ-LO EM REALIDADE.

Exercício adaptado do Livro Atitude, de Elwood Chapman, Editora QualityMark/RJ

COACHING FILOSÓFICO E EXISTENCIAL

A única certeza que os seres humanos podem ter é que um dia morrerão.

Desde o momento da concepção e do nascimento, o ser humano busca a sua permanência no mundo, até o dia em que morre. A certeza de que um dia deixará para trás todas as suas conquistas, bens, entes e pessoas queridas, gera ansiedade de permanência e sobrevivência, angústia, fuga, pensamentos, ações e comportamentos que buscam a sublimação desta única certeza: um dia você irá embora!

Assim, o convidamos para dois questionamentos:

1 - O QUE VOCÊ VAI DEIXAR PARA OS QUE VIRÃO?

O que você deixará na Terra como legado após o seu desaparecimento físico?

2 - COMO VOCÊ QUER SER LEMBRADO?

Nesta lápide, o que você escreveria (frase ou mensagem) que caracterizariam a sua marca ou a sua passagem pela Terra?

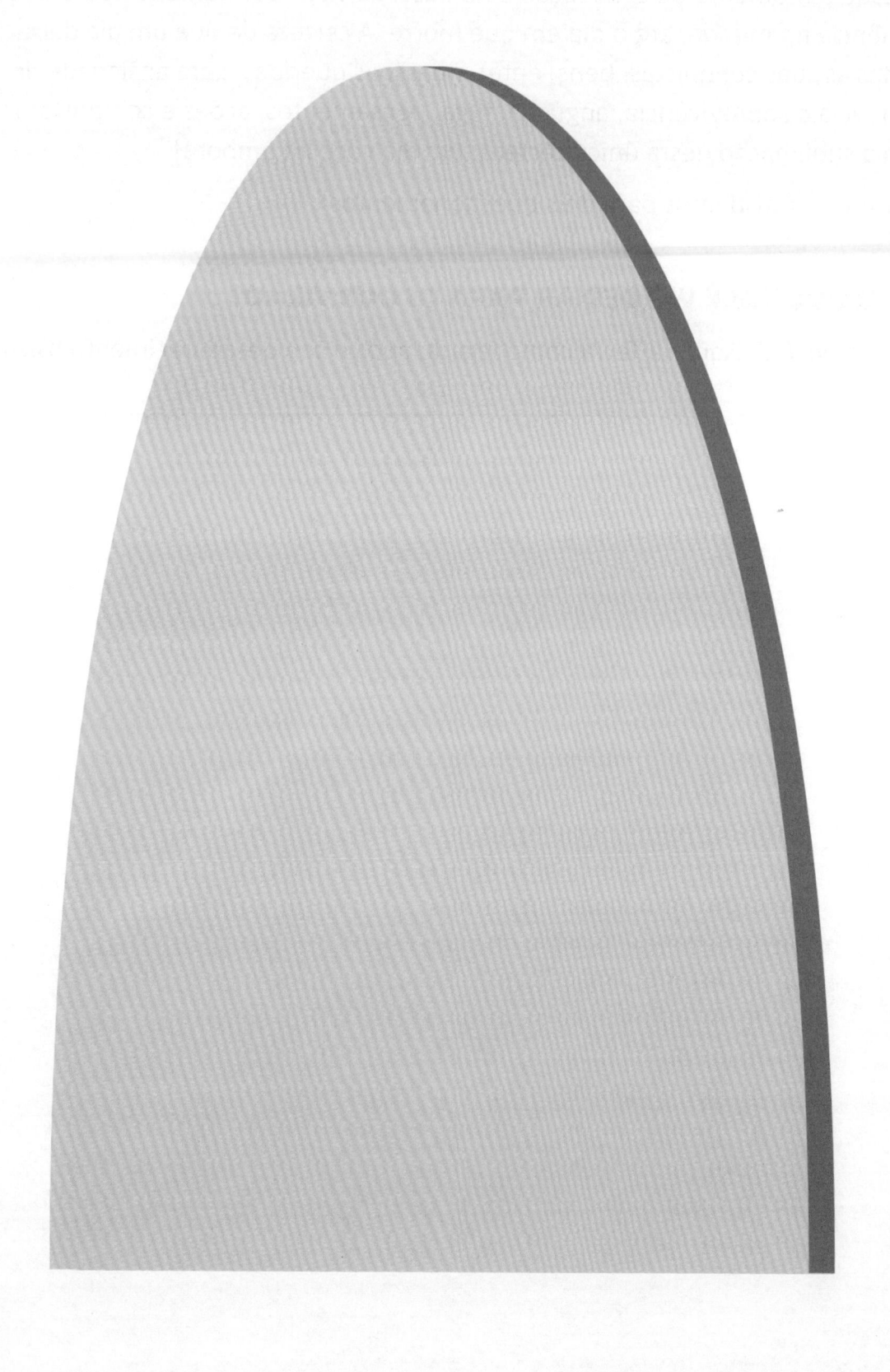

VIDA!

Os dois exercícios anteriores nos levam à reflexão e a ação de que VIVER com entusiasmo, alegria, solidariedade, compaixão, amor, caracterizam uma existência humana plena em busca da FELICIDADE!

Mas o que é ou significa para você?

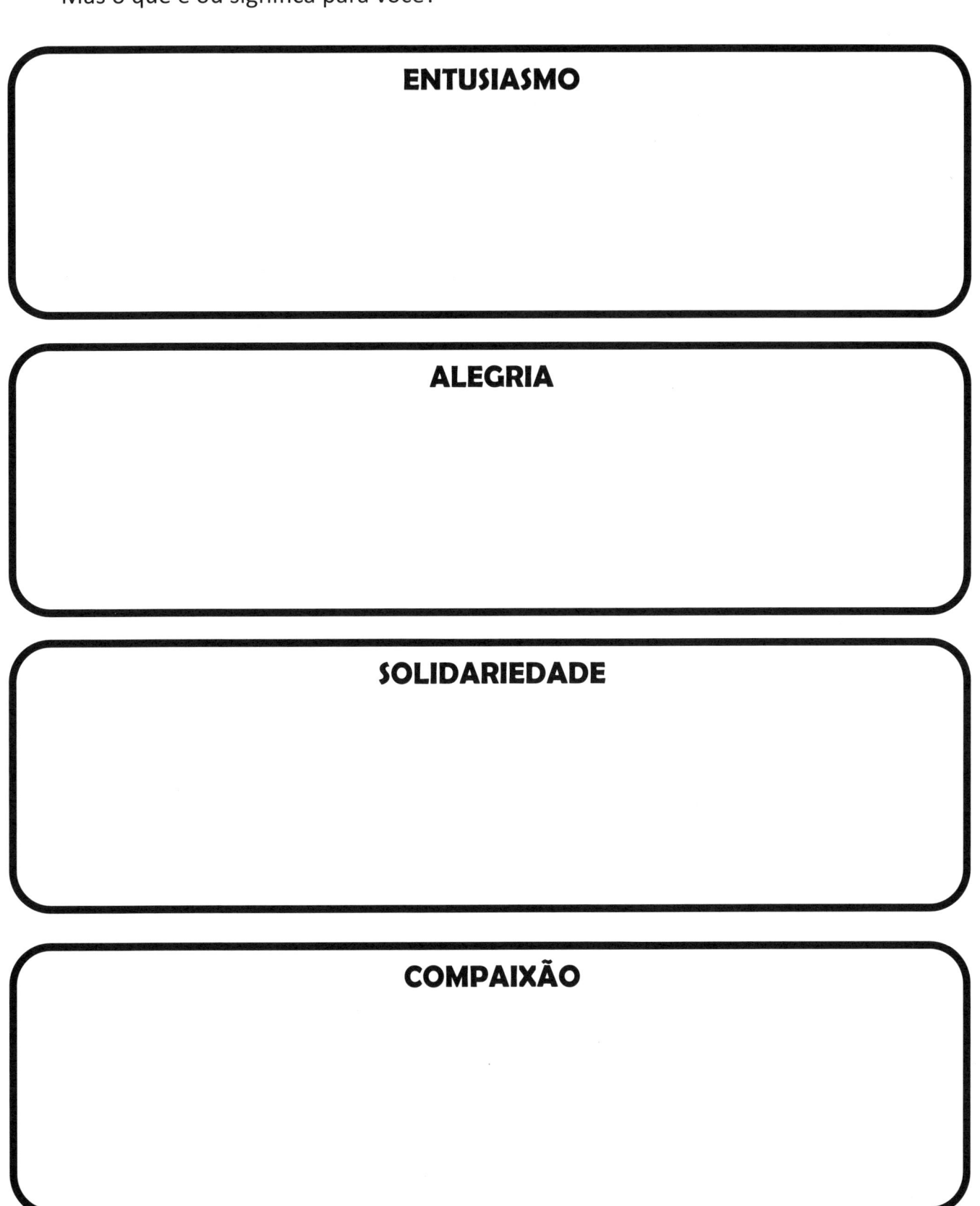

ENTUSIASMO

ALEGRIA

SOLIDARIEDADE

COMPAIXÃO

AMOR

FELICIDADE

"É impossível para um homem aprender aquilo que ele acha que já sabe."

Epíteto

4

CAPÍTULO 4

PROCESSO DE MUDANÇA

- Shift Mode
- Por que o ser humano sofre?
- Tipos de mudança
- Mecanismos de mudança
- Como se processa a mudança

POR QUE O SER HUMANO SOFRE?

Desde a Antiguidade até os dias atuais, modernos estudos e pesquisas sobre as potencialidades do cérebro e sua contextualização com o psiquismo e o comportamento humano, sinaliza que o ser humano acessa, se comporta, age ou reage, pensa, cria, utilizando-se um percentual em torno de 5% da sua capacidade cerebral e mental.

Os estudos da Psicologia, Neuropsicologia, Psicofisiologia e das modernas tendências das Neurociências, demonstram que o ser humano é comandado por 99% da sua insconsciência, em detrimento de apenas 1% da sua consciência.

Os processos que regem o pensamento, o comportamento e a vida humana, portanto, são regidos por processos psíquicos, químicos e biológicos ordenados e controlados pelo sistema insconsciente da mente e regidos pelo cérebro.

Costumo afirmar, em minhas formações em Coaching, que o ser humano sofre por desconhecer:

As leis da Natureza (DEUS)

As leis dos Homens (SOCIAIS)

Os estudos das Neurociências, da PNL - Programação Neurolinguística, podem contribuir para o descortinamento, para a tomada de consciência acerca destas potencialidades e possibilidades esconsas em nosso mais profundo ser.

O processo de COACHING pode contribuir para DESCOBRIR (tirar o cobertor sobre o que está coberto, escondido) = REDESCOBRIR.

O processo de COACHING pode proporcionar a reavaliação de um processo de Educação e Formação que criaram crenças limitantes, tornando-as conscientes e passíveis de serem transformadas em poderosas crenças expansivas e realizadoras.

"O conflito leva à mudança.
O conflito planejado leva à mudança planejada."
Hegel

INSATISFAÇÃO ➡ **SATISFAÇÃO**

Induz-se à insatisfação para criar a satisfação induzida.

QUE TIPO DE MUDANÇA VOCÊ QUER/DESEJA PARA SUA VIDA?

Uma GRANDE mudança, real?

OU...

Uma pequena mudança?

José Zaib e Jacob Gribbler

MUDANÇA HORIZONTAL
X
MUDANÇA VERTICAL

MUDANÇA!

"Se você não mudar de direção, continuará indo para o mesmo lugar."
Antigo provérbio chinês

QUERER MUDAR
(NECESSIDADE - DECISÃO - ATITUDE - AÇÃO)

⬇

SABER COMO MUDAR
(CONHECIMENTO - HABILIDADE)

⬇

PERMITIR-SE MUDAR
(CRENÇA - CONVICÇÃO)

José Zaib e Jacob Gribbler

Seu comentário:

"É fazendo que se aprende a fazer aquilo que se deve aprender a fazer."

Aristóteles

5

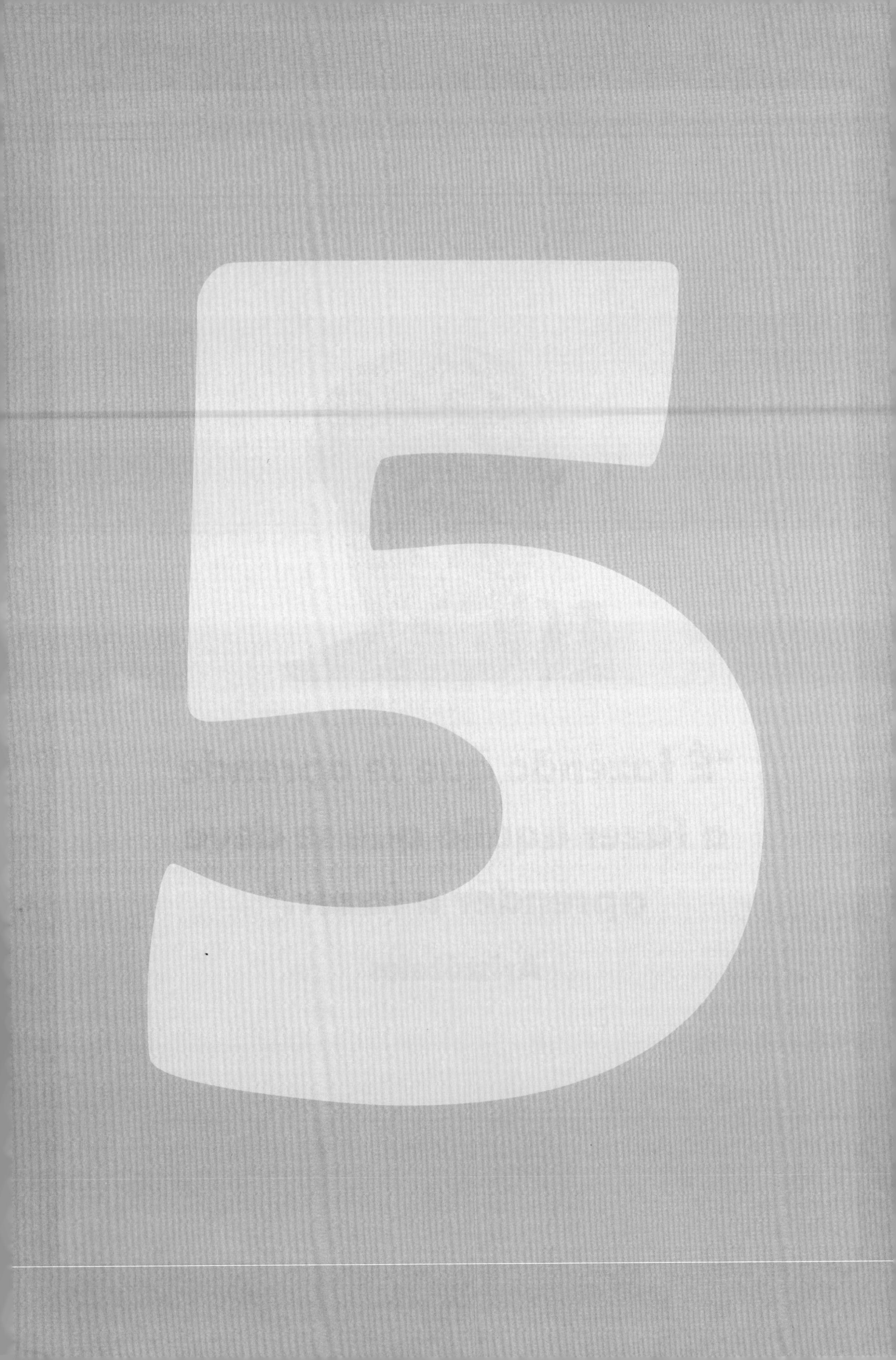

CAPÍTULO 5
FUNDAMENTOS DO COACHING

- O que é importante conhecer no processo de Coaching
- Origem e histórico da palavra Coach
- Coaching hoje
- Denominações
- O Coaching não é
- Afinal, O QUE É COACHING?
- Para que serve o Coaching?
- Benefícios do Coaching
- Habilidades requeridas ao Coach
- Código de ética do Coaching/Coach
- Quando e com quem o Coaching não se aplica
- Tipos de Coaching
- O Coaching na era das redes, da tecnologia e da informação
- Ferramentas para o Coach(ing)

COACHING PARA QUÊ?

TOMADA DE CONSCIÊNCIA

ASSUMIR RESPONSABILIDADES

IMPLEMENTAR AÇÕES

CONSCIÊNCIA   RESPONSABILIDADE   AÇÂO →

UMA ABORDAGEM REFERENTE AO COACHING

A essência do Coaching é contribuir para que uma pessoa possa tomar a direção dos seus objetivos. O Coaching cria consciência, capacitando para a melhor escolha e produzindo mudanças necessárias, permitindo que a pessoa utilize seus próprios recursos.

Coaching é um estilo de atuar e de vivenciar as emoções, utilizando-se de forma positiva seus recursos, habilidades, competências e percepções, permitindo lidar melhor com o tempo, os aspectos quânticos e sistêmicos no dia-a-dia. É focado nos níveis da consciência: físico, emocional, mental, espiritual e psíquico. Processa-se em fases: aceitar, permitir, esclarecer, educar para transformar comportamentos assertivos, além de apoiar na criação de novos hábitos mais efetivos, reflexões, planejamento e atuação em busca da realização de metas.

O Coaching nos dá a possibilidade extraordinária de criar um espalo pessoal único para pensar e tomar decisões com clareza, num ambiente seguro, estruturado, onde existe apoio e, simultaneamente traz conhecimento, planejamento estratégico e soluções práticas para o cotidiano pessoal e profissional.

A liderança efetiva é cada vez mais um requisito complexo e exigível na (boa) gestão das organizações. Exige uma abordagem multidisciplinar no desenvolvimento organizacional baseada na gestão da mudança, em processos de assessment **(metodologia que avalia e identifica as competências comportamentais de colaboradores)** e de feedback em Coaching e na Psicologia.

Trabalhar o Coaching de forma sistêmica transformando-o numa prática de liderança constitui uma aspiração de muitos líderes, porque muitos já perceberam que é a excelência do capital humano que distingue uma excelente organização.

"Difícil não é fazer o que é certo, é descobrir o que é certo fazer."
(Robert Henry Srour)

EFICIÊNCIA   EFICÁCIA   EFETIVIDADE
Eficiência = fazer certo a "coisa"
Eficácia = fazer a "coisa" certa
Efetividade = fazer a "coisa" que tem que ser feita

Estes três conceitos, às vezes se sobrepões ou se completam para compor o conjunto de macro-indicadores com informações resultantes da medição de um evento repetitivo com critérios pré-definidos, com o objetivo de mostrar o resultado/evolução, para orientar as decisões e ações pertinentes e suficientes para se medir toda a gama de ações humanas e monitorar o desempenho na busca da excelência, pois *"somos o que repetidamente fazemos. A excelência, portanto, não é um feito, mas um hábito"* (Aristóteles).

ORIGEM E HISTÓRICO DA PALAVRA COACH

A palavra **COACH** é uma palavra europeia antiga que significa "um veículo para transportar pessoas de um lugar para outro".

O Coach ajuda uma pessoa a atingir um nível acima, seja expandindo uma aptidão, aumentando a sua performance ou até mudando e transformando a forma como pensa, age e se comporta.

Os Coaches ajudam as pessoas a crescerem e se desenvolverem.

Para James Belasco: "O Coaching é uma das experiências mais profundas e mutuamente gratificantes que uma pessoa pode ter. O Coach ajuda o indivíduo a aprender, a crescer e a concretizar os seus sonhos".

COACHING HOJE

Presencial

- Busca pelo Coach e por Coaching.
- Conversa inicial.
- Contrato.
- Duração das sessões.
- Procedimentos, metodologias, técnicas, ferramentas.
- Avaliação.
- Objetivos.
- Resultados.

Não presencial

- Utilização de novas tecnologias: internet, chats, Skype, teleconferência, redes sociais, smartphones etc.
- Coaching não presencial pode ser mais intenso, mais focado.
- Otimização do tempo/deslocamentos.

FUNDAMENTOS DO COACHING

Denominações

- **COACH:** a pessoa, o profissional que apoia o processo de Coaching.

- **COACHES:** plural de Coach.

- **COACHEE/CLIENTE:** a pessoa, o profissional que passa pelo processo de Coaching.

- **COACHING:** o processo de desenvolvimento em que o Coach apoia e o Coachee é o protagonista, o foco.

PASSADO ← **PRESENTE** → **FUTURO**

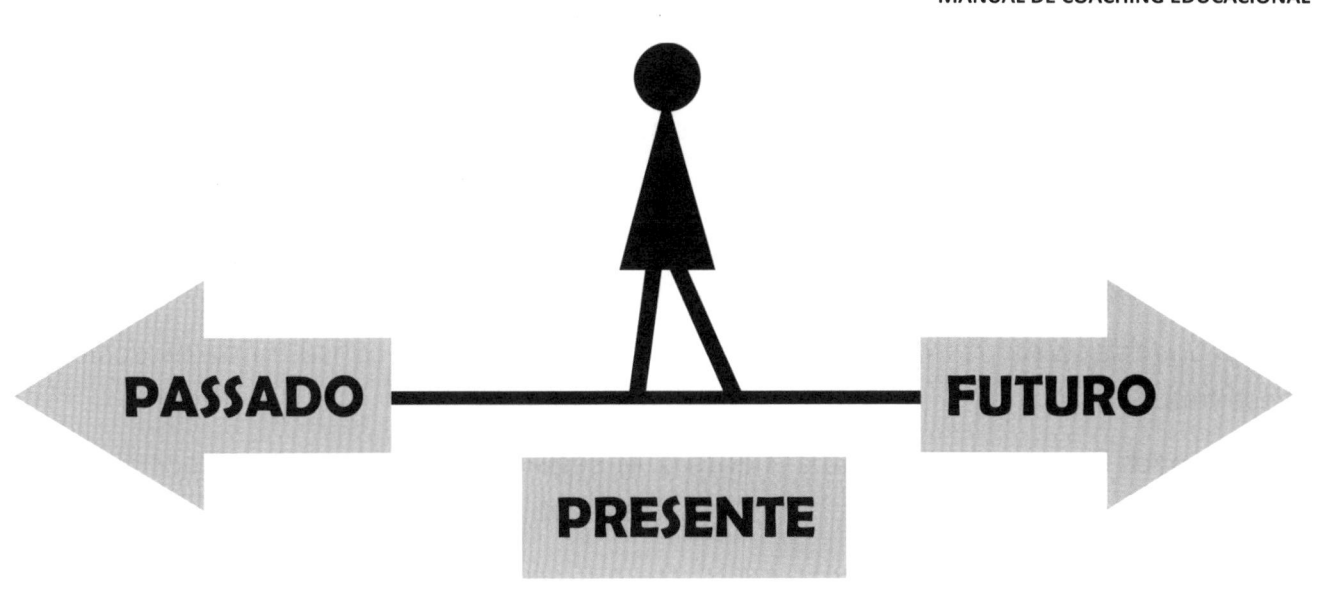

O COACHING NÃO É:
CONSULTORIA
COUNSELING
MENTORING
TERAPIA OU PSICOTERAPIA

O Coaching tem a ver com o futuro, com o desenvolvimento de comportamentos novos.

O foco do Coaching é no presente, no aqui e no agora!

O foco do Coaching é o presente (como está agora) e em melhorar o futuro.

O foco do Coaching é gerar ação em relação à meta/ao objetivo.

Em um processo de Coaching, o Coach precisa ter muita experiência no que está fazendo. Entretanto, o Coach não deve ser apenas ou muito capaz técnica ou operacionalmente; deve gostar e entender de pessoas!

Considerando-se que não é o ser humano que é problemático e sim a sua história de vida, o processo de Coaching, tendo o Coach como um apoiador, vai apoiar a pessoa a extrair de si mesma sua própria construção pessoal e profissional, sua elaboração própria de soluções em direção à obtenção das suas metas e objetivos.

O Coaching é um processo de desenvolvimento de competências. O objetivo do Coaching é gerar ação em direção à meta e, por isso, focar no presente (como está agora) e no futuro é de fundamental importância no processo.

Ter foco, em Coaching, é desenvolver comportamento novo, não é atuar no emocional e quando necessário fazê-lo atuar minimamente.

Coaching X Consultoria

Serviço que visa diagnosticar, demonstrar erros e oferecer respostas e soluções aos problemas.

Exerce esta atividade o profissional denominado de consultor, que é, regularmente, um especialista externo, que apontará os erros e dará as respostas, soluções.

O Coach apoia a pessoa a gerar suas próprias respostas. O consultor dá respostas e conselhos.

O Coach busca a direção que o cliente quer seguir. Se o cliente quer respostas, ele deve buscar um consultor; se o cliente busca desenvolver suas competências, busca o Coaching.

Coaching X Terapia/Psicoterapia

Ver, pesquisar, focar o passado não é competência do Coach nem do processo de Coaching. Rever o passado e rebuscá-lo, analisá-lo em busca de soluções e respostas é foco das terapias.

Em Coaching, um profissional Coach com maestria e sabedoria conseguirá apoiar o cliente na extração das suas próprias soluções, plano de ação e desenvolvimento ou ampliação das suas competências.

A terapia busca o contexto histórico e emocional, consequências e sintomas do passado, das experiências apreendidas pela pessoa.

Em alguns tipos de Coaching (sistêmico) a terapia é utilizada como ferramenta.

Em processos de Coaching executivo descarta-se a possibilidade de terapias, em função de o foco do Coaching ser do presente (estado atual) para o futuro (estado desejado) e a minimização do fator emocional.

A terapia lida com a saúde mental do Coachee. O Coaching lida com o crescimento mental do dele.

Um Coach experiente saberá, no processo, perceber, identificar as necessidades do Coachee e, se for o caso, indicar a outro profissional competente e adequado às necessidades de solução do Coachee.

Coaching X Counseling

Para Joseph O´Connor, um dos mais renomados Coaches dos EUA, "no Counseling, trabalha-se com clientes que se sentem constrangidos ou insatisfeitos com suas vidas. Eles buscam orientações e conselhos. O counselor (conselheiro) trabalha para sanar o problema de um cliente".

"A razão para o cliente buscar terapia ou aconselhamento (counseling) normalmente é livrar-se de sofrimento ou desconforto, mais que avançar rumo a metas desejadas. O Coaching não é corretivo, mas gerativo. Tanto a terapia quanto o aconselhamento (counseling) têm mais possibilidades de envolver o discernimento e trabalhar com as experiências passadas do que o Coaching."

Coaching X Mentoring

Mentoring é um processo de orientação e aconselhamento realizado por uma pessoa (mentor) que conhece profundamente o contexto do negócio e ou atividade em que seja necessária a sua atuação.

O mentor não desenvolve competências. O mentoring e o Coaching focam as realizações no presente e no futuro.

Mais possibilidades de comparação para os professores refletirem:

Coaching X Ensino e Treinamento

Ainda Joseph O' Connor faz comparações entre Coaching, ensino e treinamento.

Ensino

"O ensino transmite conhecimento do professor ao aluno. O professor sabe algo que o aluno não sabe. O Coaching é exatamente o contrário. O cliente é o especialista e é o cliente que tem as respostas e não o Coach."

Treinamento

"O treinamento é o processo de adquirir habilidades ou conhecimentos por meio de estudo, experiência ou ensino. O treinador, por definição, é o especialista e o treinamento provavelmente se focará em habilidades específicas para resultados imediatos. Além disso, o treinamento possivelmente funcionará na base de 'um para muitos', mais do que 'um para um'."

AFINAL, O QUE É COACHING?

Existem dezenas, centenas, milhares de definições para o processo de Coaching.

Uma busca no Google vai levá-lo, instantaneamente, a milhões de definições.

A ICF (International Coach Federation) define Coaching como fazer uma parceria com os clientes em um processo criativo e estimulante para o pensamento que os inspira a maximizar o seu potencial pessoal e profissional.

Listamos algumas definições dos principais Coaches internacionais e nacionais:

"Coaching é apoiar uma pessoa a atingir/conquistar os objetivos/resultados que ela deseja/quer. Coaching é relacionamento, comunicação e ação que levam a resultados desejados."
José Zaib

"É um processo focado em ações do Coachee para a realização de suas metas e desejos. Ações no sentido de desenvolvimento e/ou aprimoramento de suas próprias competências, equipando-o com as ferramentas, conhecimento e oportunidades para se expandir."
Rhandy Di Stéfano

"Coaching é um processo que visa a aumentar a performance de um indivíduo (grupo ou empresa), alavancando os resultados positivos, por meio de metodologias, ferramentas e técnicas conduzidas por um profissional (o Coach) em uma parceria com o cliente (o Coachee)." Villela da Mata

"A essência do Coaching é ajudar uma pessoa a mudar da maneira que deseja e a ir na direção que quer. O Coaching apoia a pessoa em todos os níveis para que se torne quem quer ser e seja o melhor que pode ser." Joseph O'Connor

"Coaching: um veículo para transportar pessoas de valor, de onde estão para onde desejam chegar." Paulo Roberto Menezes de Souza

"Coaching é um processo com início, meio e fim, definido em comum acordo entre o Coach (profissional) e o Coachee (cliente), onde o Coach apoia o cliente na busca de realizar metas de curto, médio e longo prazo, através da identificação e desenvolvimento de competências, como também do reconhecimento e superação de adversidades."
José Roberto Marques

"No Coaching integral, o Coachee adquire a capacidade ao mesmo tempo de aumentar suas competências pessoais e de se transformar, alcançando os mais altos níveis de ser." Martin Shervington

"No Coaching, o Coach é um soprador de brasas, um facilitador da aprendizagem, que acompanha o outro na busca da sua capacidade de aprender para gerar novas respostas."
Leonardo Wolk

"Coaching é permitir que as pessoas mudem, fiquem mais competentes e se tornem excelentes em suas performances." James Flaherty

"Coaching é uma relação de parceria que revela e liberta o potencial das pessoas de forma a maximizar o desempenho delas. Coaching é ajudá-las a aprender ao invés de ensinar algo a elas." Timothy Gallwey

"O principal objetivo do Coaching é ajudar os clientes a ver de maneira objetiva onde estão e onde precisam estar, e depois desenvolver um plano para ir do ponto A para o ponto B com o mínimo de esforço e o máximo de divertimento possível." Scott Blanchard

"O Coaching focaliza as possibilidades futuras e não os erros do passado. O Coaching é uma intervenção que tem como objetivo básico e permanente a construção da autoconfiança dos outros, independentemente do conteúdo da tarefa ou do problema..." John Whitmore

"Coaching é a conversa que leva à ação e à realização do que é almejado."
Eliana Dutra

Mais definições de Coaching:

PARA QUE SERVE O COACHING?
(OU COACHING PARA QUÊ?)

Planejamento pessoal e profissional.

Definição de visão e propósito de vida.

Melhoria nos relacionamentos.

Gestão de carreira e negócios.

Melhora na qualidade de vida e harmonia interior.

E o que mais?

BENEFÍCIOS DO COACHING

O que eu ganho sendo um Coach ou fazendo Coaching?

_____
_____
_____
_____
_____
_____
_____
_____

E o que mais?

_____
_____
_____
_____

HABILIDADES REQUERIDAS AO COACH

> Gostar de gente.
>
> Conhecimento.
>
> Prática, prática, prática.
>
> Contextualizar a utilização de técnicas e ferramentas.
>
> Escuta ativa e genuína.
>
> Interesse pelo cliente.
>
> Evitar julgamentos.
>
> Evitar rotular.
>
> Confidencialidade.
>
> Ética.
>
> Comprometimento.
>
> Rapport e empatia.
>
> Organização.
>
> Feedback de alta fidelidade.

No processo de Coaching, o Coach evitará ao máximo a utilização de julgamentos pessoais, valores próprios, rótulos e, assim, proporcionará um poderoso relacionamento de aliança com o Coachee.

Julgamentos, interpretações, conselhos, respostas e soluções próprias do Coach devem ser evitadas em busca de um eficaz e dinâmico processo de aprendizagem, desenvolvimento e transformacional.

O Coach constrói o resultado com o Coachee.

CÓDIGO DE ÉTICA DO COACHING/COACH

www.coachfederation.org

A ICF é líder em desenvolver uma definição e filosofia em Coaching, bem como em estabelecer um conjunto de padrões éticos que seus membros comprometem-se em manter. A ICF estabeleceu um Código de Ética para os membros e Coaches credenciados; um processo de análise de conduta ética para os casos em que existam reclamações contra membros do ICF ou Coaches credenciados.

Tanto os Coaches quanto o público devem estar informados sobre esses códigos e processos estabelecidos e dos altos padrões que os Coaches profissionais membros da ICF comprometem-se a manter.

PARTE UM: DEFINIÇÃO DE COACHING

Seção 1: Definições

- **Coaching:** é fazer uma parceria com os clientes em um processo estimulante e criativo que os inspira a maximizar o seu potencial pessoal e profissional.

- **Um relacionamento profissional de Coaching:** existe quando o Coaching inclui um acordo ou contrato formal que define as responsabilidades de cada parte.

- **Um Coach profissional da ICF:** também concorda em praticar as competências profissionais principais da ICF e está comprometido em agir de acordo com o Código de Ética da ICF.

Para esclarecer os papéis no relacionamento de coaching frequentemente se faz necessário distinguir entre o cliente e o responsável. Na maioria dos casos, o cliente e o responsável são a mesma pessoa e, portanto, referimo-nos a eles como o cliente. Com o objetivo de identificação, porém, a International Coach Federation define estes papéis da seguinte forma:

- **Cliente:** é a pessoa ou são as pessoas que estão passando pelo processo de Coaching.

- **Responsável:** é a entidade (incluindo representantes) que paga e/ou contrata a prestação de serviços de Coaching.

Em todos os casos o envolvimento em contratos ou acordos de Coaching deve estabelecer de maneira clara os direitos, papéis e responsabilidades tanto para o cliente quanto para o responsável, caso eles não sejam a mesma pessoa.

PARTE DOIS: OS PADRÕES ICF DE CONDUTA ÉTICA

Preâmbulo: Os Coaches profissionais da ICF aspiram conduzir a si mesmos de tal maneira que suas condutas se reflitam positivamente na profissão de Coaching; respeitam as diferentes abordagens de Coaching e reconhecem que também estão vinculados às leis e regulamentações aplicáveis.

Seção 1: Conduta profissional em geral

Como um Coach:

1) Eu não farei conscientemente qualquer afirmação pública que seja falsa ou enganosa sobre o que eu ofereço como Coach, nem farei declarações falsas em quaisquer documentos escritos relacionados à profissão de Coach, ao meu credenciamento ou à ICF.

2) Eu identificarei precisamente as minhas qualificações, especialização, experiência, certificação e credenciamento à ICF como Coach.

3) Eu reconhecerei e honrarei os esforços e as contribuições dos outros e não os atribuirei a mim mesmo; eu compreendo que a violação deste padrão pode acarretar que eu seja punido judicialmente por terceiros.

4) Eu irei, sempre, lutar para reconhecer problemas pessoais que possam dificultar, entrar em conflito ou interferir no meu desempenho como Coach ou nos meus relacionamentos profissionais de Coaching. Sempre que os fatos e circunstâncias demandarem, eu irei procurar prontamente assistência profissional e determinar a ação a ser realizada, incluindo se é ou não apropriado que eu suspenda ou termine o(s) meu(s) relacionamento(s) de Coaching.

5) Eu irei conduzir a mim mesmo de acordo com o Código de Ética da ICF em todas as atividades de treinamento, monitoramento e de supervisão de Coaching.

6) Eu realizarei e relatarei pesquisas com competência, honestidade e dentro de padrões científicos reconhecidos e sujeitos às diretrizes aplicáveis. Minhas pesquisas serão realizadas com o consentimento e a aprovação necessários das pessoas envolvidas e com uma abordagem que proteja os participantes de qualquer risco em potencial. Todos os esforços de pesquisa serão realizados conforme todas as leis aplicáveis do país no qual a pesquisa estiver sendo realizada.

7) Eu irei manter, armazenar e descartar quaisquer registros feitos durante o meu trabalho como Coach de maneira que promova a confidencialidade, segurança e privacidade e em conformidade com quaisquer leis e acordos aplicáveis.

8) Eu irei usar a informação para contato (e-mail, endereço, números de telefone, etc.) com os membros da ICF apenas da maneira e até os limites permitidos pela ICF.

Seção 2: Conflitos de interesse

Como um Coach:

9) Eu procurarei evitar conflitos de interesse e potenciais conflitos de interesse e divulgarei abertamente quaisquer deles. Eu irei propor a minha própria retirada quando tais conflitos ocorrerem.

10) Eu divulgarei ao meu cliente e ao seu responsável toda a remuneração de terceiros que eu poderei vir a ter que pagar ou receber por assuntos relacionados àquele cliente.

11) Eu somente farei permutas por serviços, mercadorias ou remuneração não-monetária quando isso não prejudicar o relacionamento de Coaching.

12) Eu não irei, conscientemente, obter qualquer vantagem ou proveito pessoal, profissional ou monetário do relacionamento de Coaching, exceto pela forma de remuneração presente no acordo ou contrato.

Seção 3: Conduta profissional com os clientes

Como um Coach:

13) Eu não irei, conscientemente, fazer declarações enganosas ou falsas sobre o que o meu cliente ou responsável receberam do processo de Coaching ou de mim como Coach.

14) Eu não darei aos meus possíveis clientes ou responsáveis informações ou conselhos que eu acredito que sejam enganosos ou falsos.

15) Eu terei acordos ou contratos claros com os meus clientes e responsáveis. Eu irei honrá-los no contexto de relacionamentos profissionais de Coaching.

16) Eu irei explicar cuidadosamente e lutar para garantir que, antes do encontro inicial, o meu cliente e o responsável compreendam a natureza do Coaching, a natureza e os limites da confidencialidade, dos acordos financeiros e quaisquer outros termos do acordo ou contrato de Coaching.

17) Eu serei responsável por definir elos claros, apropriados e adequados à cultura no que diz respeito a qualquer contato físico que eu possa vir a ter com os meus clientes e responsáveis.

18) Eu não manterei relações sexuais íntimas com qualquer um dos meus clientes ou responsáveis.

19) Eu irei respeitar o direito do cliente de terminar o relacionamento de Coaching em qualquer momento durante o processo, sujeito ao que foi estabelecido no acordo ou contrato. Eu estarei alerta às indicações de que o cliente não mais está sendo beneficiado pelo nosso relacionamento de Coaching.

20) Eu irei encorajar o cliente ou o responsável a fazerem uma troca caso eu acredite que eles seriam mais beneficiados por outro Coach ou por outro recurso.

21) Eu irei sugerir ao meu cliente que busque os serviços de outros profissionais quando eu avaliar como necessário ou apropriado.

Seção 4: Confidencialidade/privacidade
Como um Coach:

22) Eu manterei os mais estritos níveis de confidencialidade com todas as informações do cliente e do responsável. Eu terei um acordo ou contrato claro antes de divulgar informações a outra pessoa, a menos que isso seja requerido por lei.

23) Eu terei um acordo claro sobre como a informação do Coaching será trocada entre o Coach, o cliente e o responsável.

24) Ao agir como treinador ou estudante de Coaching, eu irei esclarecer políticas de confidencialidade com os estudantes.

25) Eu farei com que Coaches associados e outras pessoas com as quais eu tenho contato no serviço com os meus clientes e responsáveis estejam em condições de, voluntariamente, fazer acordos claros ou contratos para aderir à Parte Dois, Seção 4, do Código de Ética: Padrões de Confidencialidade/Privacidade e a todo o Código de Ética da ICF nos limites aplicáveis.

PARTE TRÊS: O JURAMENTO DE ÉTICA DA ICF

Como Coach profissional, eu reconheço e concordo em cumprir as minhas obrigações éticas e jurídicas com os meus clientes, responsáveis e colegas e com o público em geral. Eu juro cumprir o Código de Ética da ICF e praticar estes padrões com aqueles com os quais eu trabalho como Coach.

Se eu violar este código de ética, ou qualquer parte dele, eu concordo que a ICF em seu único julgamento poderá responsabilizar a mim pelas minhas ações. Eu concordo, ainda, que a minha responsabilidade com a ICF por qualquer violação pode incluir sanções tais como a perda do meu status de membro e/ou do meu credenciamento à ICF.

Aprovado pelo Comitê de Ética e Padrões em 30 de outubro de 2008.

Aprovado pela Comissão de Diretores da ICF em 18 de dezembro de 2008.

QUANDO E COM QUEM O COACHING NÃO SE APLICA

Haverá situações em que o Coach recusará a parceria para o processo de Coaching em função da percepção de que o cliente não possui pensamentos e ações que se traduzam em real comprometimento em buscar parceria, aliança e dificuldade de estabelecer uma relação de confiança.

O Coach afirmará ao postulante que o Coaching não é o melhor processo para atendê-lo na situação.

Pessoas que não possuem perfil para o processo de Coaching:

• Pessoas e profissionais que frequentemente não completam, finalizam seus projetos, planos e ações.

• Pessoas e profissionais que frequentemente terceirizam as outras pessoas para as suas responsabilidades em produzir, fazer e comportar-se.

• Pessoas e profissionais que frequentemente não aceitam ser confrontados nem interrompidos.

O processo de Coaching é confrontativo!

• Pessoas e profissionais que resistem ao processo de Coaching por este ter sido imposto por superiores sem que recebessem as devidas informações sobre como se processa o Coaching.

TIPOS DE COACHING

Coaching de Vida (Life Coaching)

Coaching de Negócios (Business Coaching)

Coaching Executivo (Executive Coaching)

Self and Personal Coaching (Coaching Pessoal)

Coaching com PNL

Coaching Educacional

Coaching Esportivo

Coaching Sistêmico e Integrativo

Coaching Político

Coaching de Carreira

Coaching de Relacionamentos

Coaching de Equipes

Coaching Integral

Coaching para Professores

Coaching Integrado

Coaching Financeiro

OUTROS TIPOS DE COACHING

"Quando duas pessoas se encontram há, na verdade, seis pessoas presentes: cada pessoa como se vê a si mesma, cada pessoa como a outra a vê e cada pessoa como realmente é."

"A maior descoberta da minha geração é que o ser humano pode alterar sua vida mudando sua atitude mental."

William James

6

CAPÍTULO 6

A METODOLOGIA APOIAR

SUSTENTABILIDADE PARA O PROCESSO E CICLO DE COACHING UTILIZANDO A METODOLOGIA APOIAR

- Vontade / necessidade de mudança
- Confiança / segurança / confidencialidade
- Comunicação / relacionamento
    - Rapport
    - Empatia
    - Escuta atenta e genuína
- Comprometimento
- Resultados efetivos
- Transcender

O MODELO APOIAR

Um dos pilares do Coaching, diferentemente de outros métodos e processos de consultoria, é APOIAR o Coachee/Cliente na tomada de consciência, responsabilidade e ações assertivas para a obtenção de resultados satisfatórios em suas metas e objetivos.

O modelo APOIAR foi idealizado e estruturado para a FORMAÇÃO EM COACHING EDUCACIONAL, ministrado pela EBCE - Escola Brasileira de Coaching Educacional, em parceria com o INeP - Instituto de Neurociências e Psicologia Aplicada e com o apoio das Faculdades Machado de Assis, Faculdades da Costa Verde e Anhanguera Educacional.

O modelo APOIAR consiste, assim, nas seguintes etapas, que serão encaminhadas de forma dinâmica, sistêmica, sustentável e ecológica:

A APROXIMAÇÃO / ABORDAGEM INICIAL / ANÁLISE / ASSESMENTS

P PLANEJAMENTO / PLANO DE AÇÃO

O OBSTÁCULOS

I IMPLEMENTAÇÃO

A AVALIAÇÃO

R RETROALIMENTAÇÃO

PROCEDIMENTOS DO MODELO APOIAR

1- APROXIMAÇÃO/ABORDAGEM INICIAL/ANÁLISE/ASSESSMENTS

O QUE QUER?

O COACHEE fala, explica sua situação de ausência de solução.

O COACH: ouve (escuta atenta e genuína),

cria rapport/estabelece empatia,

estabelece aliança/confiança,

apoia o COACHEE na clarificação do que falou.

COACH/COACHEE estabelecem, juntos, as regras de como o processo de Coaching vai ocorrer: dia, horário, local, presencial ou não, número de sessões, a meta, o objetivo e o resultado que se quer atingir (contrato).

Perguntas:

O QUE VOCÊ QUER?

O QUE O TRAZ AO COACHING?

VOCÊ ME PROCUROU PARA QUÊ?

2- ONDE ESTÁ?

O COACH convidará o COACHEE a conhecer o perfil e avaliação de satisfação da situação atual, que verificará ONDE o COACHEE está no momento PRESENTE.

O COACHEE, com o apoio do COACH, formulará seus valores, crenças, missão, visão e propósito por meio de questionários específicos para a descoberta, redescoberta, de autoconceitos que serão projetados em formulários como a Roda da Vida, tabela de satisfação atual, questionários de valores, necessidades etc.

3- AONDE QUER CHEGAR?

Nesta fase o COACHEE e o COACH, por meio de técnicas, exercícios e ferramentas específicas promoverão a imaginação e a visualização criativa, o ensaio mental, onde e quando vislumbrarão o ápice do atingimento e conquista das metas, objetivos e resultados desejados.

O COACHEE, após a consecução do seu plano de ação bem-sucedido, fará uma reflexão acerca do tipo de pessoa que se transformará e se tornará.

O COACHEE, agora melhor conhecedor dos seus processos de funcionamento interno e das variáveis externas que influenciam sua vida mental, pensamentos, ações e comportamentos, buscará um caminho harmônico e de maior qualidade no sentido de uma plena manutenção da qualidade de vida e busca da felicidade.

4- COMO VAI CHEGAR?

Após a avaliação da situação atual, o COACHEE, com o apoio do COACH, clarificará seus desejos, sonhos, suas metas, objetivos e resultados que se proponha a atingir.

O COACHEE definirá o objetivo a ser conquistado e o COACH poderá apoiá-lo na jornada para conquistá-lo.

O COACHEE (com o apoio do COACH) elaborará um programa de pensamentos, comportamentos e ações eficazes, chamado de PLANO DE AÇÃO, no qual estarão as estratégias, táticas e ações necessárias e assertivas para a obtenção e conquista das metas e objetivos com resultados satisfatórios.

No Plano de Ação, o COACHEE e o COACH lidarão com as crenças, valores, impedimentos, recursos e outras variáveis que influenciarão na conquista dos resultados esperados.

O COACHEE aprenderá a formular metas cientificamente, por meio de um específico modelo denominado SMART.

Nesta fase do COACHING, outros formulários, técnicas e ferramentas de apoio poderão ser utilizadas pelo COACHEE a partir da necessidade vislumbrada e reconhecida pelo COACH como apropriada para aplicação na situação requerida.

5- CHEGOU?!

Avaliação, mensuração, aferição dos Processos e Resultados.

Evidências.

6- E DEPOIS QUE CHEGOU?

Retroalimentação. Aprendizados. Melhoria Contínua.

Tornar-se uma pessoa melhor.

José Zaib e Jacob Gribbler

ESCADA DO COACHING
MODELO APOIAR

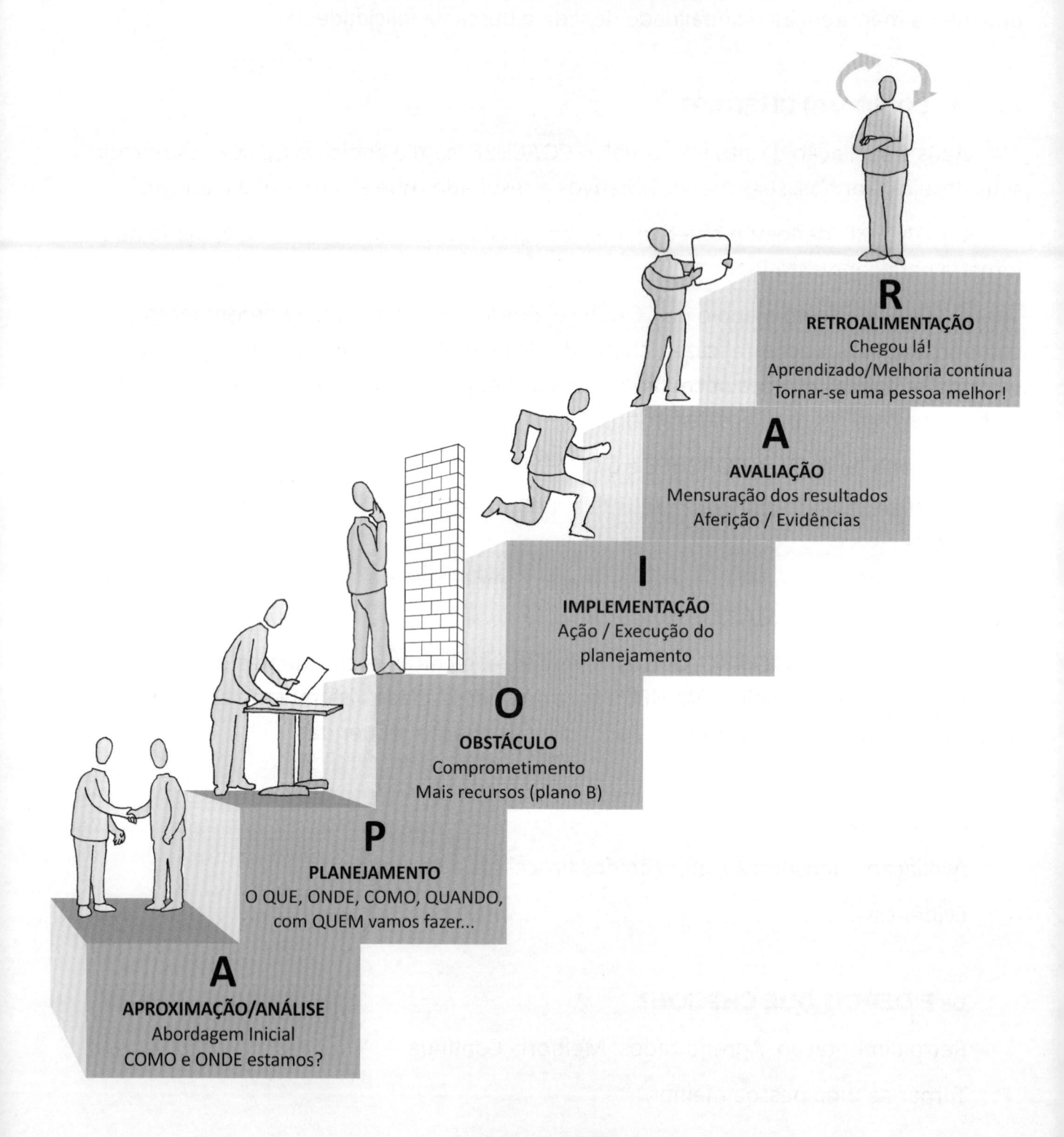

R
RETROALIMENTAÇÃO
Chegou lá!
Aprendizado/Melhoria contínua
Tornar-se uma pessoa melhor!

A
AVALIAÇÃO
Mensuração dos resultados
Aferição / Evidências

I
IMPLEMENTAÇÃO
Ação / Execução do planejamento

O
OBSTÁCULO
Comprometimento
Mais recursos (plano B)

P
PLANEJAMENTO
O QUE, ONDE, COMO, QUANDO, com QUEM vamos fazer...

A
APROXIMAÇÃO/ANÁLISE
Abordagem Inicial
COMO e ONDE estamos?

MANUAL DE COACHING EDUCACIONAL

FLUXOGRAMA DO PROCESSO DE COACHING MODELO APOIAR

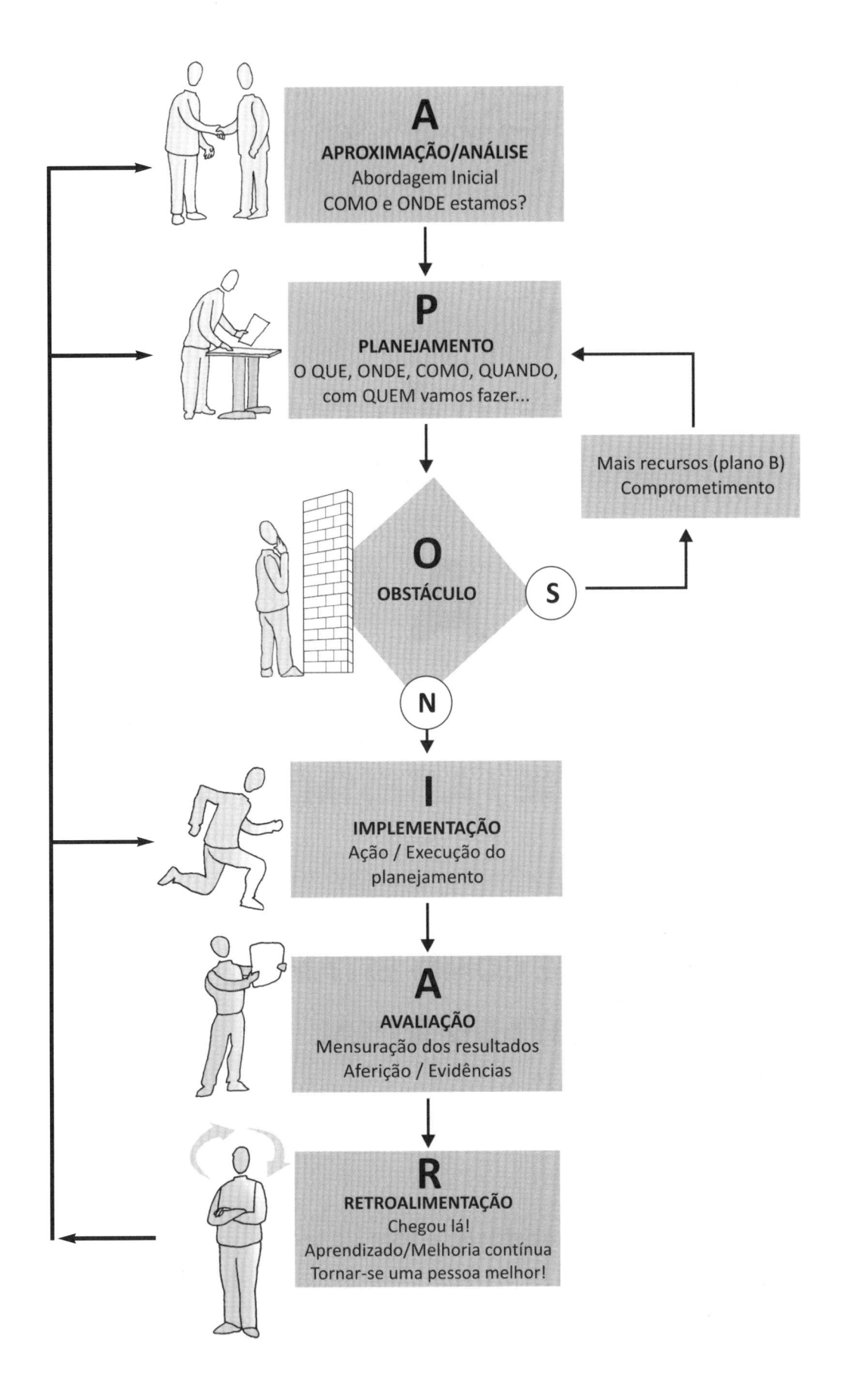

A — APROXIMAÇÃO/ANÁLISE
Abordagem Inicial
COMO e ONDE estamos?

P — PLANEJAMENTO
O QUE, ONDE, COMO, QUANDO, com QUEM vamos fazer...

O — OBSTÁCULO

- S → Mais recursos (plano B) / Comprometimento
- N ↓

I — IMPLEMENTAÇÃO
Ação / Execução do planejamento

A — AVALIAÇÃO
Mensuração dos resultados
Aferição / Evidências

R — RETROALIMENTAÇÃO
Chegou lá!
Aprendizado/Melhoria contínua
Tornar-se uma pessoa melhor!

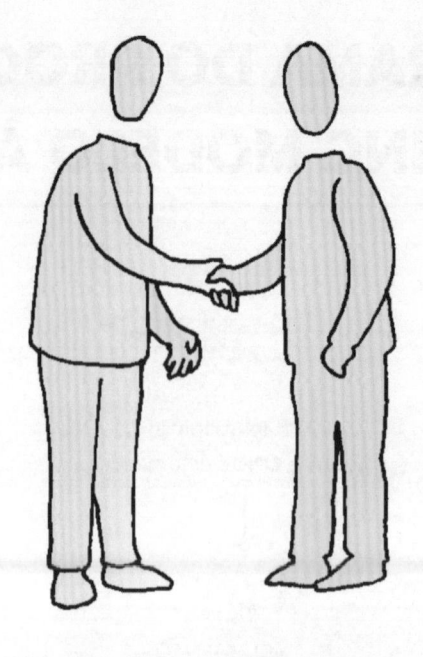

MODELO APOIAR

A

APROXIMAÇÃO / ABORDAGEM INICIAL
ANÁLISE / ASSESSMENTS

O QUE QUER?
ONDE E COMO ESTAMOS?
ESTADO ATUAL

- Sessão inicial
- Perfil e avaliação
- Nível de satisfação
- Roda da Vida / tabela de satisfação e foco de vida
- Resultados desejados
- Valores, visão e missão

APROXIMANDO...

A BUSCA POR SOLUÇÕES POR MEIO DO COACHING

Uma pessoa tem um problema, que em Coaching chamaremos de "ausência de solução".

Essa pessoa que, em um processo de Coaching, chamaremos de Coachee / cliente procura, busca por um Coach para fazer o processo de Coaching.

O Coach recebe o Coachee, estabelece o rapport, empatia.

O Coach colhe dados.

O Coach explica ao Coachee o que é o processo de Coaching.

O Coach enfatiza que o especialista e o foco é o Coachee.

Estabelece-se um pacto de confidencialidade. Determinam-se as responsabilidades e compromissos com o processo de Coaching.

O Coach pergunta:

- O que o fez chegar até aqui?

- O que o traz ao Coaching?

- O que você quer?

- Você me procurou para quê?

- Como posso servi-lo de forma a atendê-lo plenamente em suas necessidades?

- Em que posso servi-lo?

- Como você quer receber o Coaching?

- Qual a melhor e mais adequada forma de você receber o Coaching?

- O que é importante para você neste relacionamento para que eu possa respeitar?

O Coach escuta de forma autêntica e genuína os anseios do Coachee.

Estabelece-se uma aliança, uma confiança entre o Coach e o Coachee.

Organiza-se a maneira de contratação, tempo de duração do processo de Coaching, valores de remuneração do Coach e o Contrato.

Busca pelo Coaching (resumo)

Quando uma PESSOA tem:

- um problema (ausência de solução);

- deseja melhorar em algum comportamento ou ação da vida pessoal ou profissional;

- quer atingir metas, objetivos e resultados melhores;

- e ainda não sabe O QUE, COMO, QUANDO, PARA QUE fazer, ela busca o Coach/Coaching.

> **COACH** – Uma pessoa que vai ajudar, apoiar, a uma outra pessoa na busca das suas próprias soluções.
>
> **COACHEE** – Uma pessoa que busca apoio no Coaching (CLIENTE).
>
> **COACHING** – É o processo de comunicação/relacionamento eficaz para a obtenção de metas, objetivos e resultados.

Sobre o processo de Coaching

✓ O COACHING é focado no COACHEE/CLIENTE.

✓ As técnicas e ferramentas não são o Coaching; apoiam o Coaching.

✓ O Coach experiente, hábil, profundo conhecedor do contexto sistêmico, conceitual e integral do ser humano em processo de Coaching saberá onde, quando, o que, para que, por que e qual ferramenta ou técnica específica escolherá para apoiar o Coachee.

✓ O Coach não terá a certeza do que vai acontecer com o Coachee no decorrer do Coaching, entretanto, saberá utilizar as ferramentas adequadas ao alinhamento de ações compatíveis e afins ao direcionamento e obtenção das metas, objetivos e resultados desejados.

✓ O enunciado de um objetivo descreve o estado desejado do Coachee.

O que é possível ocorrer no primeiro encontro de Coaching?

Quando o Coachee/cliente chega para uma primeira sessão de Coaching ele fala e foca o que não quer.

Procura o Coach e fala sobre o que não quer.

O direcionamento pelo Coach, no processo de Coaching, é conduzir para que o Coachee fale o que quer.

ANTES	COACH	DEPOIS
COACHEE/CLIENTE:	**ESCUTA ATENTA:** OUVE, REDIRECIONA, APOIA e ACOMPANHA	COACHEE/CLIENTE:
FALA E FOCA O QUE NÃO QUER...	**QUESTIONA:** TUDO O QUE VOCÊ FALOU É O QUE VOCÊ NÃO QUER... **PERGUNTA:** O QUE VOCÊ QUER?	FALA, FOCA e AGE SOBRE O QUE QUER!

ASSESSMENTS

Assessments são formulários, programas, questionários que investigam, pesquisam, analisam e avaliam vários fatores mentais, psíquicos, psicológicos, comportamentais e situacionais, nos âmbitos e contextos pessoal, social e profissional de uma pessoa.

Em um processo de Coaching e utilizando-se as técnicas e ferramentas da PNL - Programação Neurolinguística, preferencialmente, avaliam-se os perfis de uma pessoa ou de uma situação em lugar de se afirmar que se faz um diagnóstico.

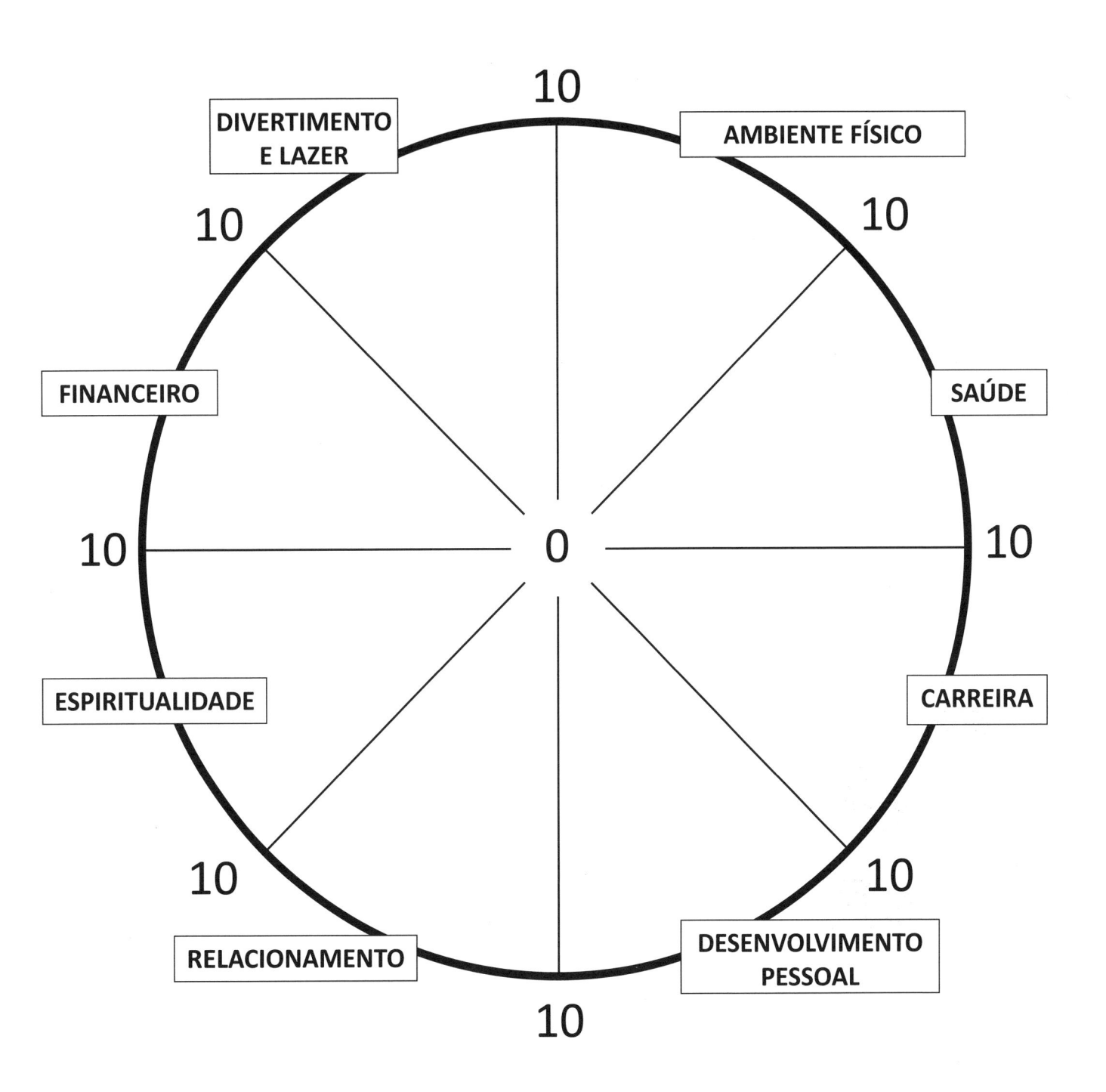

NÍVEL DE SATISFAÇÃO ATUAL
RODA DA VIDA

___/___/20___

- DIVERTIMENTO E LAZER
- AMBIENTE FÍSICO
- FINANCEIRO
- SAÚDE
- ESPIRITUALIDADE
- CARREIRA
- RELACIONAMENTO
- DESENVOLVIMENTO PESSOAL

AVALIAÇÃO E PERFIL DO NÍVEL DE SATISFAÇÃO ATUAL

Pergunta para avaliação do nível de satisfação atual:

Qual o seu nível de satisfação atual com os resultados avaliados em cada uma das áreas da Roda da Vida?

_____
_____
_____
_____
_____
_____
_____
_____
_____
_____

Pergunta para definição da área de alavancagem:

Qual área da Roda da Vida que ao colocar mais foco e energia irá influenciar positivamente um maior número de outras áreas?

_____
_____
_____
_____
_____
_____
_____
_____
_____
_____

MANUAL DE COACHING EDUCACIONAL

RODA DAS HIERARQUIAS DAS NECESSIDADES DA VIDA
INTEGRATIVA E SISTÊMICA

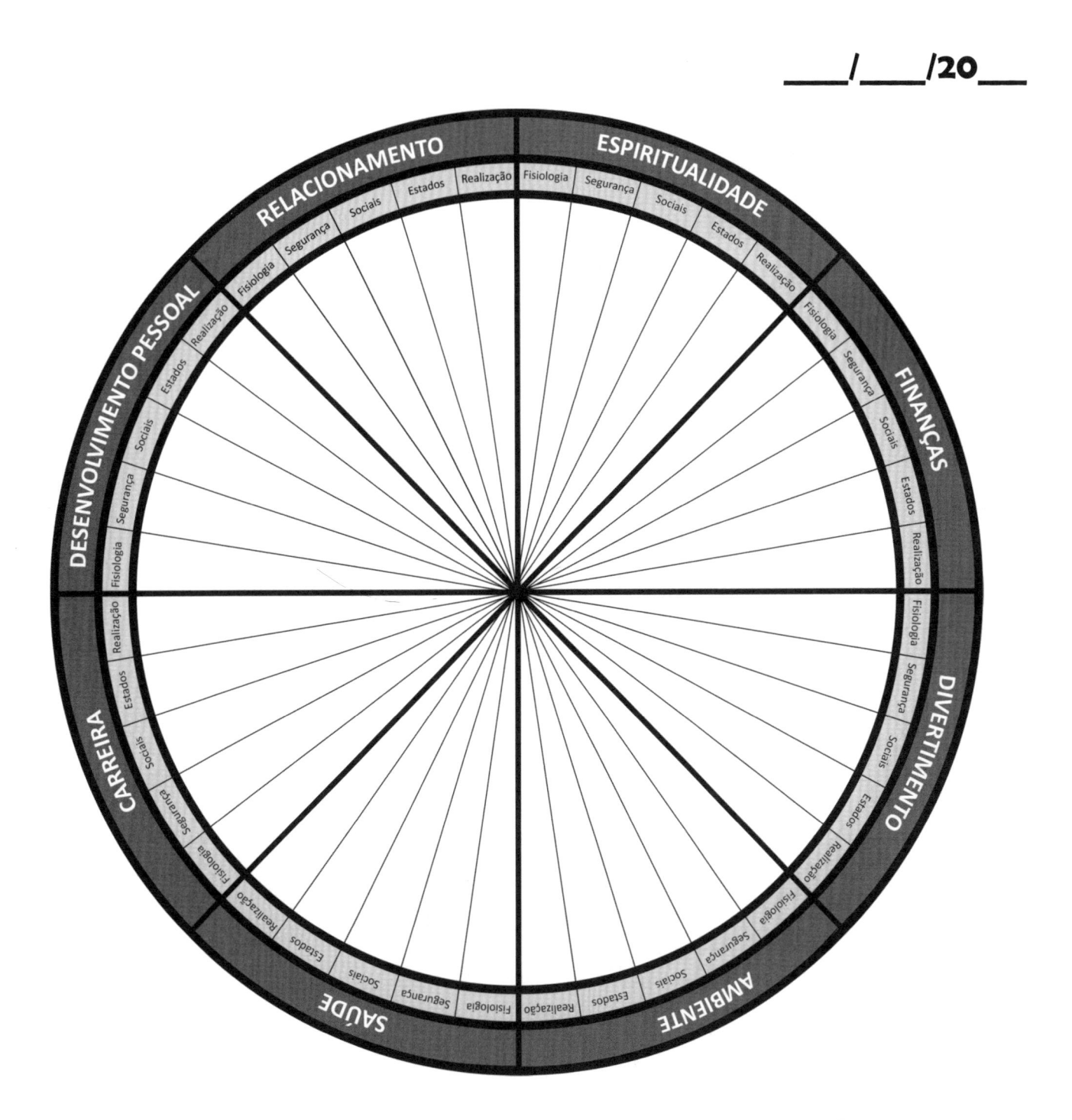

___/___/20___

Este instrumento ou ferramenta de Assessment mede o grau de satisfação e mapeia possíveis competências a serem desenvolvidas.

Assim, com base nesta auto-avaliação sistêmica e integrativa, que possíveis competências precisam ser desenvolvidas ou ampliadas por você?

Qual seria o plano de ação para desenvolver esta(s) competência(s)?

RODA DAS HIERARQUIAS DAS NECESSIDADES DA VIDA - SEGMENTADA
FISIOLÓGICAS

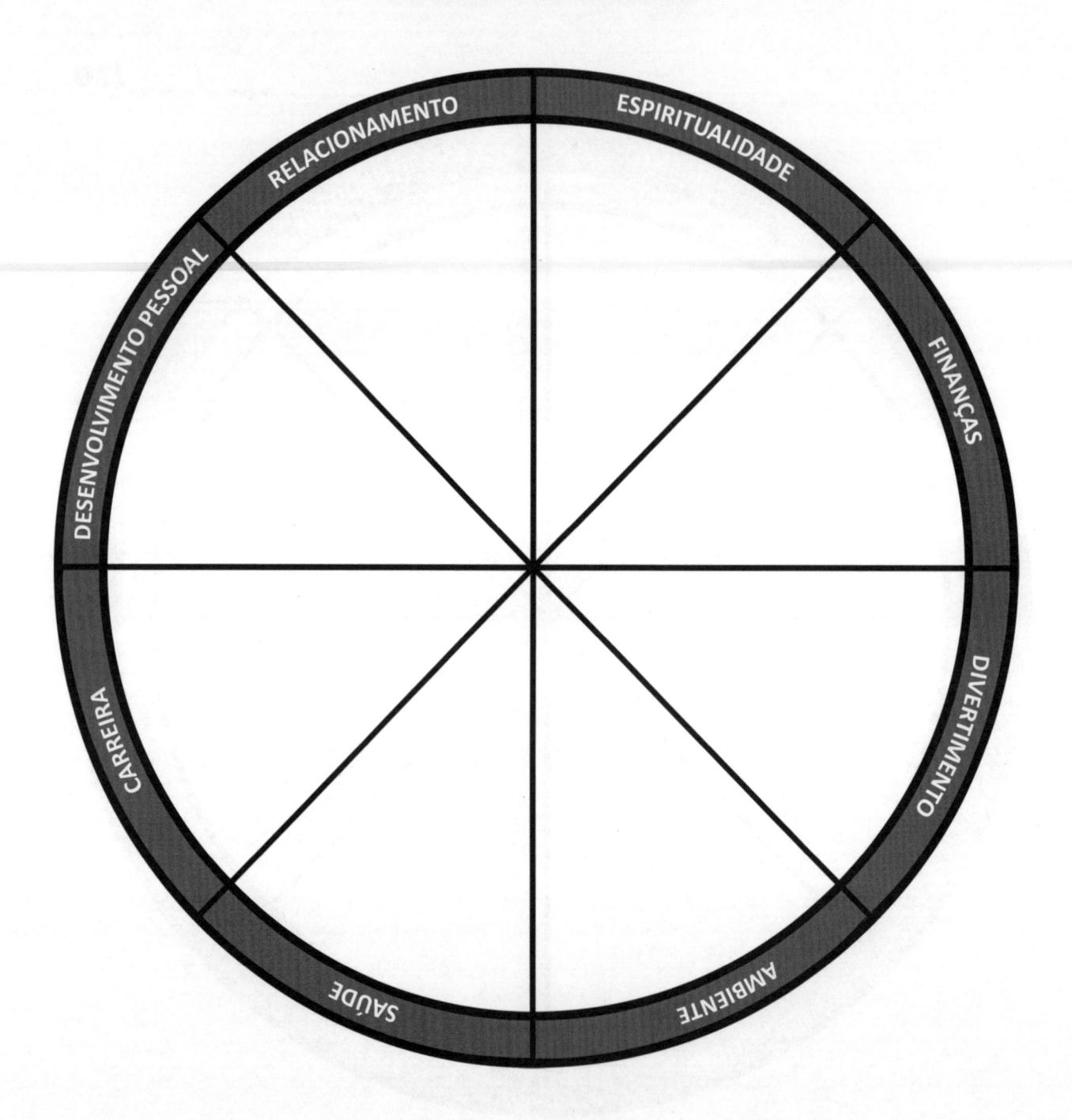

(Roda segmentada em 8 partes: RELACIONAMENTO, ESPIRITUALIDADE, FINANÇAS, DIVERTIMENTO, AMBIENTE, SAÚDE, CARREIRA, DESENVOLVIMENTO PESSOAL)

Este instrumento ou ferramenta de Assessment mede o grau de satisfação e mapeia possíveis competências a serem desenvolvidas.

Assim, com base nesta auto-avaliação sistêmica e integrativa, que possíveis competências precisam ser desenvolvidas ou ampliadas por você?

Qual seria o plano de ação para desenvolver esta(s) competência(s)?

RODA DAS HIERARQUIAS DAS NECESSIDADES DA VIDA - SEGMENTADA
SEGURANÇA

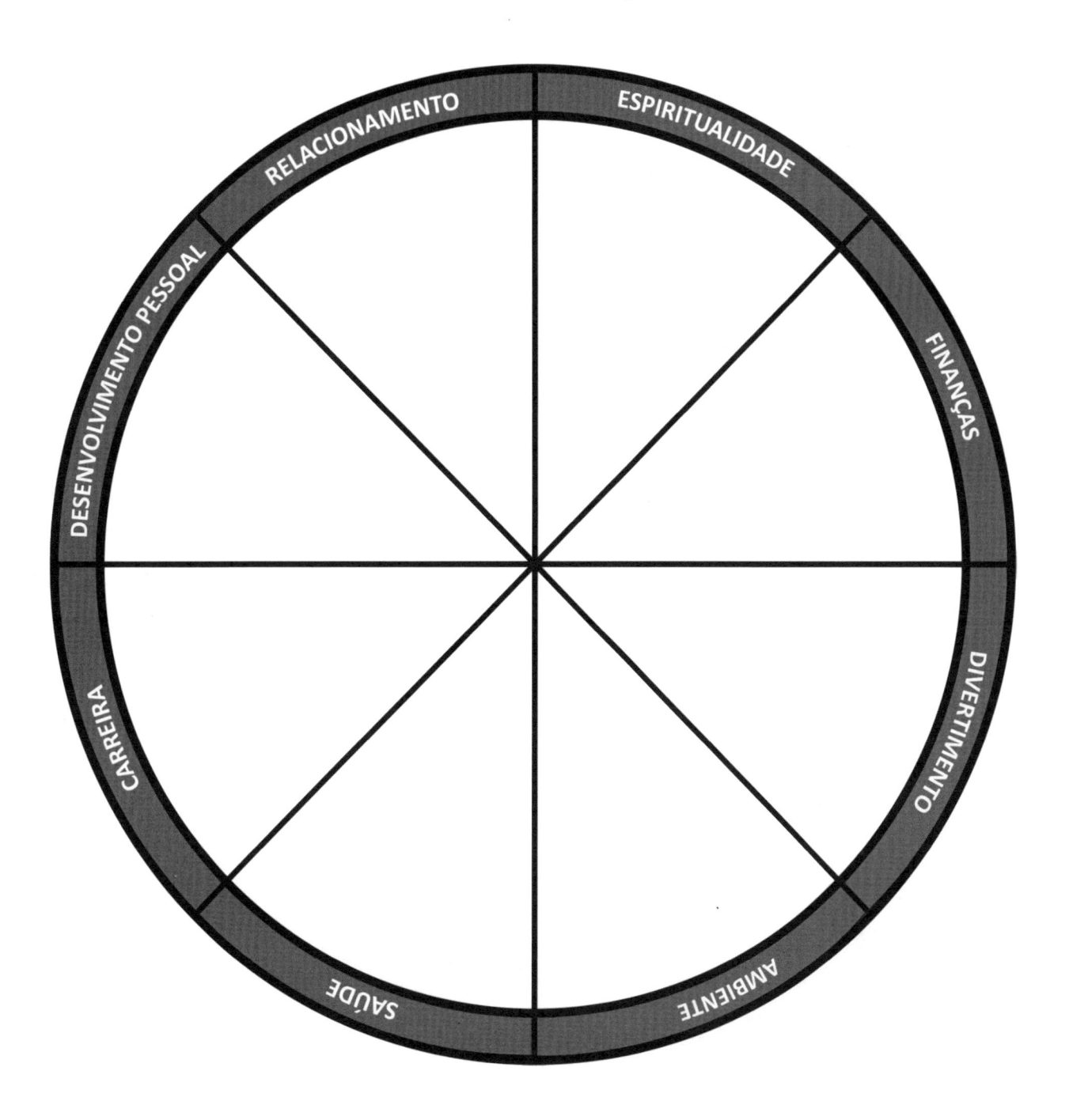

(Roda com 8 segmentos: RELACIONAMENTO, ESPIRITUALIDADE, FINANÇAS, DIVERTIMENTO, AMBIENTE, SAÚDE, CARREIRA, DESENVOLVIMENTO PESSOAL)

Este instrumento ou ferramenta de Assessment mede o grau de satisfação e mapeia possíveis competências a serem desenvolvidas.

Assim, com base nesta auto-avaliação sistêmica e integrativa, que possíveis competências precisam ser desenvolvidas ou ampliadas por você ?

Qual seria o plano de ação para desenvolver esta(s) competência(s)?

RODA DAS HIERARQUIAS DAS NECESSIDADES DA VIDA - SEGMENTADA
SOCIAIS

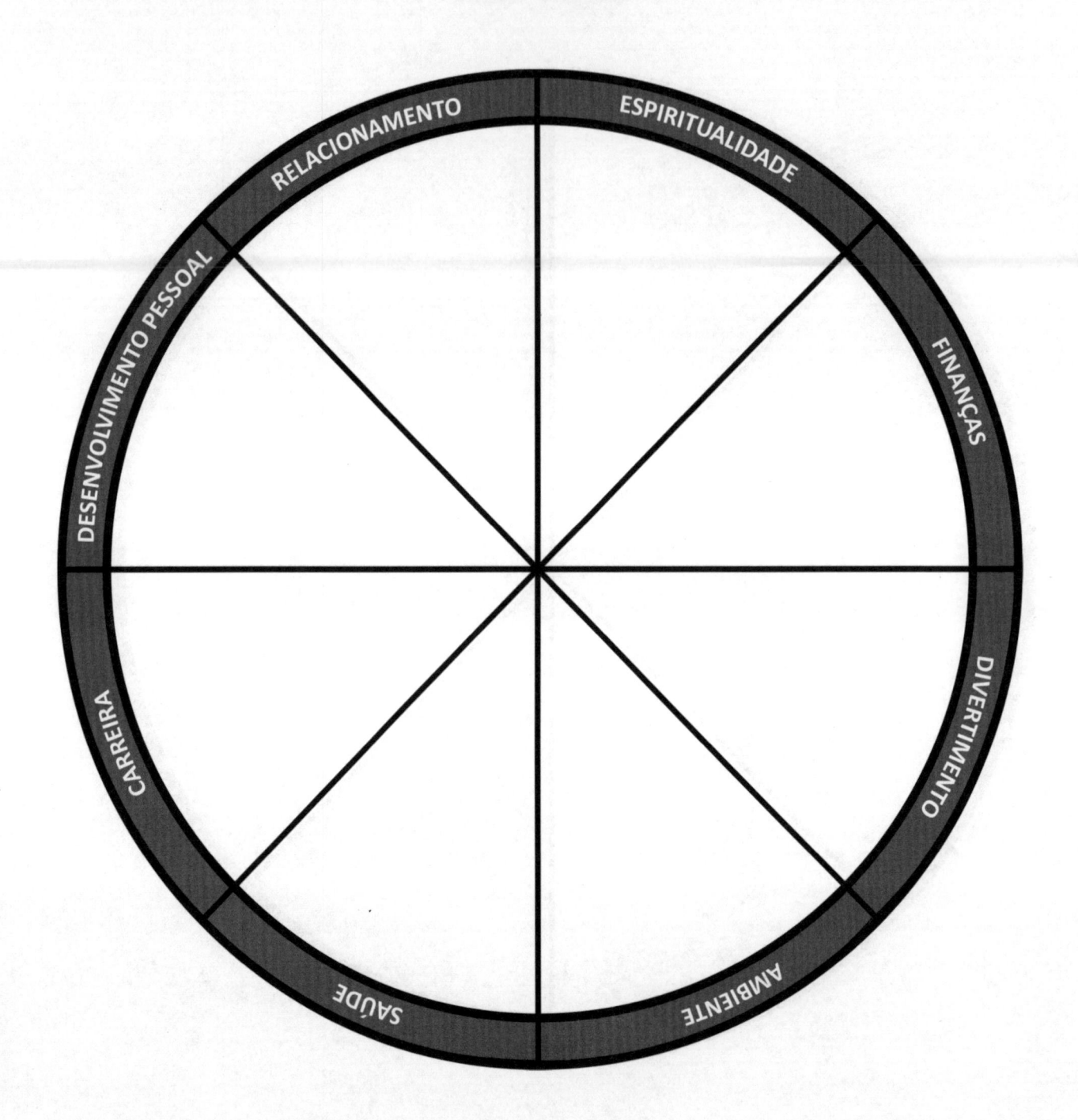

(Roda dividida em 8 segmentos: RELACIONAMENTO, ESPIRITUALIDADE, FINANÇAS, DIVERTIMENTO, AMBIENTE, SAÚDE, CARREIRA, DESENVOLVIMENTO PESSOAL)

Este instrumento ou ferramenta de Assessment mede o grau de satisfação e mapeia possíveis competências a serem desenvolvidas.

Assim, com base nesta auto-avaliação sistêmica e integrativa, que possíveis competências precisam ser desenvolvidas ou ampliadas por você?

Qual seria o plano de ação para desenvolver esta(s) competência(s)?

RODA DAS HIERARQUIAS DAS NECESSIDADES DA VIDA - SEGMENTADA
ESTIMA

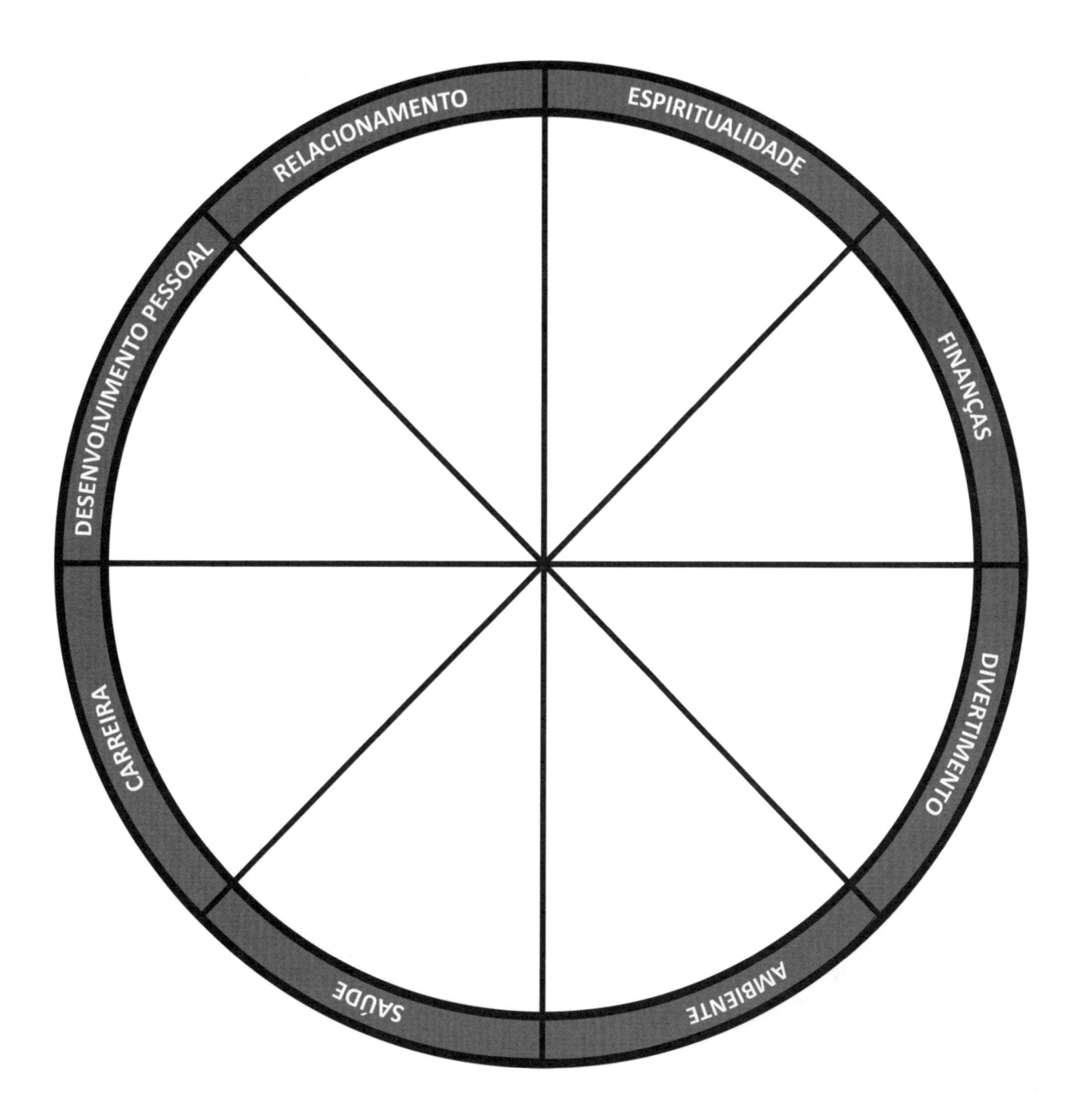

Segmentos da roda: RELACIONAMENTO, ESPIRITUALIDADE, FINANÇAS, DIVERTIMENTO, AMBIENTE, SAÚDE, CARREIRA, DESENVOLVIMENTO PESSOAL.

Este instrumento ou ferramenta de Assessment mede o grau de satisfação e mapeia possíveis competências a serem desenvolvidas.

Assim, com base nesta auto-avaliação sistêmica e integrativa, que possíveis competências precisam ser desenvolvidas ou ampliadas por você?

Qual seria o plano de ação para desenvolver esta(s) competência(s)?

José Zaib e Jacob Gribbler

RODA DAS HIERARQUIAS DAS NECESSIDADES DA VIDA - SEGMENTADA
REALIZAÇÃO

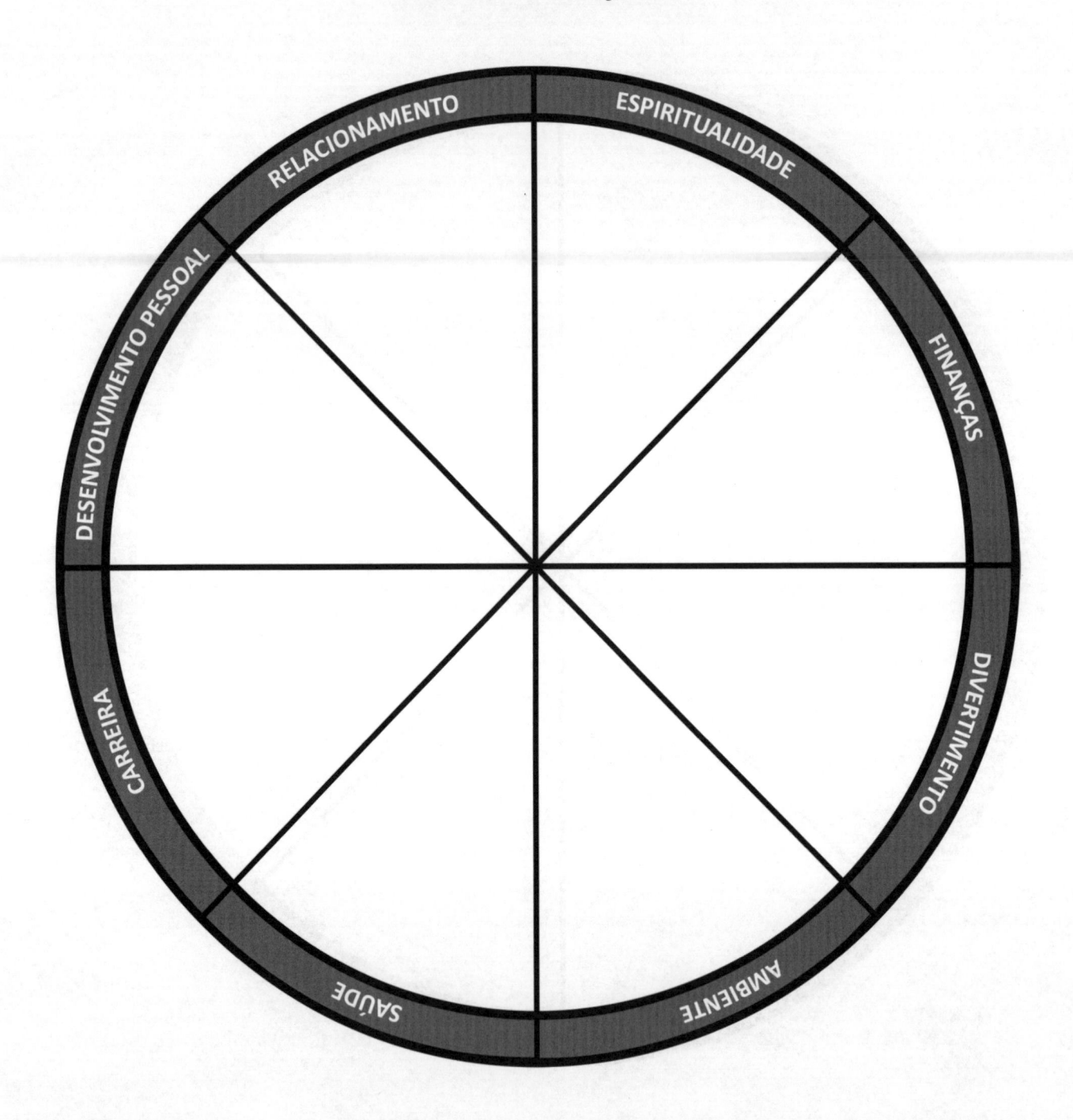

Este instrumento ou ferramenta de Assessment mede o grau de satisfação e mapeia possíveis competências a serem desenvolvidas.

Assim, com base nesta auto-avaliação sistêmica e integrativa, que possíveis competências precisam ser desenvolvidas ou ampliadas por você?

Qual seria o plano de ação para desenvolver esta(s) sgmpetência(s)?

TABELA DE SATISFAÇÃO E FOCO DE VIDA

Preencha ou marque na escala de 1 a 10 conforme a sua percepção do seu estado atual de satisfação com cada aspecto da sua vida representado no gráfico abaixo.

INSATISFEITO	1	2	3	4	5	6	7	8	9	10	SATISFEITO
Amigos	1	2	3	4	5	6	7	8	9	10	Amigos
Família	1	2	3	4	5	6	7	8	9	10	Família
Relação íntima	1	2	3	4	5	6	7	8	9	10	Relação íntima
Emocional	1	2	3	4	5	6	7	8	9	10	Emocional
Ambiente	1	2	3	4	5	6	7	8	9	10	Ambiente
Lazer	1	2	3	4	5	6	7	8	9	10	Lazer
Profissional	1	2	3	4	5	6	7	8	9	10	Profissional
Financeiro	1	2	3	4	5	6	7	8	9	10	Financeiro
Espiritualidade	1	2	3	4	5	6	7	8	9	10	Espiritualidade
Intelectualidade	1	2	3	4	5	6	7	8	9	10	Intelectualidade
	1	2	3	4	5	6	7	8	9	10	
	1	2	3	4	5	6	7	8	9	10	
	1	2	3	4	5	6	7	8	9	10	
	1	2	3	4	5	6	7	8	9	10	

Resultados desejados

Evidências ou Indicadores

Valores

Responsabilidade

Comprometimento

RESULTADOS DESEJADOS
O QUE VOCÊ ESPERA OBTER COM O COACHING?

Faça perguntas para definir quais são os RESULTADOS DESEJADOS do Coachee:

Quais são os resultados que você deseja atingir com o Coaching?

O que especificamente você busca atingir com o Coaching?

Quais são os seus objetivos atuais de vida que você quer realizar e obter com o apoio do Coaching?

O que você deseja melhorar, mudar ou conquistar com o Coaching?

Faça perguntas para definir quais são as EVIDÊNCIAS de realização:

Como você saberá que atingiu os resultados desejados?

Que indicadores ou evidências você terá para saber que atingiu o resultado desejado?

Quando você quer que o seu resultado desejado seja realizado?

Faça perguntas para identificar VALORES:

Por que atingir este resultado desejado é importante para você?

Qual o valor disto para você hoje?

O que você ganha com isto? E o que mais?

Faça perguntas para verificar RESPONSABILIDADE pelos resultados:

Depende de quem para que o seu objetivo seja realizado?

O que você pode fazer para que o seu objetivo dependa exclusivamente de você para ser iniciado hoje e ser mantido?

O que você pode fazer hoje para ir na direção do seu objetivo?

Faça perguntas para avaliar o COMPROMETIMENTO para atingir osresultados desejados:

Qual o seu grau de comprometimento em realizar este objetivo e obter osresultados desejados?

De 0 a 10, qual o seu nível de comprometimento para entrar em ação e alcançaros seus objetivos e resultados desejados?

MANUAL DE COACHING EDUCACIONAL

RESULTADOS DESEJADOS

Evidências ou Indicadores

Valores

Responsabilidade

Comprometimento

Modelo A**P**OIAR

P

PLANEJAMENTO/PLANO DE AÇÃO

O QUE, ONDE, COMO, QUANDO, PARA QUE, COM QUEM VAMOS CHEGAR E FAZER?

- Lista de sonhos
- Journey map
- Ensaio mental
- SWOT pessoal
- Método Socrático
- Modelo SMART
- Modelo TOTS
- Modelo GROW
- Coaching sistêmico
- Coaching game
- Peak performance
- Perguntas poderosas

O **PLANO DE AÇÃO** é o momento em que o Coachee, com o apoio do Coach, implementará a construção da tática e das estratégias de organização e desenvolvimento das ações em direção à conquista das metas e objetivos.

Após o diagnóstico da situação de satisfação atual, das formulações de visão, valores, missão, dos resultados desejados, da lista de sonhos, do Journey Map, da formulação dos objetivos (SMART), da análise dos pontos fortes e a melhorar, das perdas e ganhos, da mensuração e avaliação dos recursos e possíveis obstáculos, o Coach utilizará algumas ferramentas específicas para eliciar pensamentos e provocar comportamentos.

Importante aqui ressaltar que os pensamentos não geram resultados. Os pensamentos geram comportamentos que geram resultados.

Lembramos, também, que o Coachee/cliente deseja/quer atingir suas metas e objetivos e a sua tendência é não querer se esforçar para obtê-las.

O Plano de Ação só se tornará realidade se houver esforço, ação!

> **Lembrete para o Coach!**
>
> **Conceito errado:**
>
> "Um grande Coach sabe todas as fórmulas..."
>
> **Conceito melhor:**
>
> "Em Coaching, um grande Coach consegue extrair do Coachee/cliente seu próprio plano de ação."

José Zaib e Jacob Gribbler

LISTA DE SONHOS
(DREAM LIST)

**"Tudo vem dos sonhos.
Primeiro sonhamos, depois fazemos."
Monteiro Lobato**

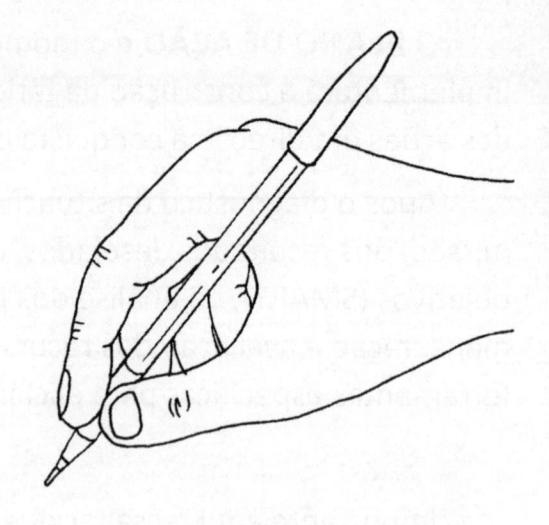

Lista de Sonhos/Desejos/Planos/Metas e Objetivos	Categoria	Prazo

Categorias: Pe: Pessoal / Pr: Profissional / Re: Relacionamentos / QV: Qualidade de Vida
Subcategorias: Sa: Saúde / In: Intelectual / Em: Emocional / Re: Realizações / Fi: Finanças
Co: Contribuição / Fa: Família / Am: Amor / So: Social / La: Lazer / Es: Espiritual
Prazos: CP: Curto Prazo (1-3 anos) / MP: Médio Prazo (3-5 anos) / LP: Longo Prazo (5-20 anos).

MAPA DA JORNADA
(Journey Map)

Planeje o caminho do final para o início

O Coachee e o Coach farão esta atividade em sessões presenciais e em lugares amplos.

1- Defina com o Coachee um grande sonho, meta ou objetivo.

2- Construa uma linha do tempo imaginária no chão definindo fisicamente o presente e o futuro.

3- Posicione-se com o Coachee na data futura da realização do grande objetivo.

4- Venha do final para o início fazendo a seguinte pergunta:

✓ O que aconteceu um passo antes do seu objetivo virar realidade? O que você fez? Quais foram as suas ações?

✓ Anote todos os passos importantes durante o exercício, construindo uma rota de ações.

✓ Faça um mapa da jornada final para o Coachee.

✓ Valide o mapa da jornada

5- Verifique a boa formulação de cada passo intermediário/objetivo (SMART).

José Zaib e Jacob Gribbler

ONDE E QUANDO VOCÊ QUER CHEGAR?

____/____/____

(Data de realização)

ONDE VOCÊ ESTÁ HOJE?

____/____/____

(Data de hoje)

SWOT PESSOAL

Quais são os seus pontos fortes e os pontos que podem ser melhorados?

STRENGTHS (Forças internas)	WEAKNESS (Fraquezas internas)
Quais são os seus pontos fortes, principais forças, qualidades, talentos e virtudes?	Quais são os seus pontos a serem melhorados, principais fraquezas, dificuldades ou defeitos?
OPPORTUNITIES (Oportunidades externas)	**THREATS (Ameaças externas)**
Que oportunidades existem para você aproveitar estas forças e alcançar suas metas e objetivos?	Que ameaças existem pelas suas fraquezas que podem impedir você de atingir suas metas e objetivos?

Pergunta para gerar fechamento e aprendizagem:

Qual a sua conclusão com a análise e aprendizado a partir deste quadro?

Pergunta para gerar ação e mudança:

O que você poderia melhorar ou desenvolver para aproveitar melhor as oportunidades e diminuir as possíveis ameaças?

Método Socrático

Ganha/Perde no Processo de Obtenção dos Objetivos

O que você GANHA se obtiver? (motivadores-prazer)	**O que você PERDE se obtiver?** (sabotadores-dor)
O que você GANHA se não obtiver? (sabotadores-prazer)	**O que você PERDE se não obtiver?** (motivadores-dor)

Diminuir perdas (sabotadores-dor):

O que você pode fazer para diminuir as possíveis perdas (sabotadores-dor)?

Manter ganhos (sabotadores-prazer ou ganhos secundários):

O que você pode fazer para continuar tendo os atuais ganhos em não obter o que você quer (sabotadores-prazer ou ganhos secundários)?

Sistema congruente:

Este objetivo ou resultado desejado afeta negativamente a outras pessoas ou o meio em que você faz parte?

Ajuste e alinhamento de objetivo:

Se sim, o que você precisa alterar no seu objetivo para que afete apenas positivamente outras pessoas ou o meio?

Metas e Objetivos

O modelo SMART

O MODELO SMART

A palavra SMART, em inglês, significa inteligente.

No Brasil, traduzimos por ESPERTA.

Na formulação de metas, SMART* compreende as letras iniciais das palavras **S**PECIFIC (Específica), **M**EASURABLE (Mensurável), **A**CHIEVABLE (Alcançável), **R**EALISTIC (Realista), **T**IMELY (Tempo).

Já aprendemos no exercício da "lista de sonhos" que todas as realizações humanas iniciam-se com uma ideia, um pensamento que se transforma em sentimento, imaginação, visualização criativa, desejo de realização, concretizando-se em realizações práticas por meio de metas e objetivos.

Os estudiosos do comportamento humano, em todas as áreas do conhecimento, constataram que a maioria das pessoas sofre por não concretizar ou sequer iniciar seu sonho de realização.

Verificou-se que o grande motivo da não concretude ou realização das metas e objetivos pessoais e profissionais devia-se a não somente o medo do fracasso em empreendê-los como também do nãoconhecimento, da ignorância das leis naturais e sociais que regem os mecanismos intrínsecos do psiquismo e mental dos seres humanos, traduzindo-se na grande frustração pelo não atingimento de resultados satisfatórios na vida.

Aprender a ciência e os métodos de formulação de metas para a conquista de objetivos pode ser uma poderosa e valiosa ferramenta para o pleno desenvolvimento pessoal e profissional do ser humano, sempre em busca da transcendência e felicidade.

---

*SMART

Specific - preciso, explícito, claro.

Measurable - que pode medir-se.

Achievable - alcançável, possível, realizável, atingível, suscetível de se fazer.

Realistic - realista, prática.

Timely - oportuna, tempo, conveniente.

CONDIÇÕES DE FORMULAÇÃO DA META

1º passo: LINGUAGEM

A meta tem que estar no positivo.

A meta tem que ser específica.

A meta tem que ter prazo e data.

A meta depende da pessoa.

2º passo: EVIDÊNCIAS SENSORIAIS

O que a pessoa vai ver, ouvir e sentir que está atingindo a sua meta.

3º passo: IMPEDIMENTOS

É tudo o que impede a pessoa de atingir a meta.

4º passo: RECURSOS

Que a pessoa já tem.

Que a pessoa precisa adquirir:

  - para ultrapassar obstáculos;
  - para remover bloqueios.

5º passo: ECOLOGIA

O que se perde ou ganha como consequência para conquistar a meta.

6º passo: PLANO DE AÇÃO

O que a pessoa vai fazer para atingir a meta (objetivo).

José Zaib e Jacob Gribbler

ESCREVA SUAS METAS

*"Tudo o que é importante deve ser escrito.
Escrever é uma atividade psiconeuromuscular."*

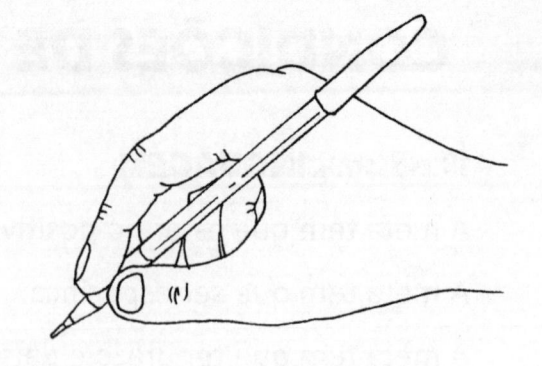

Escreva aqui 10 metas que você quer atingir, do jeito que elas surgirem em sua mente. Escreva-as sem precisar preocupar-se com a formulação SMART.

Lembre-se: do jeito que vier primeiro à sua mente!

1- _____

2- _____

3- _____

4- _____

5- _____

6- _____

7- _____

8- _____

9- _____

10- _____

Agora, reescreva suas 10 metas utilizando o método de metas SMART (positivo, específico, mensurável, tempo e data, realista, ecológico, sistêmico, evidências)

1-

2-

3-

4-

5-

6-

7-

8-

9-

10-

Agora que você já escreveu e formulou suas 10 metas no modelo SMART, selecione as 4 metas mais importantes para você!

1- _____

2- _____

3- _____

4- _____

Agora passe essas 4 metas importantes a limpo.

Nas próximas 24 horas aja minimamente nestas 4 metas que você propôs. **FAÇA UM PLANO DE AÇÃO PARA CADA META.**

Agora, reflita e pergunte-se:

- Que tipo de pessoa eu me tornarei ao realizar minhas metas?

PLANO DE AÇÃO PARA GERAR COMPETÊNCIAS

Para gerar um **Plano de Ação** que desenvolva competências utilizamos a técnica de **PEAK PERFORMANCE**.

Utilizar as **PERGUNTAS** de **Peak Performance**:

O Coach pergunta ao Coachee/cliente qual o momento em que ele obteve sucesso no passado na competência específica que ele quer desenvolver.

QUANDO É QUE NO SEU PASSADO VOCÊ CONSEGUIU_____COM SUCESSO?

A pergunta de Peak Performance elicia e faz com que o Coach tenha a consciência de COMO FEZ, QUE DÁ CONTA E QUE É POSSÍVEL FAZER, DEMONSTRA A FÓRMULA QUE UTILIZOU PARA FAZER FUNCIONAR O COMPORTAMENTO (COMPETÊNCIA) BEM-SUCEDIDO.

Há um pressuposto de que todos os seres humanos já realizaram, fizeram ou praticaram, pelo menos uma vez na sua história de vida, ações ou comportamentos de sucesso que geraram resultados satisfatórios.

Caso o Coachee/cliente tenha dificuldade para definir a situação ou o momento de PP, o Coach utilizará a desconstrução do comportamento ou competência desejada a desenvolver com a pergunta:

O QUE FAZ UMA PESSOA QUE_____?

PLANO DE AÇÃO PARA ATINGIR METAS E OBJETIVOS

O **Plano de Ação** nos remete ao conceito de planejamento, projeto.

Planejar refere-se à projeção, no FUTURO, das nossas metas e objetivos, dos pensamentos, crenças, valores, visão e missão, ações e comportamentos que, alinhados, proporcionarão ao Coachee/cliente a geração de recursos para minimizar os obstáculos rumo à consecução das metas, objetivos e resultados desejados no âmbito ecológico e sistêmico.

É muito importante quando sonhamos, imaginamos, visualizamos criativamente por meio de técnicas e ferramentas projetivas advindas de várias outras ciências porque poderão nos emponderar, motivar e influenciar positivamente no caminho das conquistas almejadas.

Porém, serão as ações proativas, assertivas, eficazes no PRESENTE, desenhadas e orientadas pelo plano de ação que possibilitarão a realização das metas e objetivos, uma vez formuladas no âmbito da ferramenta SMART aqui já aprendida.

Utilizaremos, agora, a técnica das Perguntas poderosas, cuja utilização sutil e inteligentemente utilizada por um Coach experiente e possuidor de profundos conhecimentos e habilidades conceituais e humanas, proporcionarão ao Coachee/cliente a base necessária para as suas tomadas de consciência, reflexão e ação.

Conheçamos, a seguir, as perguntas poderosas!

"Meu caminho para a verdade consiste em fazer as perguntas certas."
Sócrates

PERGUNTAS PODEROSAS

Segundo o livro "Perguntas poderosas como, quando e onde usá-las", de Joseph O'Connor, as perguntas são fundamentais para:

- Obter informações.
- Elicitar emoções diferentes.
- Desafiar suposições.
- Eliciar metas, recursos e estratégias para atingi-las.

As PERGUNTAS PODEROSAS conduzem à metas e não à problemas.

As PERGUNTAS PODEROSAS levam ao futuro e não ao passado.

As PERGUNTAS PODEROSAS levam à ação.

As PERGUNTAS PODEROSAS contêm pressuposições capacitadoras.

Perguntas poderosas começam com **O QUE, QUE, QUAL, COMO, ONDE, QUANTO, QUEM, COM QUEM, COM O QUE, QUANDO.**

> **O COACH DEVE MINIMIZAR A UTILIZAÇÃO DA PERGUNTA PODEROSA INICIADA EM POR QUE... ?**
>
> POR QUE...? conduz, remonta o passado e levará o Coachee/cliente ao estado emocional de tristeza, choro, dificuldade ao pesquisar o seu passado.

Com o tempo e a prática que levarão à experiência e à excelência na condução do processo de Coaching, o Coach desenvolverá fluidez, facilidade e muita naturalidade na aplicação e inserção das Perguntas Poderosas.

AS PERGUNTAS PODEROSAS PODEM GERAR UM PODEROSO SILÊNCIO

"Saber lidar com o silêncio do Coachee/cliente e com o seu próprio silêncio é um poderoso sinal de maturidade e competência do Coach. O silêncio permite ao Coachee assimilar a pergunta, viver a emoção que ela desperta, encarar novas possibilidades que lhe permitem um reposicionamento de perspectiva e de raciocínio para, em seguida, reagir.

O silêncio gerado pelo Coach experiente é um silêncio ativo que gera ação e não estagnação."

O PRINCÍPIO DE PARETO, OU 80/20 NO PROCESSO DE COACHING

"Em um processo ou relação de Coaching o Coachee/cliente falará 80% do tempo e o Coach, 20%. Isso reforça a utilização das Perguntas poderosas. Se uma pergunta poderosa é capaz de causar um grande efeito no cliente, um Coach que domine muito bem a arte de colocar Perguntas poderosas conseguirá dinamizar uma sessão de 40 minutos apenas com três ou quatro perguntas. O Coach deve evitar a pretensão de atingir tudo em uma relação de Coaching ou tudo se perderá, se diluirá. É preferível tratar uma questão de cada vez com o Coachee/cliente."

Para João Alberto Catalão e Ana Teresa Penim, a essência do Coaching reside na pergunta.

A excelência do Coaching reside na capacidade de colocar Perguntas Poderosas.

Em "Ferramentas de Coaching", elencam nove características das Perguntas Poderosas, que transcrevemos a seguir:

1- Aumentam o nível de consciência porque o Coachee é levado a parar para pensar, conseguindo alterar a sua percepção do assunto, as suas ideias prévias e, consequentemente, o seu comportamento. Elas estimulam novas respostas e novas possibilidades.

2- Encorajam o empowerment, na medida em que estimulam o Coachee a encontrar, pelos seus próprios meios, a solução ideal para resolver uma situação, em vez de alguém lhe dizer como deve fazer.

3- Facilitam ao Coachee a clarificação dos seus pensamentos, necessidades escondidas, objetivos, sonhos, problemas, medos, valores, atitudes e opiniões.

4- Encorajam o Coachee a chegar à verdadeira verdade, por si próprio, reduzindo a sua resistência.

5- Favorecem a escuta ativa, intuitiva e disciplinada que o Coach deve desenvolver e utilizar durante as sessões de Coaching.

6- Promovem a responsabilização do Coachee pela utilização dos seus recursos e pelo desenvolvimento das suas soluções.

7- Permitem ao Coachee formular várias alternativas de escolha, encorajando-o a decidir e evoluir.

8- Permitem ao Coach verificar que percebeu o que o seu Coachee disse e quis dizer.

9- Promovem ou reforçam a aprendizagem.

Coaching:
A arte de saber ouvir e saber fazer
PERGUNTAS PODEROSAS!

MAIÊUTICA

Significado de maiêutica

Na filosofia socrática é a arte de levar o interlocutor, com uma série de perguntas, a descobrir conhecimentos que ele possuía sem que soubesse.

Medicina Obstetrícia. (Em gr., maieutike significa "arte de partejar", daí o sentido figurado de "dar à luz ideias")

A maiêutica baseia-se na ideia de que o conhecimento é latente na mente de todo ser humano, podendo ser encontrado pelas respostas a perguntas propostas de forma perspicaz.

A mãe de Sócrates era parteira, "maieutas" em grego. Sócrates gostava de ensinar seus discípulos fazendo perguntas, levando-os a verem que suas opiniões estavam erradas e dirigindo-os, por meio dessas perguntas, ao caminho certo. Seu método recebeu o nome de "maiêutica" porque, na concepção de Sócrates, ele estava auxiliando o "parto da verdade" em seus discípulos, da mesma forma como sua mãe auxiliava o parto das crianças.

O filósofo grego Sócrates foi um dos melhores "coaches" da Antiguidade

Em que consiste a maiêutica?

"A maiêutica de Sócrates consiste em perguntar, em interrogar, em inquirir: "O que é isso? O que significa?" E isso ele faz andando pelas ruas, pelas praças, indagando as pessoas.

Ao general ateniense que encontra – ele está preocupado em averiguar o que é a coragem – diz para si: "Aqui está: este é quem sabe o que é ser corajoso, visto que é o general, o chefe." Aproxima-se e diz: "Você que é um general do exército ateniense tem que saber o que é a coragem." Então o outro lhe diz: "Mas é claro! Como não vou saber o que é coragem? Ela consiste em atacar o inimigo e nunca fugir." Sócrates para, pensa, coça a cabeça e lhe diz: "Sua resposta não é totalmente satisfatória." E faz ver ao general que muitas vezes é preferível retroceder para atrair o inimigo a uma posição mais favorável para destrui-lo. O general concorda e dá outra definição ou complementa a anterior.
E Sócrates exerce, outra vez, sua crítica interrogativa e nunca está satisfeito com as respostas que vão sendo dadas.

Dessa forma, faz com que a definição inicial vá passando pelo crivo das indagações e aperfeiçoando-se por extensões e reduções até ficar o mais exata possível, mas nunca a ser definitiva. Para a maiêutica, o conhecimento está latente no homem, só é necessário criar condições para que ele passe da potência ao ato, aflore, numa espécie de recordação, reminiscência. Educar no sentido verdadeiro e superior. Educação vem do latim educere, literalmente trazer para fora, sobressair, emergir do estado potencial para o estado de realidade manifestada.

O que vem primeiro:
AS PERGUNTAS OU AS RESPOSTAS?

As respostas não podem existir antes que as perguntas as tornem possíveis.

Para Joseph O'Connor, "as perguntas são as respostas para solucionar problemas, tomar boas decisões e expandir a criatividade. As perguntas são as respostas para os problemas do cliente".

Ainda o mestre do Coaching e da PNL nos ensina que:

- Perguntas obtêm informações.
- Perguntas eliciam emoções diferentes.
- Perguntas desafiam suposições.
- Perguntas eliciam metas e os recursos e estratégias para atingi-las.

"Não são as respostas que movem o mundo: são as perguntas!"

A arte de saber perguntar

Perguntas fechadas

Perguntas fechadas são aquelas que requerem apenas uma ou duas palavras em resposta, encerrando a conversa.

P- Quando você iniciou a sua profissão de professor?

R- Há um ano.

P- Gostou da aula?

R- Gostei.

P- Quem você acha que vencerá a eleição, Fulano ou o Beltrano?

R- Fulano.

As perguntas fechadas tendem a transformar a conversa em um interrogatório.

Perguntas abertas

Perguntas abertas exigem explicações, opiniões e elaboração.

As perguntas abertas criam uma afinidade entre as pessoas porque passam a ideia de que você se interessa pelo outro e pelo que ele tem a dizer.

Quem faz perguntas abertas é considerado interessante, sincero, dinâmico e atencioso.

Este aspecto da comunicação em Coaching é um fundamento importante pois a partir de uma escuta autêntica e genuína se estabelece aliança e confiança entre o Coachee e o Coach.

As quatro perguntas abertas de maior impacto iniciam assim:

- **Como...?**

- **Conte-me sobre...**

- **De que forma...?**

- **Por que...?**

Observe as perguntas do exemplo abaixo formuladas de forma aberta:

P- Como você começou a trabalhar como professor de matemática?

R- Na faculdade eu sempre me interessei pelo modo como os números poderiam influenciar os resultados...

P- Conte-me sobre o que você mais gostou na excursão.

R- Apreciei muito caminhar nas trilhas das montanhas...

P- De que maneira você acredita que Fulano influenciou a eleição de Beltrano?

R- Não sou muito de acompanhar a política, mas pelo que vi na televisão acho que ele influenciou e participou decisivamente na eleição da sua candidata...

O Coach pratica e utiliza perguntas abertas.

Quando utilizar pergunta fechada, imediatamente faça uma pergunta aberta.

P- Quando você ingressou na faculdade? (FECHADA)

R- Há quatro anos.

P- Por que você acha que a faculdade mudou tanto nesse período? (ABERTA)

R- Quando ingressei na faculdade não existiam tantas opções de cursos, serviços, facilidades para que pudéssemos optar pela melhor escolha para nós e assim...

UMA SESSÃO DE COACHING UTILIZANDO O MODELO DE QUESTIONÁRIO TOTS

1- O QUE VOCÊ QUER? (Meta/questão)

2- POR QUE VOCÊ QUER? (Valor, motivação)

3- COMO VOCÊ VAI SABER QUE ESTÁ CONSEGUINDO OU CONSEGUIU? (Evidências sensoriais)

4- O QUE VOCÊ GANHA/ PERDE? (Ecologia)

5- O QUE O IMPEDE DE CONSEGUIR O QUE VOCÊ QUER? (Impedimentos)

6- QUE RECURSOS VOCÊ TEM E DE QUE OUTROS PRECISA? (Recursos)

7- O QUE VOCÊ VAI FAZER? (Plano de Ação)

8- SE TIVER DIFICULDADES, QUE OUTRAS COISAS VAI FAZER? (Plano B)

9- QUANDO, ONDE E COM QUEM VOCÊ VAI FAZER ISTO?

10- O QUE VOCÊ VAI USAR COMO ÂNCORA PARA LEMBRÁ-LO DE AGIR?

11- QUE TAREFA VOCÊ SE COMPROMETE A REALIZAR ESTA SEMANA? (Compromisso)

12- VOCÊ PODE IMAGINAR-SE FAZENDO ISSO, AGORA? (Ponte ao futuro)

E, finalizando a sessão, utilizamos o módulo tots:

1- Ponte ao futuro.

2- Âncora para comportamentos planejados.

3- Tarefa ou experiência.

Modelo TOTS Coaching

Durante o processo: **"A MUDANÇA ACONTECE AGINDO"**

1- Rapport.

2- Utilização ("usar a chave do cliente para abrir a sua porta").

3- Backtacking.

4- Estado do Coach:

  - Interesse, calmo, bom humor, escuta atenta e genuína, consequência.

A PNL COMO UMA COMPETÊNCIA

Interpretamos a PNL como uma competência a ser desenvolvida por acreditar que ela seja:

• um corpo de conhecimentos – **SABER**;

• habilidades a serem aprendidas e praticadas – **SABER FAZER**;

• atitudes (ações, comportamentos, movimentos relacionados a decisões, metas e objetivos e

• resultados – **QUERER FAZER.**

A PNL é uma ferramenta de tomada de consciência, de mudança, de transformação.

O laboratório da PNL é a integração sistêmica entre o corpo, cérebro (fisiologia), a mente (energias psíquicas e espirituais), a linguagem, o pensamento e o sistema de crenças.

A PNL é uma disciplina prática, cujas técnicas e ferramentas para a mudança tornam-se conhecidas para a efetiva aplicação pelos seus praticantes.

Mais que isso: **A PNL é uma FILOSOFIA DE VIDA...**

Pelo fato de o ser humano ser único, ímpar, singular, afirma-se que a PNL estuda a subjetividade da pessoa humana (experiência subjetiva).

Quem pode estudar PNL?

Qualquer pessoa que deseja modificar seu atual estado pessoal, profissional, de motivação, saúde, aprendizagem, emocional, relacionamento e comunicação.

Aliás, em nossa percepção, a PNL fundamenta-se sobre estes dois pilares:

MODELAGEM

COMUNICAÇÃO E RELACIONAMENTO

E é sobre estes temas que iremos caminhar, juntos, neste aprendizado inicial da teoria, pressupostos, técnicas e ferramentas da PNL.

Bons estudos e boas práticas.

RECURSOS

Que recursos você já tem?

Que outros recursos você precisa?

- Competências e habilidades

- Inteligência emocional

- Inteligências múltiplas

- Programação Neurolinguística

Estratégia Dysney

E A
ESTADO ATUAL

+ RECURSOS

=

E D
ESTADO DESEJADO
RESULTADOS DESEJADOS

Os **RECURSOS** serão adicionados, agregados ao estado atual para se atingir os resultados desejados.

INTELIGÊNCIA EMOCIONAL

Utilizaremos aqui os conceitos de Inteligência emocional advindos do GROP – Grup de Recerca em Orientaciò Psicopedagògica da Universidade de Barcelona, que assim os descrevem:

"A Inteligência emocional é um dos aspectos importantes de uma pessoa. Possuir Inteligência emocional favorece as relações com os demais e consigo mesmo, melhora a aprendizagem, facilita a resolução de problemas e favorece o bem-estar pessoal e social."

E ainda afirmam:

"A Inteligência emocional é formada por um conjunto de competências relacionadas à capacidade de administrar de forma adequada as próprias emoções e, também, as alheias. Possuir Inteligência emocional significa colocar em prática esse conjunto de competências (uma competência é uma série de conhecimentos, habilidades e atitudes, necessária para fazer as coisas de maneira efetiva).

As competências emocionais são atitudes, capacidades, habilidades e conhecimentos necessários para compreender, expressar e adequar de forma apropriada as nossas emoções."

O mesmo grupo de pesquisadores demonstra cinco blocos de competências emocionais, organiza-das esquematicamente para efeito de aprendizagem no seguinte gráfico:

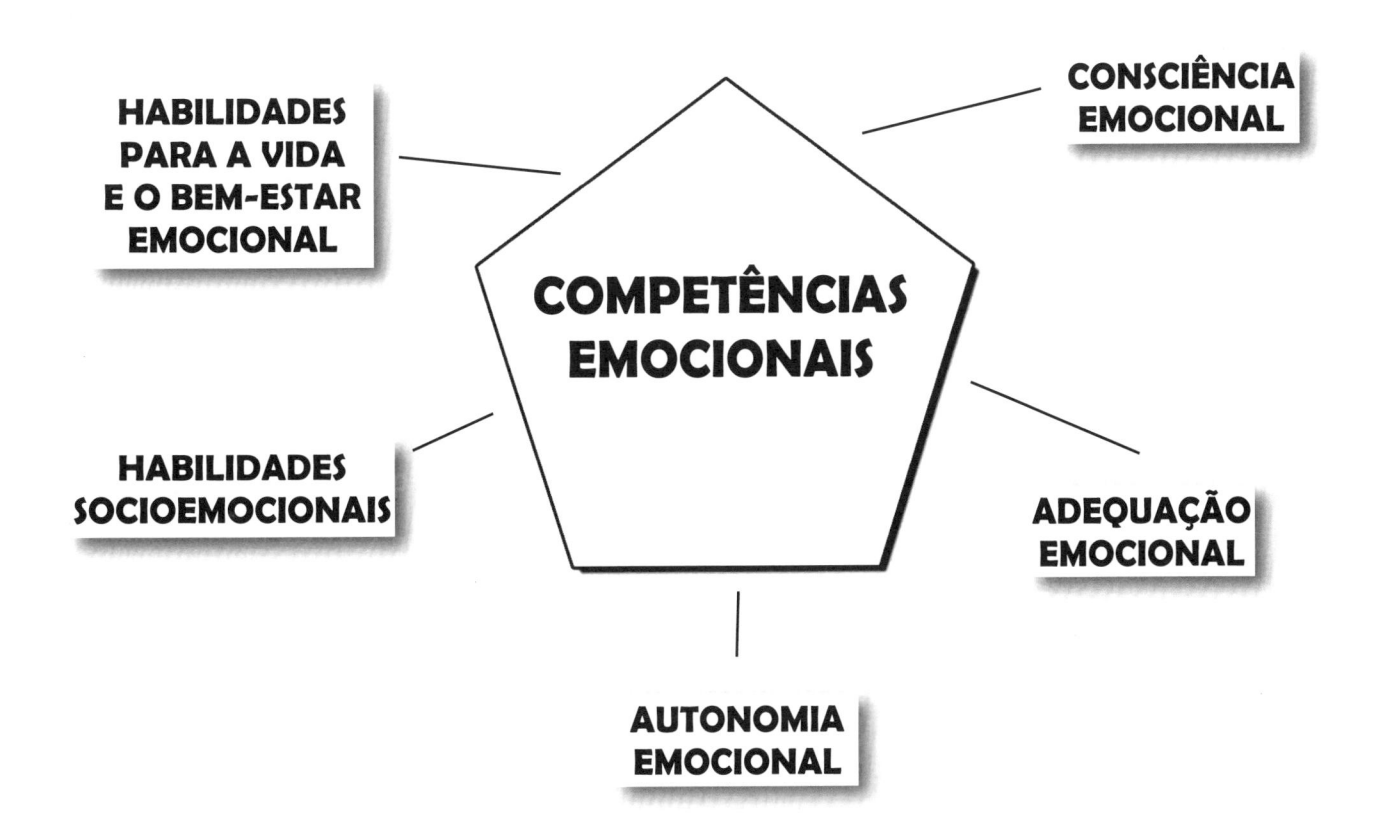

COMPETÊNCIAS EMOCIONAIS
- HABILIDADES PARA A VIDA E O BEM-ESTAR EMOCIONAL
- CONSCIÊNCIA EMOCIONAL
- HABILIDADES SOCIOEMOCIONAIS
- ADEQUAÇÃO EMOCIONAL
- AUTONOMIA EMOCIONAL

Definições breves do modelo das competências emocionais

Consciência emocional
Capacidade de estar consciente das próprias emoções e das emoções dos outros.

Adequação emocional
Capacidade para controlar as emoções de forma apropriada.

Autonomia emocional
Capacidade para gerar, de si mesmo, as emoções apropriadas em um momento determinado. Isso inclui uma boa autoestima, atitude positiva diante da vida e responsabilidade.

Habilidades socioemocionais
Capacidade para manter boas relações com os outros.

Habilidades para a vida e o bem-estar emocional
Comportamentos apropriados e responsáveis para confrontar aquilo que nos acontece e que permite organizar nossa vida de forma sadia e equilibrada, facilitando experiências de satisfação e bem-estar. O bem-estar pessoal aparece quando experimentamos emoções positivas.

A pessoa que possui Inteligência emocional é capaz de gerar emoções positivas e se relacionar satisfatoriamente com os outros.

É importante compreender que adquirir Inteligência emocional não é fácil. É necessário treinamento e muita prática.

Para maior aprofundamento neste importante tema, indicamos o livro Atividades para o Desenvolvimento da Inteligência Emocional nas Crianças. GROP, São Paulo/Editora Ciranda Cultural, 2009

INTELIGÊNCIAS MÚLTIPLAS

Para Howard Gardner, da Universidade de Harvard, os seres humanos desenvolveram pelo menos sete inteligências, as quais ele denominou de Teoria das Inteligências Múltiplas.

Elas são:

- Inteligência linguística.
- Inteligência lógico-matemática.
- Inteligência espacial.
- Inteligência musical.
- Inteligência cinestésico-corporal.
- Inteligência intrapessoal (conhecer a si mesmo).
- Inteligência interpessoal (conhecer os outros).

No livro "À Maneira de Sócrates", Ronald Gross apresenta o exercício que faremos abaixo:

Marque as descrições que se aplicam a você.

1- Você se lembra com facilidade de belos torneios de frases ou citações memoráveis, usando-os com destreza nas conversas.

2- Você logo se dá conta quando alguém que está em sua companhia fica perturbado com alguma coisa.

3- Você sente fascínio por questões científicas e filosóficas do tipo "Quando começaram os tempos?"

4- Você é capaz de encontrar com facilidade o seu caminho numa região ou vizinhança desconhecida.

5- Você é considerado bastante elegante e raramente se sente canhestro em seus movimentos ao aprender um novo esporte ou dança.

6- Você é capaz de cantar no tom certo.

7- Você lê regularmente as páginas de ciências do jornal e se interessa por revistas de ciência e tecnologia.

8- Você costuma observar os erros de vocabulário e gramática cometidos por outras pessoas, mesmo que não os corrija.

9- Frequentemente você é capaz de descobrir como alguma coisa funciona ou de consertar um objeto quebrado sem pedir ajuda.

10- Você tem facilidade para imaginar como outras pessoas cumprem suas tarefas no trabalho ou na vida familiar e pode perfeitamente se imaginar no lugar delas.

11- Você consegue se lembrar detalhadamente do aspecto e dos pontos mais marcantes dos lugares em que esteve nas férias.

12- Você gosta de música e tem seus intérpretes favoritos.

13- Você gosta de desenhar.

14- Você dança bem.

15- Você organiza as coisas na sua cozinha, no banheiro e em sua mesa de trabalho obedecen-do a categorias e padrões.

16- Você se sente capaz de interpretar o que as outras pessoas fazem, de acordo com o que estão sentindo.

17- Você gosta de contar histórias e é considerado um bom narrador.

18- Às vezes você gosta de ouvir sons diferentes em seu ambiente.

19- Ao conhecer novas pessoas, muitas vezes você estabelece paralelos entre suas características e as de outros conhecidos seus.

20- Você se considera dono de um senso aguçado daquilo que é capaz e daquilo que não é capaz de fazer.

Caso todas as três descrições de qualquer um dos seguintes grupos de três se apliquem no seu caso, provavelmente você é forte no respectivo tipo de inteligência, mesmo que não a tenha cultivado.

Descrições 1, 8 e 17:	Inteligência linguística
Descrições 6, 12 e 8:	Inteligência musical
Descrições 3, 7 e 15:	Inteligência lógico-matemática
Descrições 4, 11 e 13:	Inteligência espacial
Descrições 5, 9 e 14:	Inteligência cinestésica-corporal
Descrições 10, 16 e 20:	Inteligência intrapessoal (conhecer a si mesmo)
Descrições 2, 10 e 19:	Inteligência cnterpessoal (conhecer os outros)

COMPETÊNCIAS

Atualmente uma das mais usuais definições de COMPETÊNCIAS refere-se ao conceito de uma integração entre **C**ONHECIMENTO, **H**ABILIDADES e **A**TITUDES, que formula a "**Metodologia do CHA**".

- **Conhecimento:** é o SABER e refere-se ao conjunto de conhecimentos técnicos, gerais ou específicos, graus de escolaridade, formações técnica e acadêmica.
- **Habilidades:** são as HABILIDADES PESSOAIS. É o SABER FAZER e referem-se à prática, à aptidão, à aplicação dos conhecimentos.
- **Atitudes:** é o FAZER. E referem-se à missão, visão, valores, emoções e sentimentos expressos pelo COMPORTAMENTO humano que, por meio de metodologias, tornam possíveis as devidas e necessárias identificações de perfis comportamentais fundamentais para cada atividade desempenhada pelo ser humano.

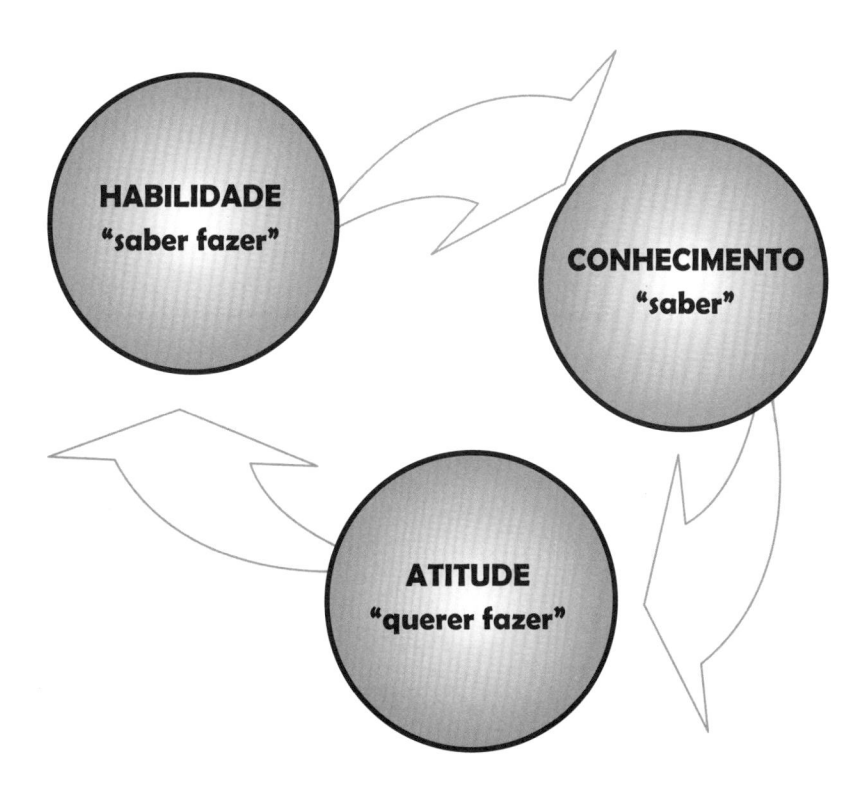

Os níveis **C** (Conhecimento) e **H** (Habilidades) são descritos como COMPETÊNCIAS TÉCNICAS enquanto o nível **A** é descrito como COMPETÊNCIAS COMPORTAMENTAIS.

AS TRÊS HABILIDADES E O PERFIL DO NOVO PROFISSIONAL

Habilidades Técnicas são as habilidades ligadas à execução do trabalho, e ao domínio do conhecimento específico para executar seu trabalho operacional.
Consiste em utilizar conhecimentos, métodos, técnicas e equipamentos necessários para o desempenho de tarefas específicas, por meio da experiência e educação. É muito importante para o nível operacional.

Habilidades Humanas são as habilidades necessárias para um bom relacionamento. Profissionais com boas habilidades humanas se desenvolvem bem em equipes e atuam de maneira eficiente e eficaz como líderes.
Consiste na capacidade e facilidade para trabalhar com pessoas, comunicar, compreender suas atitudes e motivações e liderar grupos de pessoas.

Habilidades Conceituais são as habilidades necessárias ao proprietário, presidente, CEO de uma instituição. São essas habilidades que mantêm a visão da instituição como um todo, influenciando diretamente no seu direcionamento.
Consiste na capacidade de compreender a complexidade da instituição como um todo e o ajustamento do comportamento de suas partes. Essa habilidade permite que a pessoa se comporte de acordo com os objetivos globais da instituição e não apenas de acordo com os objetivos e as necessidades de seu grupo imediato.

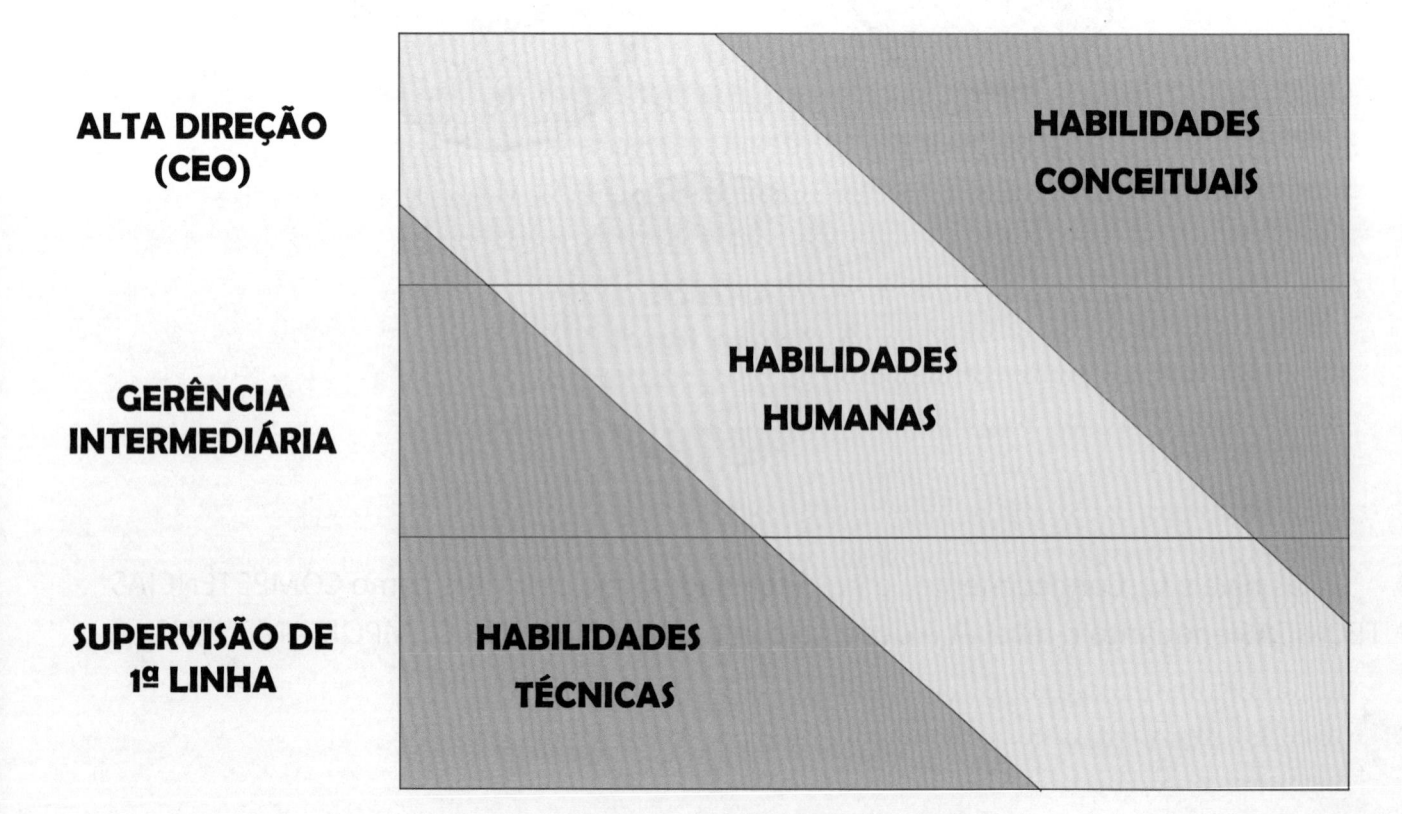

ALTA DIREÇÃO (CEO)	HABILIDADES CONCEITUAIS
GERÊNCIA INTERMEDIÁRIA	HABILIDADES HUMANAS
SUPERVISÃO DE 1ª LINHA	HABILIDADES TÉCNICAS

PERFIL DO NOVO PROFISSIONAL	
OS PROFISSIONAIS DO PASSADO	**OS PROFISSIONAIS DO 3º MILÊNIO**
Aprendiam quando alguém lhe ensinava	Procuram deliberadamente aprender
Achavam que o aprendizado ocorria principalmente na sala de aula	Reconhecem o poder do aprendizado decorrente da experiência do trabalho
Responsabilizam o chefe pela carreira	Sentem-se responsáveis pela sua própria carreira
Não eram considerados responsáveis próprio desenvolvimento	Assumem a responsabilidade pelo seu próprio desenvolvimento
Acreditavam que sua educação estava completa ou só precisava de pequenas reciclagens	Encaram a educação como uma atividade permanente para a vida toda
Não percebiam a ligação entre os que aprendiam e os resultados profissionais	Percebem como o aprendizado altera os negócios
Deixavam o aprendizado a cargo da instituição	Decidem intencionalmente o que aprender

RESUMO DO PLANO DE AÇÃO:

PA = PP + PP + RECURSOS
(PLANO DE AÇÃO = PEAK PERFORMANCE + PERGUNTAS PODEROSAS + RECURSOS)

O Plano de Ação ou PLANO A precisa estar preparado para lidar com obstáculos. Caso isso não aconteça...

_____
_____
_____
_____
_____
_____
_____

ESTRATÉGIA DE CRIATIVIDADE DE WALT DISNEY

A forma com a qual Walt Disney idealizou e realizou toda a sua magnífica obra, ao criar a Disneylândia – EUA, tornando-se um dos maiores nomes do entretenimento mundial, foi exaustivamente pesquisada, mapeada e divulgada por um dos maiores desenvolvedores da PNL – Programação Neurolinguística, Robert Dilts.

Segundo as biografias e o livro "A Estratégia da Genialidade", de Robert Dilts, onde ele analisa as diversas modalidades de estratégias de criatividade utilizadas por inúmeras personalidades que contribuíram para o desenvolvimento humano, dentre elas, Walt Disney, ele afirma que "havia três Walt Disneys diferentes: o sonhador, o realista e o crítico. As pessoas nunca sabiam qual deles apareceria em uma reunião".

Afirmam também, outras biografias, que tanto na sede do escritório quanto em sua residência, Disney mantinha três ambientes físicos distintos onde "cada um dos seus modos de criar" ficaria durante os processos de criação.

QUAL A UTILIDADE DA UTILIZAÇÃO DESTA ESTRATÉGIA EM COACHING?

Poderá ser utilizada pelo Coach como ferramenta para acrescentar RECURSOS ao Coachee na elaboração das suas estratégias de obtenção de metas, objetivos e resultados satisfatórios.

Na página seguinte você praticará o exercício de Estratégia de Criatividade Disney, desenvolvido por Robert Dilts.

EXERCITANDO O MODELO DISNEY

1- Escolha e determine no espaço (chão) uma posição (metaposição) de observador e determine outros três espaços ou locais físicos e os denomine de:

1- SONHADOR, 2- REALISTA e 3- CRÍTICO.

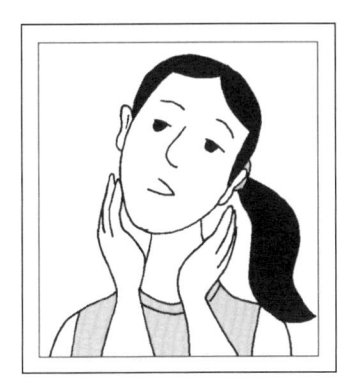

2- Faça a ancoragem do estado apropriado para cada local físico:

a) Pense em uma época quando você era capaz de criativamente sonhar ou fantasiar novas idéias sem quaisquer inibições. Entre no local **1- SONHADOR** e reviva esta experiência.

b) Identifique uma época em que você era capaz de pensar muito realista e traçar um plano específico para colocar uma determinada idéia realmente em ação. Entre na posição **2- REALISTA** e reviva esta experiência.

c) Pense em uma época quando você era capaz de criticar construtivamente e avaliar um plano, isto é, oferecer crítica positiva e construtiva, bem como encontrar problemas. Entre no local **3- CRÍTICO** e reviva esta experiência. Assegure-se de que o local físico esteja suficientemente afastado dos outros para não haver interferências.

3- Escolha um resultado que queira alcançar e entre no local do sonhador. Visualize a si mesmo realizando esta meta como se você fosse a personagem de um filme. Veja o processo como se fosse uma sequencia de imagens.

Permita a si mesmo a pensar a respeito, de maneira livre e desinibida (ACESSO). Se você tiver alguma dificuldade em se ver sendo bem sucedido, uma das seguintes opções irá ajudá-lo:

a) Lembre-se de um resultado bem sucedido similar em sua história pessoal.

b) Modele alguém que realmente está apto a alcançar essa meta com sucesso.

c) Divida a sequência que você está usando para que obtenha o resultado em pedaços menores.

d) Encontre uma metáfora ou analogia para o resultado que possa ajudá-lo a pensar de forma criativa.

4- Entre no local do REALISTA e trace um plano para o seu sonho. Observe o que vai precisar para encaixar-se numa sequência realista.

5- Entre na posição do CRÍTICO e descubra se há qualquer coisa faltando ou algo que seja necessário em relação ao seu plano.

6- Entre novamente na posição do SONHADOR para mudar criativamente a ideia para incorporar a informação obtida do REALISTA e do CRÍTICO.

7- Continue os ciclos entre os passos 4, 5 e 6 até que seu plano se encaixe de forma congruente em cada posição.

Modelo AP**O**IAR

O

OBSTÁCULOS

O QUE PODE IMPEDIR?

- Impedimentos
- Comprometimento
- Crenças
- Busca de mais recursos
- Superação
- Replanejamento (plano B)

> "Impedimento, obstáculo, interferência ou resistência é tudo aquilo que se interpõe entre o estado atual e o estado desejado. É tudo aquilo que impede de se atingir a meta, o objetivo e o resultado desejado."

LIDANDO COM OBSTÁCULOS

Existe uma maneira de remover, minimizar os obstáculos, que é um questionamento feito pelo Coach para o Coachee no sentido de buscar possibilidades de exclusão das interferências para a obtenção das metas e objetivos.

PERGUNTA DE COMPROMETIMENTO

O Coach fará o seguinte questionamento ao Coachee:

– De 0 a 10, quanto você está realmente disposto e pronto interna e externamente para conquistar as suas metas e objetivos?

– Qual o seu grau de comprometimento, de 0 a 10, para atingir a sua meta/objetivo?

Se o Coachee disser um número menor que 10, o Coach o questionará:

– O que você precisa fazer para ser 10?

– O que falta para ser 10?

OBSTÁCULOS EXTERNOS E INTERNOS

CRENÇAS

"Quando acreditamos firmemente que alguma coisa é verdadeira é como se déssemos ao nosso cérebro uma ordem sobre a maneira de representar os acontecimentos."
Anthony Robbins

No filme "Desafiando Gigantes", temos o seguinte diálogo:

Pai: – Você deu o melhor de si?

Filho: – Eu sabia que ia errar antes de chutar...

Pai: – Se você aceita o fracasso é isso que vai conseguir... Suas ações sempre seguem suas crenças...

As crenças estão por trás dos valores, da missão, da visão, dos nossos pensamentos, decisões, atitudes, comportamentos e ações.

As crenças são adquiridas e internalizadas antes mesmo do nascimento e são responsáveis pelos rumos, direcionamentos e resultados obtidos em nossas vidas.

As crenças são profeciais autorrealizadoras.

As crenças podem ser:

EXPANSIVAS/GENERATIVAS   **LIMITANTES**

As crenças dão ou retiram a permissão para a realização.

Como se descobre uma crença?

Como se modifica, quebra, diminui uma crença?

DESCOBRINDO UMA CRENÇA

Crença é uma condição psicológica que se define pela sensação de convicção relativa a uma determinada ideia a respeito de sua procedência ou possibilidade de verificação objetiva.

As crenças são generalizações que criam, no nível inconsciente, regras sobre nós mesmos, sobre aquilo que somos e sobre a nossa relação com o mundo que está a nossa volta. Crenças são o resultado da filtragem, processamento e avaliação da informação obtida em experiências e tomadas de decisão passadas.

Algumas definições sucintas:

Crenças

Como achamos que o mundo é, isto é, como funciona.

Como achamos que nós somos, isto é, como somos construídos e nos comportamos.

Relações de causa e efeito e seu significado (interpretação) para nós.

Valores

O que, principalmente, buscamos no mundo.

Nossas prioridades e orientações.

Decisões pessoais de como aplicar nossas crenças para a nossa satisfação e realização.

Começamos a vida com dois critérios sensoriais: prazer e dor. Estes dão origem a duas impressões subjetivas que costumam ser rotuladas de segurança e perigo. Grande parte de nosso desenvolvimento pessoal se inicia a partir dessas impressões e dão origem às crenças e aos valores. Tendemos a buscar aquilo que nos dá prazer e confere segurança. Com o tempo, essa busca se transforma em um valor.

Pense em suas crenças como a mobília de sua casa mental. Podem ser individualmente valiosas e até úteis em certos momentos; mas às vezes atravancam o caminho e se tornam de difícil manuseio. E podem ficar antiquadas. E, às vezes, podemos gostar de certas crenças, mas elas não "combinam" com o resto da decoração de nossa casa mental.

Outras definições:
Critérios de referência

É uma forma de avaliarmos cada experiência. Uma evidência sensorial de que atingimos um determinado valor ao nos comportarmos de uma determinada maneira. São "materializações de crenças", pois a sua observação nos faz corroborar ou renegar crenças já existentes.

Princípios

Valores éticos principais, ecológicos e congruentes em nível de identidade e essência. São como valores, só que em um nível mais abrangente e interpessoal.

Crenças limitantes

Foram úteis e atualmente estão obsoletas.

Crenças capacitantes

São efetivas (eficazes e eficientes) para os contextos atuais.

Condições para a boa formulação de crenças capacitantes:

As crenças são relações de causa e efeito percebidas pelo indivíduo.

São ferramentas úteis para entender o mundo e também para transformá-lo.

E, lógico, as descrições de crenças são uma ótima forma de utilizar a mudança de Crenças para o sucesso pessoal.

As descrições de crenças devem ter uma FORMA, um CONTEÚDO e um IMPACTO (emocional).

FORMA

- **Afirmativa e curta na sua descrição verbal.**

Exemplo: "Eu consigo emagrecer e me manter magro!"

- **Que não contenha generalizações.**

Melhor falar: "Há pessoas capazes de aprender uma nova língua e sou capaz de aprender também" do que "Todo mundo é capaz de aprender uma nova língua e, logo, eu posso também", pois pode criar comparações e gerar insegurança.

Outro exemplo para ficar mais claro:

"Sou capaz de acordar na hora certa" é melhor do que "Sempre acordo na hora certa" pois isto pode criar uma dúvida inconsciente.

- **Expressa na primeira pessoa.**

"Eu consigo ou estou conseguindo" é melhor do que "Os outros percebem o meu êxito e sucesso...".

CONTEÚDO

- **Congruente com a forma individual de perceber o mundo.**

Exemplo: se eu acho importante manter um programa de ginástica diária mas não gosto de horários rígidos é melhor uma frase afirmativa tal como: "Sinto-me motivado e escolho a cada dia um bom horário para me exercitar" do que "Comprometo-me com o horário que escolhi".

- **Pode ser aferido por critérios baseados em valores.**

Exemplo: se é um valor importante para mim a convivência, posso incluir tais valores em minhas descrições de crenças, tais como: "Realizo o meu objetivo e percebo como isso me aproxima de meus amigos".

- **Abrange e é útil em vários contextos (ecológico).**

Exemplo: se analiso que uma crença afeta tanto o contexto da saúde quanto do relacionamento, posso conectá-los na descrição da crença: "Emagreço e me sinto bem comigo mesmo e em minha imagem perante os outros".

IMPACTO

- **Produz uma sensação positiva característica (fisiológica).**

Uma descrição de crença efetiva faz-se sentir positivamente no corpo. Se ela não tem responsividade emocional, não está bem descrita e deve ser reformulada de modo mais entusiástico.

- **Repetido poucas vezes já se torna inconsciente.**

O objetivo não é que sua repetição seja mecânica e sim que a força do envolvimento emocional seja tão grande que a frase seja memorizada com poucas repetições e absorvida de modo completo. Em breve ela é "esquecida" pois o inconsciente já a repete por si mesmo.

- **Baseia-se em valores e princípios já existentes no indivíduo.**

Quanto mais alinhado aos valores pessoais melhores são as descrições das crenças – e isso serve para os princípios, pois estes são valores também, porém pertencentes a um nível não só de identidade como além da identidade, no sentido que são valores compartilhados por grupos com noções éticas mais abrangentes.

Há vários tipos de crenças e existem alguns fatores que podem influenciar na construção de uma crença, de forma que ela se torne inadequada ou, ainda pior, simplesmente ineficaz. Podemos até chamá-las de "obstruções", pois dificultam a formação de uma crença de sucesso e facilitam a construção de crenças limitantes.

Crenças a respeito das causas: limita-nos a procurarmos apenas um tipo de origem para uma determinada situação.

Nem sempre há uma causa única para uma determinada situação. Muitas questões são de origem sistêmica e uma junção de vários fatores criou a situação. Procurar a causa única muitas vezes é buscar desatar um nó por demais apertado, desperdiçando tempo e esforço. O melhor a se fazer é "cortar o nó górdio" (lembre-se da história de "Alexandre O Grande" e como ele cortou o nó górdio – pt.wikipedia.org/wiki/N%C3%B3_g%C3%B3rdio). O objetivo de deixar de entender a relação causa-efeito como uma simples relação direta nos permite entender o mundo de maneira mais tridimensional e compreender melhor as relações sistêmicas complexas, tais como as descritas na Teoria do Caos e nas equações fractais.

Crenças a respeito do efeito: orienta-nos a perceber apenas um tipo de consequência para nossos atos.

Esta é uma correlação da anterior e mostra a mesma miopia. Como exemplo, se fazemos uma mudança em nosso comportamento em face da forma como uma outra pessoa reage, com certeza a reação seguinte não é exatamente a esperada e sim um "mix" de resposta ao nosso comportamento anterior mais o comportamento atual. Buscar isolar a reação ao comportamento como se fosse isolado do contexto geral e da história do comportamento é uma visão distorcida, que requer uma melhor compreensão sistêmica.

Crenças a respeito do significado: apresenta apenas um aspecto da questão.

O significado dado a um determinado evento também é uma crença e muitas vezes é uma explicação "ad hoc", isto é, uma explicação desenvolvida para se encaixar a uma determinada situação e não necessariamente adequada como uma ideia geral.

Essas "obstruções" são estreitamente ligadas aos valores principais do indivíduo.

As crenças influenciam os valores, impondo-nos limites sobre o que achamos que podemos ser, fazer e obter no mundo. Os valores compartilhados transformam-se em princípios sociais e retornam ao indivíduo, reforçados por suas conexões com o grupo, e ampliando a atuação dos valores com os quais estão ligados em um ciclo permanente. Essa é uma das razões do que chamamos "sabotagem social" para mudanças comportamentais.

Conscientize-se do seu trabalho de formular crenças!

Pense em crenças como paradigmas – hipóteses de trabalho que são pressuposições úteis para realizar tarefas, mas que não podemos ter certeza absoluta se são verdadeiras ou falsas.

Como modificar paradigmas

1- Identifique as suas crenças e pergunte-se:

- O que esta crença está fazendo por mim? O que faz pela minha saúde? Pelo meu sucesso no futuro? Pelos meus objetivos? Pelos meus relacionamentos? Ela me ajuda (crença capacitante) ou me limita (crença limitante)? Que benefícios ocultos (secundários) ela me traz de bom, mesmo que me limite em alguma coisa?

Para ajudar, liste para você algumas crenças que podem ser muito eficazes:
- o meu corpo é naturalmente saudável;
- o meu estado básico é flexível de acordo com as situações de vida;
- eu aprendo com cada experiência;
- não existem erros, existem explorações de caminhos de vida;
- corpo e mente são um único sistema;
- a minha criatividade se expressa nas minhas ações, emoções, pensamentos e intuições;
- sintomas de doenças são alertas para a busca do reequilíbrio.

2- Reconheça que não é fácil apenas abandonar uma crença.
É necessário colocar uma alternativa no lugar para manter o equilíbrio em seu universo mental. Pergunte-se:

- Em que eu gostaria de acreditar? Como minha saúde melhoraria com esta nova crença? E meu sucesso? Meus objetivos? Meus relacionamentos? Conseguiria obter, com esta nova crença, os mesmos benefícios secundários que a crença antiga me trazia?

3- Verifique a congruência desta nova crença. Pergunte-se:

- Há algo em mim que possa resistir ou tentar me impedir que eu mude para este novo paradigma? Há algo em mim que já se encaixa e favoreça este novo paradigma?

4- Pense em analisar sobre a forma como imagina acerca de algo que acredita e sobre algo que não acredita.
Pense como estes padrões de pensamento – certeza e dúvida – influenciam a forma como suas crenças e valores interferem em sua vida. É possível realizar exercícios especiais de relaxamento, auto-hipnose, sugestão e PNL para facilitar a forma de mudar os padrões de pensamento, aumentando a dose de certeza naquilo que se quer acreditar mais e a dose de dúvida naquilo que se quer deixar de acreditar como válido.

Crenças limitantes mais comuns

As crenças costumam apresentar uma descrição limitante (vocalizada) na primeira pessoa e uma internalização desta crença, na forma de um sentimento pessoal de autoestima e de valor. A descrição é uma espécie de "justificativa lógica", cognitiva, da internalização, que é mais emocional.

Exemplos de descrições:

Eu só existo pelo que faço no meu trabalho.

Ninguém gosta de mim!

Se demonstrar minhas emoções, fico vulnerável.

Se não for o melhor em tudo, sou um fracasso.

Só relaxo quando tudo sai perfeito.

Só vale a pena se tiver que se esforçar muito para conseguir.

Quem quer faz. Quem não quer, manda.

Vem fácil, vai fácil.

Sempre quis fazer, mas...

O mundo é uma luta, uma selva!

Prefiro não arriscar.

Eu sempre fico (...) quando (...)

Se os outros fizessem...

Eu preciso (...) mas (...)

Se eu fosse capaz de...

Gostaria de poder...

Gostaria de saber...

Um dia ainda irei...

Exemplos de internalizações:

Sou feio, estúpido, burro...

Eu não mereço.

Sou o centro do mundo.

Eu não consigo.

Não sou bom nisso!

Acho muito difícil.

Eu gostaria...

Vou tentar.

Eu nasci assim!

Sou desse jeito mesmo.

Pergunte-se para descobrir suas crenças limitantes:

Como você sabe que acredita em algo?

Como você sabe que é capaz de fazer algo?

Como você sabe que pode conseguir algo?

* – Referência externa – comunicação de outros, elogios, prêmios etc.
* – Referência interna – sensações internas (algo que diz, vê ou sente internamente)

Toda referência externa, suficientemente repetida (sem mecanismo de bloqueio consciente) pode ser internalizada e se tornar automática, tornando-se uma crença limitante ou capacitante.

PLANO B

O QUE SERIA O PLANO B?

O plano B é um plano de contingência.

O plano A quando não está preparado para lidar ou enfrentar os obstáculos que naturalmente ocorrem no caminho para a obtenção da meta poderá levar a um plano contingencial que chamaremos de PLANO B.

Assim, o plano B ocorre quando o plano A não funciona ou não dá certo em função de variáveis e eventos não previstos no planejamento inicial.

Uma pergunta importante nesse ponto se faz necessária pelo Coach e também para questionamento interno e reflexão do Coachee/cliente.

Essa pergunta, fundamental e que se relaciona ao plano inicial A, deve ser formulada de maneira correta e demonstraremos duas formas de explicitá-la:

> **Maneira errada: E SE O PLANO A NÃO DER CERTO?**
>
> **Maneira correta: E SE APARECEREM OBSTÁCULOS AO PLANO A?**

A maior parte dos planos A não funcionam porque a maioria das pessoas não iniciam nem os colocam em funcionamento.

Os planos de contingência existem para derrubar os obstáculos que impedem o plano A de funcionar.

Modelo APO**I**AR

I

IMPLEMENTAÇÃO

O QUE PRECISA SER FEITO. AÇÃO, EXECUÇÃO, FAZENDO...

- **Execução do planejamento: Plano de Ação**
- **Gestão do Tempo: acompanhamento – prazos, sincronicidade e congruência**
- **Gestão dos recursos: minimização de perdas e aproveitamento máximo**
- **Gestão dos resultados: maximização dos ganhos quali-quanti**
- **Mudança e transformação: aprimoramento e melhoria contínua**
- **Coaching**

GESTÃO DO TEMPO

Gestão do Tempo, administração do tempo são possíveis?

O que é o tempo?

As evidências demonstram que não é possível administrar ou fazer a Gestão do Tempo e sim a gestão das nossas tarefas, atividades e ações.

Assim, focaremos o que possível fazer no âmbito do gerenciamento otimizado e maximizado das nossas ações pessoais e profissionais.

É função essencial da gestão do tempo a observância da sincronicidade para assegurar a congruência plena.

IMPORTANTE E URGENTE

Stephen Covey, em seu livro "Os 7 Hábitos das Pessoas Altamente Eficazes" nos apresenta uma diferenciação entre os conceitos de importante e urgente na gestão do tempo.

IMPORTANTE

É a atividade que tem a ver com resultados.

Importante é o que contribui para nossas missão, valores e metas a serem atingidas prioritariamente.

URGENTE

Urgente é a atividade que exige a nossa atenção imediata.

Há atividades importantes e urgentes.

Outras atividades são importantes mas não urgentes.

E também existem as atividades classificadas de urgentes mas não importantes.

Entretanto, a diferenciação e aplicação prática dessas denominações "urgente e importante" ainda é motivo de confusão na hora de implementá-las, por conta das exigências pessoais e profissionais, pressões do sistema e tomadas de decisões.

No livro "Consultoria de Campo", Almiro dos Reis Neto, com um quadro esquemático, clarifica essas duas situações de gestão de atividades e tempo.

IMPORTANTE E URGENTE

Alta	Delegar	Agir
Urgência	Eliminar	Planejar
Baixa	Baixa	Alta
	Importância	

Importância alta, urgência alta: largue tudo o que você estiver fazendo e se concentre nessa única atividade.

Importância alta, urgência baixa: você ainda tem tempo para realizar essa importante atividade, mas se você "enrolar" e não tomar cuidado, fatalmente essa atividade se tornará urgente.

Importância baixa, urgência alta: você precisa aprender a não se envolver mais com esse tipo de atividade. No futuro, delegue essa atividade ou crie obstáculos conscientes e estruturais para que você não precise gastar seu tempo com ela.

Importância baixa, urgência baixa: elimine definitivamente essa atividade de sua rotina. Não hesite! Envolver-se com esse tipo de atividade, frequentemente, só desvia recursos e sua atenção, sem benefícios aparentes.

SABER DIZER NÃO!

José Zaib e Jacob Gribbler

PROCRASTINAÇÃO
(Não deixar para amanhã o que pode fazer hoje)

Então:

- FAÇA AGORA!

- Ou deixe para amanhã o que pode fazer hoje e relaxe, se possível!

AGENDAS

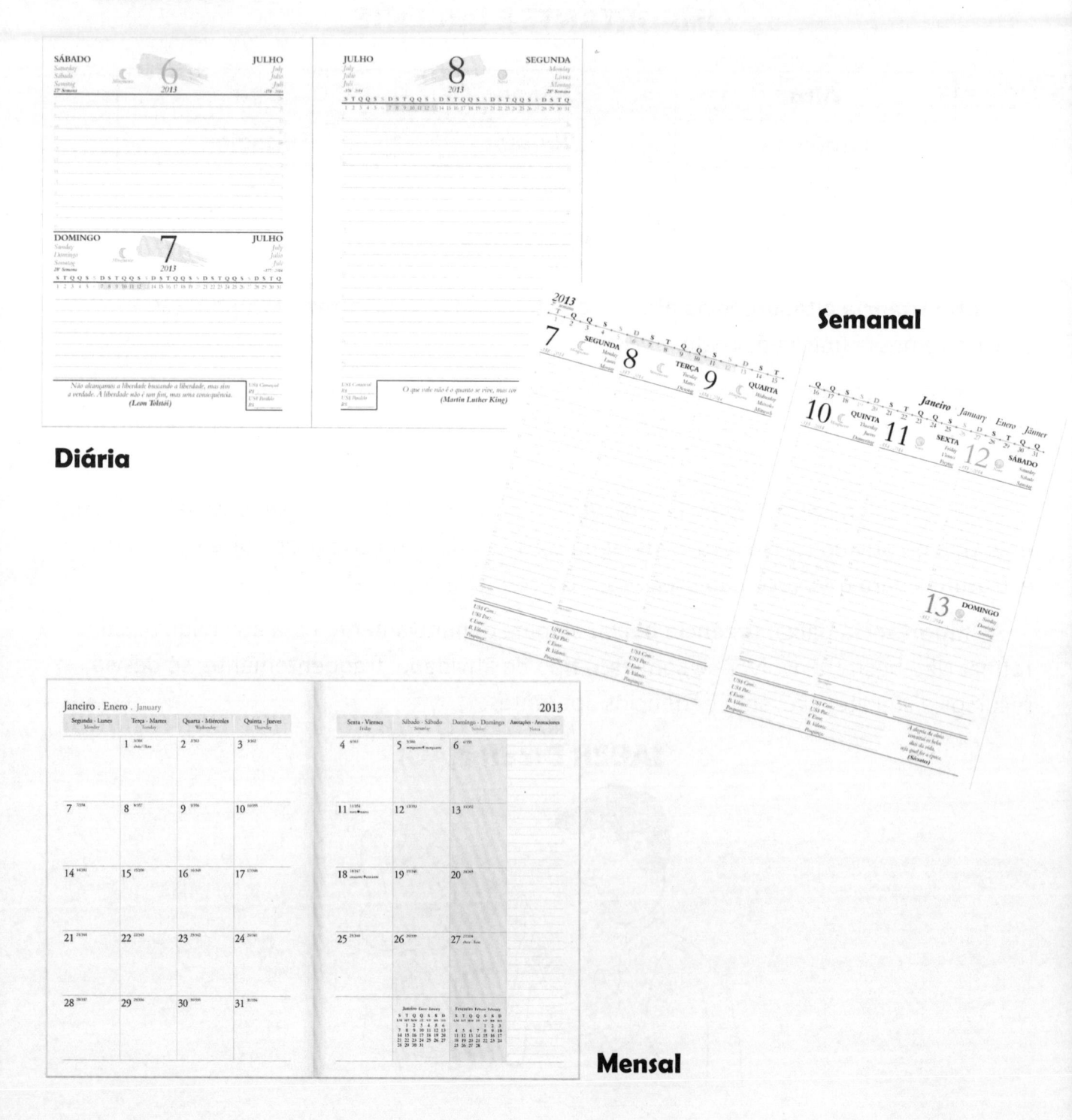

Diária

Semanal

Mensal

TOMADA DE DECISÃO

PROBLEMA (ausência de solução)

Qual é o problema?

FOCO NA SOLUÇÃO

O que você quer resolver?

COLETA DE DADOS/INFORMAÇÕES

Que elementos você traz ou tem para a solução?

PLANEJAMENTO

Qual o seu Plano de Ação?

EXECUÇÃO

Executando o Plano de Ação:

José Zaib e Jacob Gribbler

Modelo APOI**A**R

A

AVALIAÇÃO

COMO EU VOU SABER QUE...?

- **Mensuração dos resultados**
- **Aferição**
- **Evidências**

FICHA DE ACOMPANHAMENTO DE DESEMPENHO E DA AVALIAÇÃO DOS RESULTADOS

COACHEE:							
DATA INÍCIO:				DATA TÉRMINO:			
SESSÕES FASES	DESEMPENHO / PERFORMANCE			AVALIAÇÃO QUALI-QUANTI			
	BAIXO	MÉDIO	ÓTIMO	QUANTIDADE		QUALIDADE	
				PARCIAL	TOTAL	SATISFAT.	NÃO SAT.
1							
2							
3							
4							
5							
6							
7							
8							
9							
10							
11							
12							
CONCLUSÃO:							

Modelo APOIA**R**

R
RETROALIMENTAÇÃO

**APRENDIZADOS
AÇÕES CORRETIVAS
MELHORIA CONTÍNUA
TORNAR-SE UMA PESSOA MELHOR
MAIS TAREFAS...**

**CHEGOU LÁ?
QUE TIPO DE PESSOA ME TORNAREI AO
REALIZAR MINHAS METAS E OBJETIVOS?**

R1

RETROALIMENTAÇÃO (tarefas e melhorias contínuas)

Considerando todas as fases da AVALIAÇÃO, analisando cada valor e/ou conceito atribuído, tanto no desempenho quanto no resultado, elaborar um plano de ação otimizado para a mesma meta.

Relacionar as principais ações corretivas que foram necessárias em cada fase no novo plano de ação.

R2

RETROALIMENTAÇÃO (tarefas e melhorias contínuas)

Elaborar uma tabela de **FASES X PONTOS CRÍTICOS** para acompanhamento do novo Plano de Ação.

FASES	PONTOS CRÍTICOS

R3

RETROALIMENTAÇÃO (tarefas e melhorias contínuas)

Relacionar as experiências e conhecimentos novos vivenciados e aprendidos ao longo da realização do plano de ação e no atingimento da meta, por você e os demais participantes na empreitada.

R4

RETROALIMENTAÇÃO (tarefas e melhorias contínuas)

Relacionar que novos conhecimentos você sente necessidade de buscar no novo status alcançado.

PARTE 2

7

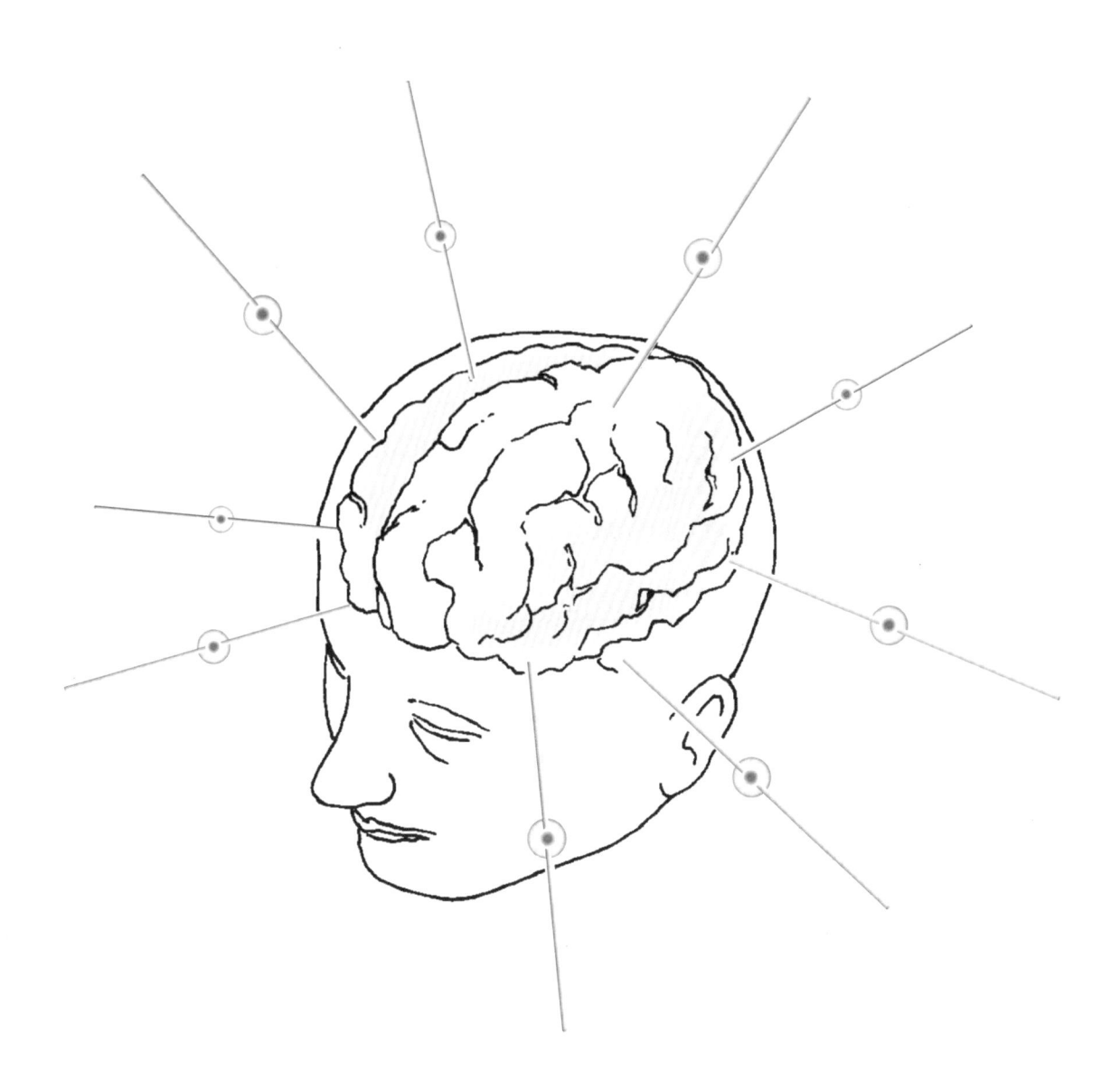

CAPÍTULO 7

NEUROCOACHING

- Mapeamento Cerebral
- Tipologia Cerebral

MAPEAMENTO E TIPOLOGIA CEREBRAL
AVALIAÇÃO DE TIPOLOGIA CEREBRAL

Em cada uma das 25 questões a seguir escolha uma alternativa (I, C, O ou A) e marque-a no espaço correspondente:

1- Eu sou...

I- Idealista, criativo e visionário ( )
C- Divertido, espiritual e benéfico ( )
O- Confiável, meticuloso e previsível ( )
A- Focado, determinado e persistente ( )

2- Eu gosto de ...

A- Ser piloto ( )
C- Conversar com os passageiros ( )
O- Planejar a viagem ( )
I- Explorar novas rotas ( )

3- Se você quiser se dar bem comigo...

I- Me dê liberdade ( )
O- Me deixe saber sua expectativa ( )
A- Lidere, siga ou saia do caminho ( )
C- Seja amigável, carinhoso e compreensivo ( )

4- Para conseguir obter resultados, é preciso...

I- Ter incertezas ( )
O- Controlar o essencial ( )
C- Diversão e celebração ( )
A- Planejar e obter recursos ( )

5- Eu me divirto quando...

A- Estou me exercitando ( )
I- Tenho novidades ( )
C- Estou com os outros ( )
O- Determino as regras ( )

6- Eu penso que...

C- Unidos venceremos, divididos perderemos ( )
A- O ataque é a melhor defesa ( )
I- É bom ser manso, mas andar com um porrete ( )
O- Um homem prevenido vale por dois ( )

7- Minha preocupação é...

I - Gerar a ideia global ( )
C - Fazer com que as pessoas gostem ( )
O- Fazer com que funcione ( )
A- Fazer com que aconteça ( )

8- Eu prefiro...

I- Perguntas a respostas ( )
O- Ter todos os detalhes ( )
A- Vantagens a meu favor ( )
C- Que todos tenham chance de serem ouvidos ( )

9- Eu gosto de...

A- Fazer progresso ( )
C- Construir memórias ( )
O- Fazer sentido ( )
I- Tornar as pessoas desconfortáveis ( )

10- Eu gosto de chegar...

A- Na frente ( )
C- Junto ( )
O- Na hora ( )
I- Em outro lugar ( )

11- Um ótimo dia para mim é quando...

A- Consigo fazer muitas coisas ( )
C- Me divirto com meus amigos ( )
O- Tudo segue conforme o planejado ( )
I- Desfruto de coisas novas ( )

12- Eu vejo a morte como...

I- Uma grande aventura misteriosa ( )
C- Oportunidade de rever os falecidos ( )
O- Um modo de receber recompensas ( )
A- Algo que sempre chega mais cedo ( )

13- Minha filosofia de vida é...

A- Há ganhadores e perdedores e eu acredito ser um ganhador ( )
C- Para eu ganhar, ninguém precisa perder ( )
O- Para ganhar, tem que seguir as regras ( )
I- Para ganhar, tem que inventar novas regras ( )

14- Eu sempre gostei de...

I- Explorar ( )
O- Evitar surpresas ( )
A- Focalizar a meta ( )
C- Realizar uma abordagem natural ( )

15- Eu gosto de mudanças se...

A- Me der uma vantagem competitiva ( )
C- For divertido e puder ser compartilhado ( )
I- Me der mais liberdade e variedade ( )
O- Melhorar ou me der mais controle ( )

16- Não existe nada de errado em...

A- Se colocar na frente ( )
C- Colocar os outros na frente ( )
I- Mudar de ideia ( )
O- Ser consistente ( )

17- Eu gosto de buscar conselhos de...

A- Pessoas bem-sucedidas ( )
C- Anciões e conselheiros ( )
O- Autoridades no assunto ( )
I- Lugares - os mais estranhos ( )

18- Meu lema é...

I- Fazer o que precisa ser feito ( )
O- Fazer bem feito ( )
C- Fazer junto com o grupo ( )
A- Simplesmente fazer ( )

19- Eu gosto de...

I- Complexidade, mesmo se confuso ( )
O- Ordem e sistematização ( )
C- Calor humano e animação ( )
A- Coisas claras e simples ( )

20- Tempo para mim é...

A- Algo que detesto desperdiçar ( )
C- Um grande ciclo ( )
O- Uma flecha que leva o inevitável ( )
I- Irrelevante ( )

21- Se eu fosse bilionário...

C- Faria doações para muitas entidades ( )
O- Criaria uma poupança vantajosa ( )
I- Faria o que desse na cabeça ( )
A- Me exibiria bastante com algumas pessoas ( )

22- Eu acredito que...

A- O destino é mais importante que a jornada ( )
C- A jornada é mais importante que o destino ( )
O- Um centavo economizado é um centavo ganho ( )
I- Bastam um navio e uma estrela para navegar ( )

23- Eu acredito também que...

A- Aquele que hesita está perdido ( )
O- De grão em grão a galinha enche o papo ( )
C- O que vai, volta ( )
I- Um sorriso ou uma careta é o mesmo para quem é cego ( )

24- Eu acredito ainda que...

O- É melhor prudência do que arrependimento ( )
I- A autoridade deve ser desafiada ( )
A- Ganhar é fundamental ( )
C- O coletivo é mais importante do que o individual ( )

25- Eu penso que...

I- Não é fácil ficar encurralado ( )
O- É preferível olhar, antes de pular ( )
C- Duas cabeças pensam melhor que uma ( )
A- Se você não tem condições de competir, não compeça ( )

Resultado

I: x 4   %
C: x 4   %
A: x 4   %
O: x 4   %

Direito (I+C)   Anterior (O+I)

Esquerdo (O+A)   Posterior (C+A)

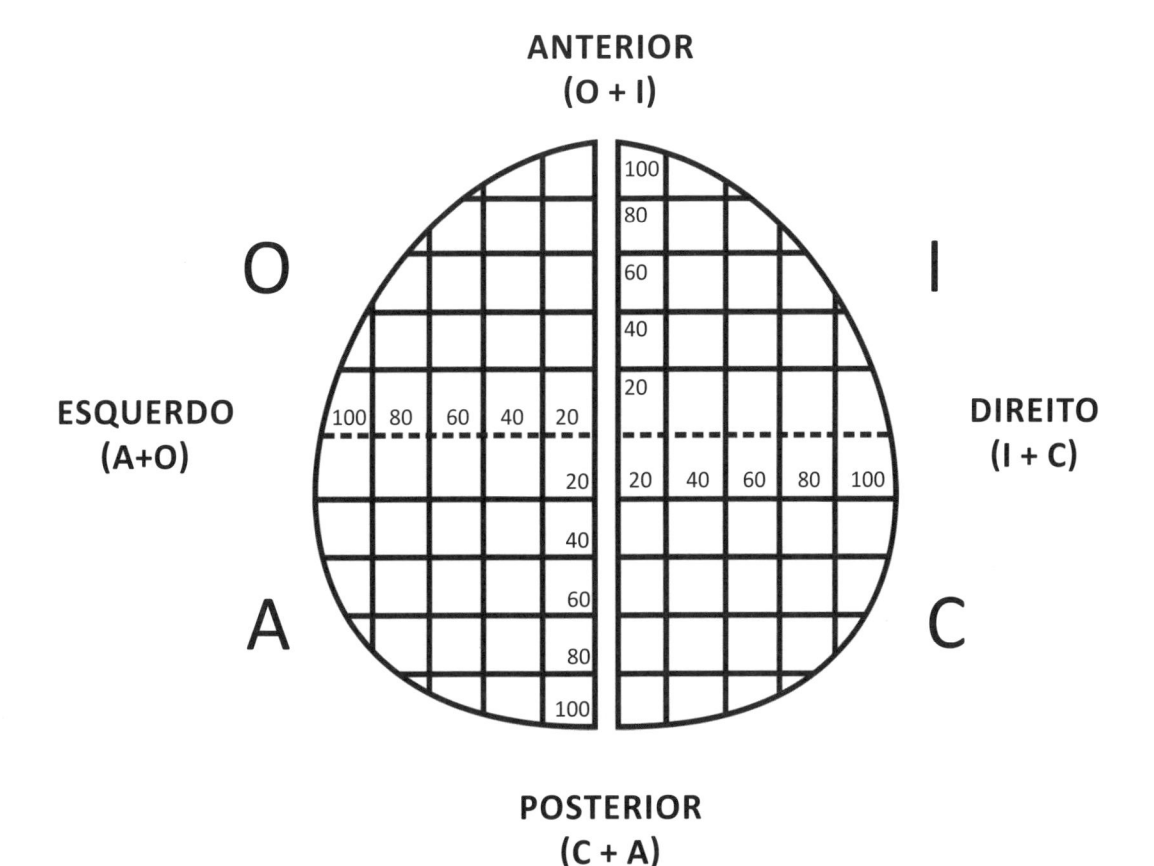

ANTERIOR
(O + I)

O   I

ESQUERDO (A+O)   **DIREITO** (I + C)

A   C

POSTERIOR
(C + A)

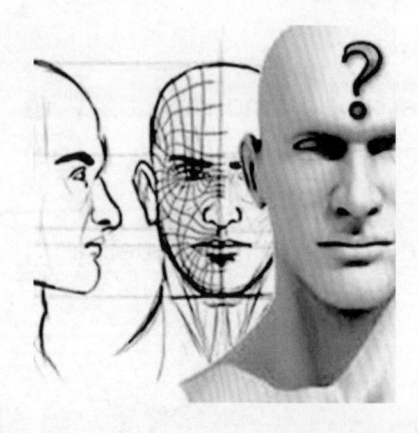

TIPOLOGIA CEREBRAL

Pode ser usada para conhecer os padrões de pensamento, comportamento e atitudes de uma pessoa.

Útil no Coaching, na seleção e distribuição de pessoal.

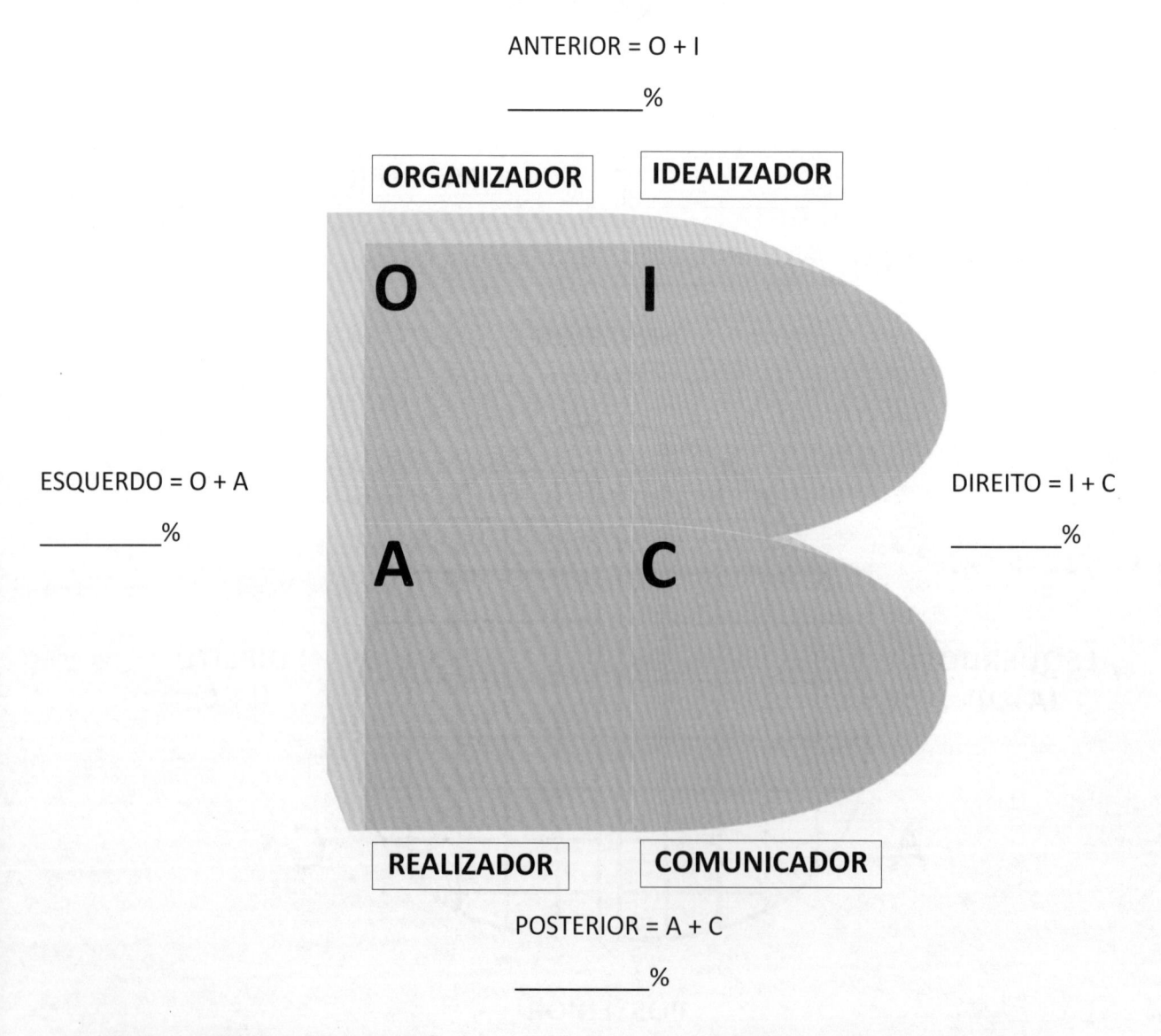

ANTERIOR = O + I

_____%

ORGANIZADOR **IDEALIZADOR**

O   I

ESQUERDO = O + A
_____%

DIREITO = I + C
_____%

A   C

REALIZADOR **COMUNICADOR**

POSTERIOR = A + C

_____%

Parte anterior = pensante   **Parte posterior = atuante**

VALORES:

✓ Idealização:
- Criatividade e liberdade (dá ideias)

✓ Comunicação:
- Felicidade e igualdade (cultura da empresa - pensa nos outros)

✓ Organização:
- Ordem e controle

✓ Ação:
- Resultados

QUALIDADES:

✓ Idealização (foco no futuro):
- Diferença
- Fantasia
- Macro
- Centralização no futuro
- Novação e criação

✓ Comunicação (tradição, cultura e preservação):
- Divertimento
- Sentimento
- Paticipação
- Celebração
- Harmonização
- Rituais

✓ Organização:
- Regras
- Normas
- Qualidades
- Sistemas
- Métodos
- Procedimento

✓ Ação - vive o aqui e o agora – HOJE (age e depois pensa):
- Centralização única
- Fazer o que é necessário

PONTOS FORTES:

✓ Idealização:
- Provoca mudanças radicais
- Antecipar o futuro
- Criatividade

✓ Comunicação:
- Manter a comunicação e harmonia
- Desenvolver e manter a cultura empresarial
- Comunicação aberta

✓ Organização (passado, presente e futuro):
- Consistência, conformidade e qualidade
- Lealdade e segurança
- Regras e reponsabilidades

✓ Ação:
- Fazer com que ocorra
- Parar com a burocracia
- Motivação

Uma empresa deve ter os quatro tipos e isto a enriquece.

PONTOS FRACOS:

✓ Idealização:
- Falta de atenção para o aqui e agora
- Impaciência e rebeldia
- Defender o novo pelo novo

✓ Comunicação:
- Esconder conflitos
- Felicidade acima dos resultados
- Manipulação através dos sentimentos

✓ Organização
- Dificuldades de se adaptar às mudanças
- Pode impedir o progresso
- Detalhista, estruturado e demasiadamente sistematizado

✓ Ação:
- Socialmente um desastre
- Faz do modo mais difícil
- Relacionamento complicado

Deve-se procurar atividades que tenham a ver com seu cérebro (potencial).

8

CAPÍTULO 8
Ferramentas da PNL - Programação Neurolinguística - aplicadas ao Coaching

• PNL - Teoria e fundamentos, conceitos básicos, pressuposições, técnicas e ferramentas

PNL
TEORIA E CONCEITOS BÁSICOS

1. Definição e histórico da Programação Neurolinguística
1.1 Programação Neurolinguística, o que é?

A expressão "Programação Neurolinguística" compreende três ideias:

"Programação" tem a ver com a maneira como organizamos nossas ideias e ações com o objetivo de produzirmos resultados. A PNL trata da estrutura da experiência humana, como organizamos o que percebemos através dos nossos sentidos. Examina também como descrevemos a experiência através da linguagem e como agimos, intencionalmente ou não, para produzirmos nossos resultados.

"Neuro" significa que a PNL reconhece a ideia fundamental de que todos os comportamentos nascem dos processos neurológicos da visão, audição, olfato, paladar, tato e sensação. Percebemos o mundo através dos nossos cinco sentidos. Primeiro compreendemos a informação e depois agimos. Nossa neurologia inclui não apenas os processos mentais invisíveis, mas também as reações fisiológicas a ideias e acontecimentos. O corpo e a mente formam uma unidade, um sistema, um ser humano.

"Linguística" refere-se à linguagem que usamos para ordenarmos nossos pensamentos e comportamentos e nos comunicarmos com os outros. A Linguística estuda como a linguagem influencia nossos comportamentos e relacionamentos. Tanto a comunicação com os outros, interpessoal, como também a comunicação conosco, intrapessoal.

Segundo Richard Bandler, um dos criadores da PNL:

"A PNL É O ESTUDO DA ESTRUTURA DA EXPERIÊNCIA SUBJETIVA DO SER HUMANO E O QUE PODE SER FEITO COM ELA".

Esse conceito é baseado na pressuposição de que todo comportamento tem uma estrutura e que esta pode ser descoberta, modelada e mudada (reprogramada). Essa definição pode ser simplificada deste modo:

"PNL É O ESTUDO DE COMO REPRESENTAMOS A REALIDADE EM NOSSAS MENTES E DE COMO PODEMOS PERCEBER, DESCOBRIR E ALTERAR ESSA REPRESENTAÇÃO PARA ATINGIRMOS RESULTADOS DESEJADOS".

Assim, podemos entender que:

"A PNL nos dá um ferramental para aprendizagem e mudanças. O aprendizado da PNL nos faz exercitar a flexibilidade comportamental para nos abrirmos ao novo, arriscarmos uma nova atitude para as mudanças e, daí, tirarmos um aprendizado para futuras ações".

1.2 Como surgiu a PNL

A PNL teve seus primeiros conceitos propostos em meados dos anos 70, nos Estados Unidos, a partir dos estudos de comunicação humana feitos pelos pesquisadores Richard Bandler, estudante de Psicologia, e John Grinder, seu professor de linguística.

Richard Bandler e John Grinder

Os dois estudaram a atuação de três grandes terapeutas, Milton Erickson, hipnoterapeuta famoso, Fritz Pearls, o criador da Gestalterapia, e Virginia Satir, uma excelente terapeuta de família.

As análises sobre as atuações desses três virtuosos profissionais levaram Bandler e Grinder a perceber que, embora essas pessoas seguissem linhas de trabalho diferentes e tivessem suas personalidades peculiares, ainda assim, utilizavam estratégias e padrões bastante semelhantes.

Eles sistematizaram esses padrões e criaram um modelo eficaz que pode ser transmitido e ensinado a outras pessoas. Acreditavam que qualquer um que se dispusesse a aprender a utilização desses padrões de atuação, independente do contexto, poderia obter os mesmos resultados que aqueles terapeutas alcançavam.

A partir dessas referências iniciais, a PNL se desenvolveu em duas direções: a modelagem, capaz de identificar padrões de estratégias mentais de pessoas bem-sucedidas em qualquer área, e a comunicação, canal de interação entre as pessoas e o mundo, que compreende padrões verbais e não verbais específicos dos quais falaremos a frente.

A PNL pode ser comparada a uma caixa de ferramentas, cujos objetivos são o autoconhecimento, autodesenvolvimento, transformação e mudança. Desenvolver suas aptidões para mudar a si mesmo transformando-se na pessoa que você quer é fundamental antes de influenciar o ambiente a sua volta. A PNL, mais do que um conjunto de técnicas e procedimentos, é uma nova filosofia de vida que, se incorporada ao seu dia-a-dia com comprometimento e condicionamento, possibilita-nos colher dela os melhores resultados.

1.3 Inspiradores da PNL (dentre outros)

Fritz Perls
Gestalterapia

Noam Chomsky
Linguística

Milton Erickson
Hipnose

Gregory Bateson
Antropologia

Virginia Satir
Terapia familiar

1.4 Desenvolvedores da PNL Sistêmica

Robert Dilts e Tad James
Sistemas/Espiritualidade

2. A percepção da realidade e os filtros de interferência

Para começarmos a estudar alguns modelos, que nos ajudam a reconhecer dificuldades e problemas no processo da comunicação em andamento, vamos primeiramente entender como o ser humano percebe a realidade a sua volta, coisas e fatos. A psicologia nos diz que as "portas" da percepção da realidade externa são os nossos cinco sentidos. A partir daí...

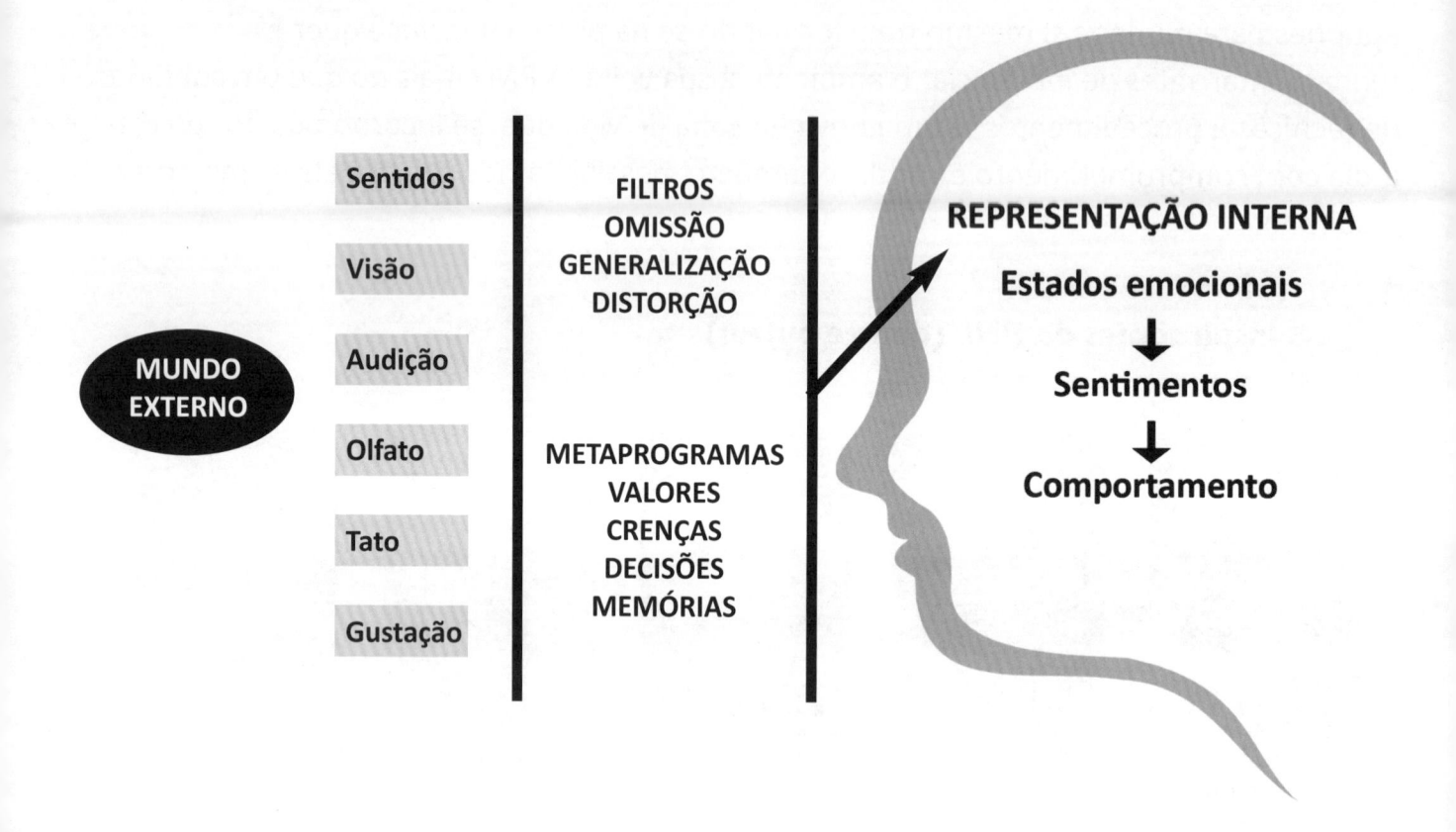

MUNDO EXTERNO	Sentidos	FILTROS	REPRESENTAÇÃO INTERNA
	Visão	OMISSÃO	Estados emocionais
	Audição	GENERALIZAÇÃO	↓
	Olfato	DISTORÇÃO	Sentimentos
	Tato	METAPROGRAMAS	↓
	Gustação	VALORES CRENÇAS DECISÕES MEMÓRIAS	Comportamento

3. Os pressupostos básicos e os pilares da PNL

Vejamos alguns princípios básicos que ajudam a compreender as reações humanas. Princípios são axiomas nos quais acreditamos sem demonstração. Aceitamos como verdade e agimos como tal. Eles são úteis para nos orientar pelo terreno desconhecido e fundamentar, na prática, as atitudes para a excelência humana.

a. O mapa não é o território. As pessoas respondem às suas próprias experiências pessoais, não à realidade em si.

Nossos mapas mentais do mundo são apenas representações que fazemos da realidade – "o mundo" – a nossa volta. Reagimos aos nossos mapas em vez de reagirmos diretamente ao mundo. Mapas mentais, especialmente sensações e interpretações, podem ser atualizados com mais facilidade do que se pode mudar o mundo.

Reflexão: Respeitar os valores e as crenças dos outros. Permitir que tenham suas próprias opiniões ao mesmo tempo certificando-se de que cuida de si mesmo.

Resistência: Acreditar que você conhece a verdade enquanto os outros estão errados. Insistir para que vejam as coisas da sua maneira.

b. Ter uma possibilidade de escolha é melhor do que não ter opções.

Reflexão: Sempre agir para aumentar sua própria escolha e para dar mais escolhas aos outros. Verificar que existem outros pontos de vista, e não somente o seu, e que podem enriquecer o seu mundo.

Resistência: Tentar tirar as escolhas das pessoas quando elas não são uma ameaçam a você nem a ninguém.

c. As pessoas fazem a melhor escolha que podem no momento.

Reflexão: Respeitar as suas ações e as de outros como sendo as melhores possíveis no momento. Conscientizar-se de que se você tivesse a educação, as experiências e os pensamentos do outro e fosse colocado na mesma situação, agiria da mesma forma que ele. Compreender que não é melhor do que ele.

Resistência: Pensar que é melhor do que os outros, condenar as escolhas dos outros de uma posição superior.

d. Os comportamentos humanos têm sempre uma intenção positiva. Toda ação tem um propósito, quando analisado a partir do ponto de vista de quem gerou a ação.

Reflexão: Reconhecer a intenção positiva em seus próprios erros. Reconhecer a intenção positiva por trás das ações das outras pessoas ao mesmo tempo se protegendo das consequências. Todos os comportamentos nocivos, prejudiciais ou mesmo impensados tiveram um propósito positivo originalmente. Gritar para ser reconhecido. Agredir para se defender. Esconder-se para se sentir mais seguro. Em vez de tolerar ou condenar essas ações, podemos separá-las da intenção positiva daquela pessoa para que seja possível acrescentar novas opções mais atualizadas e positivas a fim de satisfazer a mesma intenção.

Resistência: Pensar que você e outra pessoa sejam completamente maus, condenando algumas ações como sendo sem qualquer mérito para quem quer que seja, não importa como as encare.

e. O significado da comunicação é a resposta que você obtém.

Independente da intenção, o significado da comunicação é a resposta que se obtém. A comunicação verbal tem uma estrutura superficial que cada um decodifica a partir de sua própria experiência, de acordo com as imagens, sons e sensações que compõem o seu mapa individual. Os outros recebem o que dizemos e fazemos através dos seus mapas mentais do mundo. Quando alguém ouve algo diferente do que tivemos a intenção de dizer, esta é a nossa chance de observarmos que comunicação é o que se recebe. Observarmos como a nossa comunicação é recebida nos permite ajustá-la, para que da próxima vez ela possa ser mais clara.

Vemos também que não é possível não se comunicar: a falta de uma resposta já é uma resposta. Em uma comunicação harmoniosa respeita-se o modelo de mundo do outro. Estamos sempre nos comunicando, pelo menos não-verbalmente, e as palavras se constituem, quase sempre, na parte menos importante. Um suspiro, sorriso ou olhar são formas de comunicação. Até nossos pensamentos são formas de nos comunicarmos conosco e eles se revelam aos outros pelos nossos olhos, tons de voz, atitudes e movimentos corporais.

Já numa comunicação incongruente o conteúdo verbal tem um percentual de apenas 7% no impacto da comunicação, o modo como se fala corresponde a 38% e a comunicação não-verbal a 55%.

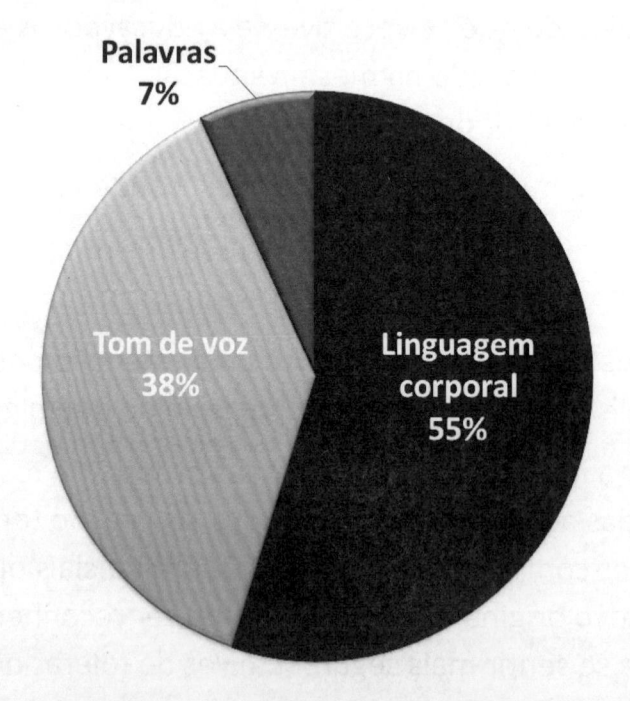

Reflexão: Assumir a responsabilidade por ser um bom comunicador para explicar o que está querendo dizer. Prestar atenção no "feedback" da outra pessoa. Reconhecer as intenções dos outros ao mesmo tempo em que presta atenção no efeito que tem sobre eles, como eles o percebem. Não há falha de comunicação, apenas respostas.

Resistência: Pensar que quando você comunica e a outra pessoa não compreende é automaticamente culpa dela. Julgar os outros pelo que você pensa deles.

f. Se uma pessoa pode fazer algo, todos podem aprender a fazê-lo também.

Podemos aprender como é o mapa mental de um grande realizador e fazê-lo nosso. Muita gente pensa que certas coisas são impossíveis, sem nunca ter se disposto a fazê-las. Faça de conta que tudo é possível. Se existir um limite físico ou ambiental, o mundo da experiência vai lhe mostrar isso.

g. Corpo e mente são partes do mesmo sistema.

Nossos pensamentos afetam instantaneamente nossa tensão muscular, respiração e sensações. Estes, por sua vez, afetam nossos pensamentos. Quando aprendemos a mudar um deles, aprendemos a mudar o outro.

h. Se o que você está fazendo não está funcionando, faça outra coisa.

Se as nossas ações não trazem o resultado desejado, podemos mudar de estratégia e fazermos algo diferente da próxima vez, com o intuito de conseguirmos alcançar nossos objetivos conforme planejado.

3.1 Exercício: A dinâmica dos pressupostos

a. Escolher duas ou três pressuposições da PNL e uma situação-problema.

b. Entrar na posição da situação-problema e vivenciá-la.

c. Quebrar estado.

d. Entrar nas posições de cada uma das pressuposições escolhidas e olhar para a situação-problema sob o ponto de vista da pressuposição.

e. Ao terminar a análise com a última pressuposição escolhida, voltar para a posição da situação-problema e verificar o que mudou em termos de compreensão e aceitação do problema.

4. Os motivadores dos comportamentos humanos
4.1 A Tétrade

OPERADORES DE MUDANÇAS

- CRENÇAS CONVICÇÕES
- FISIOLOGIA (CORPO)
- PENSAMENTOS (FOCO)
- LINGUAGEM

ESTADOS, EMOÇÕES E SENTIMENTOS

COMPORTAMENTO

Os comportamentos humanos são gerados a partir de um "estado emocional" que, por sua vez, tem origem num, ou numa combinação, desses quatro elementos: nossa fisiologia, nossos padrões de linguagem, nossos pensamentos e nossas crenças.

Esquematicamente:

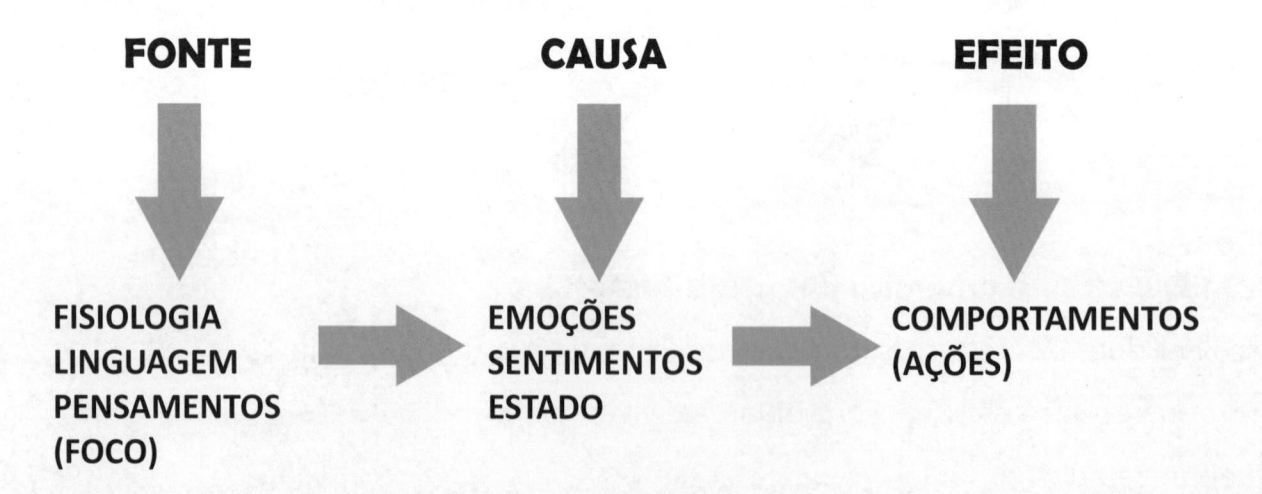

FONTE → FISIOLOGIA / LINGUAGEM / PENSAMENTOS (FOCO)

CAUSA → EMOÇÕES / SENTIMENTOS / ESTADO

EFEITO → COMPORTAMENTOS (AÇÕES)

Sabendo disso, podemos mudar nosso comportamento quando quisermos. Basta mudarmos qualquer um desses quatro acionadores que constituem as fontes de nossos estados internos.

5. Padrões de linguagem limitante

A linguagem que usamos cotidianamente pode limitar ou potencializar os nossos pensamentos. Ela os leva para direções específicas e nos ajuda a criar a nossa realidade. Geralmente acreditamos no que falamos. Portanto, a habilidade de usar a linguagem com precisão é essencial para nos comunicarmos melhor. As palavras são poderosas. Vejamos alguns casos em que a simples troca de algumas palavras pode dirigir o foco das ações para o positivo ao invés de criar limites.

Substitua o pretérito perfeito pelo presente

Ao invés de "eu gostaria de poder viajar nas férias", diga "eu quero viajar nas férias". O verbo no presente dá mais força de ação positiva na direção do objetivo.

Vamos parar de "TENTAR"!

O verbo "tentar" já pressupõe a possibilidade de "falha". Exemplo: "vou tentar fazer isso ainda hoje". É provável que você não faça, até porque existe a desculpa de: "Olha, eu tentei..." Evite o "tentar", diga no positivo: "eu farei...", e AJA no sentido de fazer acontecer o que disse!

Aprendendo a usar o "NÃO"

A questão do "não" é que a frase que o contém, para ser compreendida, traz à mente o que está junto com ela. O "não" existe apenas na linguagem e não na experiência. Por exemplo, pense em "não"... (não vem nada à mente). Agora não pense num elefante voando. Foi pedido que você não pensasse num elefante voando e você, provavelmente, pensou e chegou a visualizar na sua tela mental um elefante voando. Portanto, procure falar no positivo, diga o que você quer e não o que não quer. Exemplo: "Eu quero viajar nas minhas férias" ao invés de "eu não quero deixar de viajar nas minhas férias". Quando digo: não pense em um avião pendurado num balão de gás, você consegue não pensar? O cérebro humano não processa frases negativas, então ele tem que pensar no que não é para pensar, de outro modo, como irá saber em que não pensar?

"TENHO QUE", "DEVO" ou "PRECISO"

Essas expressões pressupõem que alguma coisa externa a você está no controle. Ao invés delas, use "VOU", "QUERO", "DECIDO". Assim, o controle é seu.

O mesmo acontece com o uso de "NÃO CONSIGO", "NÃO POSSO"

Essas expressões dão a ideia de que você é incapaz. Lembre-se que a linguagem é o símbolo da nossa experiência, ou seja, se você acha que pode, você está certo, se acha que não pode, você também está certo. Portanto, evite essas afirmações de incapacidade pessoal. Junte a palavra "AINDA" e diga então "NÃO CONSIGO AINDA" ou "AINDA NÃO POSSO". Isso pressupõe que vai poder, vai conseguir. Uma boa maneira de começarmos a questionar nossos limites internos é sempre que nos ouvirmos dizendo (ou pensando) "não posso", "não consigo" etc., repetirmos para nós mesmos a pergunta: "O que me impede?"

Quando tiver de falar de alguma coisa negativa expresse-se com o tempo verbal no passado. Desse modo você não traz o problema para o presente. Exemplo: "Eu não conseguia fazer isso", "Eu tinha alguma dificuldade para realizar tal tarefa".

O verdadeiro significado do "MAS"

Analisemos a frase: "Considero você um funcionário muito competente, honesto, dedicado, MAS gostaria que você não chegasse atrasado". Qual frase o funcionário vai memorizar? Certamente, a que é iniciada por "MAS". Além disso, ficará com a impressão de que chegar atrasado chama mais a atenção de seu chefe do que o fato de ser competente, honesto e dedicado. A palavra "MAS" coloca uma frase em oposição à outra. É como se a frase iniciada por "MAS" apagasse tudo o que havia sido dito antes. O que se pode fazer para evitar os efeitos negativos do "MAS"?

Evitar usá-lo da forma como demonstramos nos exemplos acima e procurar substituí-lo pela palavra "E", quando isso for apropriado.

Falar de suas mudanças pessoais

Falar de suas mudanças pessoais desejadas para o futuro fica melhor se você usar os tempos verbais no presente. Exemplo: ao invés de "vou conseguir" diga **"estou conseguindo"**.

Ao invés de "SE" use "QUANDO"

Ao invés de falar "se eu conseguir juntar dinheiro irei à Grécia" fale "quando eu conseguir ter a quantia necessária irei à Grécia". O "QUANDO" pressupõe que você está decidido a fazê-lo.

5.1 Exercício: Quebrando padrões limitantes da linguagem

Em duplas. Os participantes revezam-se contando ao outro uma meta que desejam alcançar e os obstáculos que podem atrapalhar. Quem conta sua história não se preocupa com seu padrão de linguagem. Quem ouve, ouve atentamente e detecta padrões limitantes na linguagem, faz observações sobre como poderia ser quebrado o padrão limitante, mudando-o para uma linguagem mais assertiva.

PNL - MODELOS E FERRAMENTAS

6. Os sistemas representacionais

Vimos, então, que para percebermos a realidade usamos os nossos sentidos: visão, audição, paladar, tato e olfato. Aprendemos a realidade quando as coisas e os fatos passam por um desses sentidos. E mais, o processo de "pensar" é, basicamente, usar os sentidos internamente, ou seja, fazer uma representação interna através da imaginação do uso dos sentidos.

Todo o processo de percepção tem início com um evento externo que nós experimentamos através de nossos sentidos ou canais sensoriais de entrada que são:

VISUAL   **AUDITIVO**   **CINESTÉSICO**

V	A	C	O	G
Visual	Auditivo	Cinestésico	Olfativo	Gustativo
Ver	Ouvir	Sentir	Cheirar	Gosto, paladar

- **CANAL VISUAL:** responsável pelo que vemos ou o modo como somos olhados.
- **CANAL CINESTÉSICO:** as sensações externas, como textura, temperatura, cheiro, sabor etc.
- **CANAL AUDITIVO:** capta sons, palavras que ouvimos, tom e timbre.

Na comunicação também usamos um, dois ou os três canais simultaneamente. Nossas respostas para o mundo passam por esses três canais.

• Quando usamos o **canal visual**, por exemplo, tudo que nos chama a atenção, que nos marca, é a cor, o modelo, a estrutura, a ordem, a limpeza, o brilho etc. Enfim, fazemos imagem de tudo o que nos é dito. **Exemplo:** ao nos recordarmos de algo que nos aconteceu no passado, a imagem nos vem com todos os detalhes, uma paisagem, por exemplo, ou uma roupa nos aparece na mente com toda a sua cor.

• Ao usarmos o **canal auditivo**, o que nos chamará a atenção será uma música, uma palavra, um som, um barulho etc. Aqui a imagem ficará gravada em nosso subconsciente e nós nos lembraremos dela assim que o mesmo som for emitido. **Exemplo:** ao nos lembrarmos de uma festa, todas as imagens gravadas estarão ligadas a alguma música tocando no fundo.

• Por outro lado, se nossa preferência é o **canal cinestésico**, o que nos chamará a atenção será um abraço, um toque, o sentimento. **Exemplo:** algo que ficou em nossa memória será recordado com ênfase nos sentimentos bons ou ruins relacionados àquele fato.

6.1. Sistema representacional preferencial

Uma das formas para se detectar qual é o sistema representacional preferencial de uma pessoa é através da linguagem verbal. Podem-se identificar os predicativos que o indivíduo usa: os verbos, advérbios e adjetivos, e a partir daí identificar o sistema representacional preferido da pessoa. Além dos predicativos verbais existem também as pistas de acesso, que indicam qual é o sistema ou sistemas em que uma pessoa está processando os dados percebidos.

6.2. Sistema representacional orientador

O sistema orientador é o sistema usado para buscar as informações na memória num primeiro momento. A forma de descobrir o sistema orientador de uma pessoa é observando seus movimentos oculares. Quando fazemos uma pergunta, a pessoa pode imediatamente acessar um canal para buscar as informações e, depois, usar o seu canal preferencial para continuar com o seu padrão de pensamento preferido.

6.3 As pistas de acesso
Detectando o canal utilizado no contexto presente

As pistas de acesso que podem mais facilmente ser identi-ficadas são: movimentos oculares, pistas de acesso olfativas e gustativas, gestos, movimentos musculares mínimos, mu-danças na respiração, tom e cadência da voz.

Pistas de acesso são os comportamentos não verbais que indicam como a informação foi colocada à disposição da mente consciente. Os movimentos dos olhos, por exemplo, podem indicar como uma pessoa está pensando - se por meio de imagens, palavras ou sensações.

A cada momento, só temos consciência de uma pequena parte de nossa experiência. Existe um estudo que diz que só conseguimos prestar atenção a 7 ± 2 coisas simultaneamente, ou seja, de 5 a 9 coisas podem ocupar a nossa atenção, em um dado momento.

Enquanto lê esta frase, você pode estar atento aos sons à sua volta, à temperatura ambiente, às letras do texto, ao gosto em sua boca ou à qualidade do ar que respira. É provável que você tenha prestado atenção a cada aspecto que foi sendo sugerido aqui e que antes disto não estivesse atento a todos eles.

Isto acontece porque nós não prestamos atenção a tudo e durante o tempo todo. A consciência humana é um fenômeno limitado. Nós selecionamos parte da experiência e omitimos o que resta. E essa seleção é determinada por nossas capacidades sensoriais, motivações atuais e por aprendizagens ocorridas na infância.

Quando estamos atentos a uma leitura, por exemplo, é provável que não prestemos atenção aos demais sons existentes no ambiente, mesmo quando alguém nos pergunta algo. Isso porque nossa motivação dirige e concentra nossa atenção.

6.4 As pistas verbais

Nós podemos discernir qual a parte da experiência de uma pessoa que está sendo representada em sua linguagem verbal prestando atenção às palavras, aos predicados que ela utiliza: adjetivos, verbos e advérbios.

Exemplos de palavras que nos remetem aos sentidos:

Expressões visuais	Expressões auditivas	Expressões sensações	Expressões inespecíficas
Ver	Ouvir	Aconchegante	Acreditar
Imagem	Dizer	Confortável	Aprender
Claro	Falar	Sentir	Estimular
Ponto de vista	Perguntar	Sensação	"Sacar"
Brilhante	Explicar	Gosto	Estudar
Quadro	Estalo	Cheiro	Saber
Luz	Cometário	Pesado	Igualar

E qual a utilidade em saber o sistema sensorial predominante de uma pessoa? A utilidade está diretamente relacionada à capacidade de relacionar-se com alguém de modo eficaz. Significa saber "falar a mesma língua" que o outro. Significa saber compreender e se fazer compreendido.

6.5 Exemplos:

Por exemplo, analisemos o seguinte diálogo entre um vendedor e um possível cliente:

- Olá, bom dia, eu quero um carro que seja confortável, em que eu me sinta muito bem e que seja macio para dirigir.

- Pois não, senhor. Acho que tenho o que o senhor deseja. Eu imagino que o senhor gostaria muito de um carro de estilo jovem, como este aqui. Veja que linda cor...

É muito provável que a venda não se efetue. É como se o cliente e o vendedor estivessem falando línguas diferentes. O cliente fala usando predicados que indicam que ele está num acesso cinestésico de sua experiência ("confortável", "sinta", "macio") e também que ele privilegia critérios cinestésicos ao comprar um carro. Já o vendedor responde utilizando palavras processuais (predicados) visuais ("brilhante", "imagino", "estilo jovem", "veja", "cor"). O cliente está pedindo uma coisa e o vendedor está lhe mostrando outra.

Isto acontece também com casais. Se a mulher usa predominantemente o canal sensorial auditivo e o marido o visual, ela poderá se queixar: "Meu marido não me ama. Ele nunca diz que me ama". E neste caso, o marido não diz por que para ele não é importante dizer, mas mostrar, visualmente, que ama a esposa, talvez saindo com ela para passear, trazendo-lhe flores, presentes etc. O marido poderá ter a mesma queixa em relação à esposa porque ela não demonstra (visualmente) que o ama. Para o marido, não é importante que ela diga, mas que ela mostre que o ama.

E qual a utilidade em saber o sistema sensorial predominante de uma pessoa? A utilidade está diretamente relacionada à capacidade de relacionar-se com alguém de modo eficaz. Significa saber "falar a mesma língua" que o outro. Significa saber compreender e se fazer compreendido.

Muitas discussões acontecem pelo simples fato de que as pessoas não conseguem entender umas às outras porque estão utilizando canais sensoriais diferentes.

Há pessoas que são tão visuais que são capazes de falar durante meia hora sobre um almoço delicioso usando apenas palavras visuais (Falando sobre a beleza dos pratos, da louça, dos talheres etc.).

Já outras, são mais cinestésicas e estão sempre dizendo "Eu sinto...". Geralmente são pessoas que gostam de tocar nas demais, gostam de abraçar.

Pessoas predominantemente auditivas dizem muito "E então eu disse...", "Daí ele falou...", "Eu sempre falo que..."

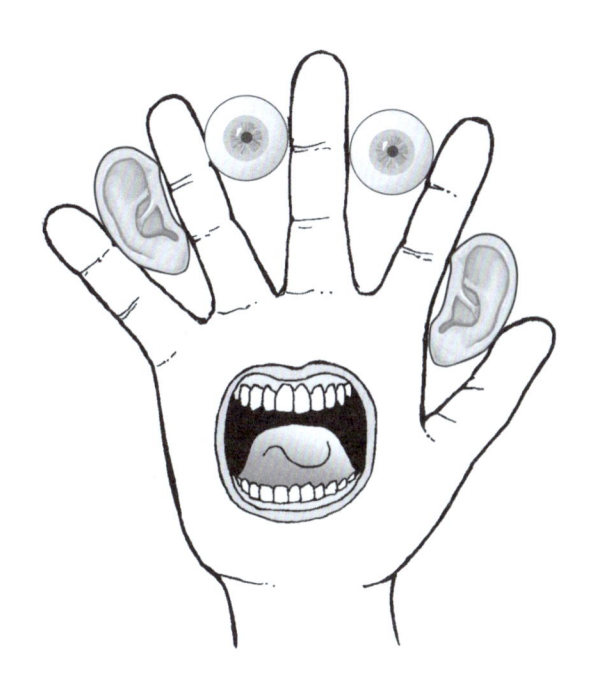

6.6 Exercício: Percepção das preferências sensoriais do interlocutor

Reunidos em grupos de três:

Duas pessoas conversam. Uma delas usando palavras que suscitem o uso do sistema visual e a outra colabora com o uso de palavras do sistema auditivo. Isso é combinado antes entre as duas que conversam, sem que a terceira pessoa saiba quem vai usar tal padrão de linguagem. A terceira pessoa apenas observa os padrões utilizados pelas duas que conversam e dá o feedback da sua observação. Depois alternam as funções.

6.7 As pistas oculares

Todos provavelmente já passaram pela experiência de fazer uma pergunta a alguém que desviou o olhar. Nesse momento ela buscou as imagens, sons ou sensações que fizeram parte da sua experiência para responder à pergunta.

As pistas de acesso podem ser detectadas pela simples observação dos movimentos oculares.

A maior parte das pessoas, principalmente as destras, movimenta os olhos na direção mostrada nas imagens, para cada situação indicada na página seguinte.

Quando se observa uma pessoa e seus olhos estão voltados para cima e à direita (dela), isto significa que ela está criando imagens (acesso visual construído), como por exemplo, a imagem de como ela ficaria se usasse determinado tipo de roupa.

Todos provavelmente já passaram pela experiência de fazer uma pergunta a alguém que desviou o olhar, mexeu os olhos para cima e para a esquerda e disse: "Huuummm, deixe-me ver...". E viu. Buscou em suas imagens visuais recordadas.

Portanto, as pistas de acesso podem ser detectadas pela simples observação dos movimentos oculares.

Especificamente para pessoas destras, consideremos o movimento dos olhos na direção mostrada na ilustração abaixo:

Acima e à direita
Imagem construída

Acima e à esquerda
Imagem lembrada

Horizontal e à direita
Som construído

Horizontal e à esquerda
Som recordado

Abaixo e à direita
Sensações Cinestésicas

Abaixo e à esquerda
Diálogo Interno

VL - Visual lembrado (olhos voltados para cima e à esquerda): ver imagens de coisas vistas antes. Exemplos de perguntas que eliciam este tipo de acesso incluem: "Qual a cor dos olhos de sua mãe?", "Como era a primeira casa em que você morou?"

VC - Visual construído (olhos para cima e à direita): Ver imagens de coisas nunca vistas antes. Exemplos: "Como seria um elefante azul de bolinhas amarelas?", "Como você seria se tivesse cabelos verdes e olhos vermelhos?"

AL - Auditivo lembrado (olhos na linha média e à esquerda): Lembrar de sons ouvidos antes. Exemplos: "Como é o alarme do seu despertador?", "Como é o som de uma cachoeira?", "Qual a primeira palavra que você disse hoje?"

AC - Auditivo construído (olhos na linha média e à direita): Ouvir palavras nunca ouvidas realmente dessa maneira antes. Pôr palavras e sons juntos numa nova forma. Exemplo: "Se você fosse criar uma música agora, como ela seria?" "Se você pudesse fazer uma pergunta ao ex-presidente Fernando Henrique, o que diria?"

AI - Auditivo interno - ou Auditivo digital (olhos voltados para baixo e à esquerda): Falar para si mesmo, diálogo interno. Exemplo: "Diga algo a você mesmo, algo que você se diz frequentemente", "Recite um verso mentalmente".

C - Cinestésico (olhos para baixo e à direita): sentir emoções e sensações. Exemplo: "Como é a sensação de correr?", "Como você se sentiu hoje pela manhã, logo que acordou?"

> **ATENÇÃO:** Para pessoas sinistras (as chamadas "canhotas"), os padrões são invertidos: o acesso visual construído é observado do lado esquerdo, o visual lembrado do lado direito e assim por diante.

Quando afirmamos que os movimentos oculares são padrões, queremos dizer que eles são observados em todas as pessoas dotadas de uma organização neurológica normal.

Algumas pessoas apresentam algumas diferenças em relação a este padrão, como olhos voltados sempre para cima, à direita ou esquerda a qualquer pergunta que se faça, indicando que elas necessitam primeiro ter a imagem antes do que quer que seja para depois poderem ter acesso à experiência sugerida. Por exemplo, para se lembrarem do gosto do sorvete de morango, primeiro necessitam da imagem do sorvete para depois se lembrarem do sabor (acesso cinestésico).

Pessoas que privilegiam, por exemplo, a visão para perceber o mundo, certamente estão perdendo muitas informações auditivas e cinestésicas. O mesmo acontece com aquelas que privilegiam os canais auditivo e cinestésico.

O ideal seria que nós tivéssemos todos os canais sensoriais igualmente desenvolvidos, o que nos possibilitaria uma experiência mais completa da realidade.

Há também outros indicativos que nos informam o tipo de acesso de uma pessoa, tais como os movimentos respiratórios (por exemplo, respiração rápida indica acesso visual), o ritmo da voz etc.

O conhecimento e a prática em relação às pistas de acesso permitem-nos:

1- Fazer com que uma pessoa tenha acesso ao tipo de experiência que é necessário para que compreenda o que lhe estamos comunicando.

2- Saber quando uma pessoa está conscientemente ouvindo, vendo, sentindo e quando ela está "longe", abstraída em seus processos subjetivos.

3- Estabelecer um bom contato (rapport) com qualquer pessoa, de forma suave, eficaz e elegante.

4- Lembrar com mais facilidade de experiências como, por exemplo, se quisermos nos lembrar do caminho que percorremos para chegar a um determinado local (ou onde guardamos um objeto que não conseguimos encontrar) basta que voltemos os olhos para cima e à esquerda (visual lembrado).

6.8 Exercício: As pistas de acesso

Reunidos dois a dois, frente a frente:

Uma pessoa faz perguntas à outra e observa seus movimentos oculares.

Depois trocam de papéis.

Sugestão de perguntas:

a) O quê você almoçou ontem?

b) Como é a portaria do prédio onde você mora?

c) Como ficaria o seu quarto pintado de verde?

d) Como seria a voz do seu chefe se ele ficasse rouco? Marido, filho etc?

e) Ouça agora a sua voz interna conversando com você mesmo.

7. Calibração – A atenção plena

Ouvir com empatia - A nossa demonstração de "Tentar primeiro compreender" para depois ser compreendido implica numa profunda mudança de paradigma. Quase sempre nós queremos primeiro sermos compreendidos. Basicamente não conseguimos escutar o outro com a intenção de compreendê-lo. Ouvimos com a intenção de responder, pois en-quanto o outro fala, já estamos elaborando a resposta. Filtramos tudo através das nossas experiências e lemos a nossa biografia no que o outro fala.

- Oh! Sei exatamente como se sente!

- Já passei por isso também. Vou contar o que aconteceu comigo.

E assim, não entendemos realmente o que o outro disse, apenas ansiamos por responder ou interferir com a nossa própria história.

Estamos tomados pelos nossos conceitos, nossa própria biografia. Queremos que nos compreendam, mas jamais entendemos o que realmente se passa dentro de outro ser humano.

Portanto, fique atento quando você se perceber usando inadequadamente uma reação autobiográfica, ou seja, testando, avaliando, aconselhando ou interpretando. Mude a situação reconhecendo a falta de atenção na audição e pedindo desculpas. Talvez seja uma boa ideia solicitar ao seu interlocutor que recomece sua fala e, dessa vez, você ficará genuinamente atento.

Veja, a seguir, algumas técnicas para desenvolver a atenção e garantir a perfeita recepção da mensagem.

Desenvolver a observação atenta - Na pessoa, estados internos diferentes são constituídos de padrões diferentes de fisiologia, comportamento e processos cognitivos. Nós relatamos nossa experiência conforme nossa consciência do momento. Entretanto, muita informação é expressa inconscientemente através da linguagem não-verbal. Para calibrarmos o processo que está em curso numa pessoa, associamos indicações comportamentais e fisiológicas com respostas internas cognitivas e emocionais. Assim, prestando atenção aos seus movimentos corporais, gestos, micro-movimentos com os dedos, rosto etc., podemos perceber que a pessoa está num processamento interno das mensagens recebidas ou que serão enviadas por ela.

7.1 Exercício: Observando a linguagem não-verbal

Em grupos de três pessoas:

Duas vão conversar e a terceira será o observador. Enquanto as duas conversam em voz baixa, uma delas contando uma história para a outra, a pessoa que está no papel de observador tampa os ouvidos e fica observando somente a linguagem não-verbal das duas outras.

- Quais são as emoções transmitidas que não dependem das palavras para existir?
- Como foi a expressão não-verbal de quem contava a história?
- E de quem ouvia? Parecia atenta?

Depois os papéis dever ser alternados entre os participantes do grupo.

8. Rapport – Criando harmonia na comunicação

Elegância, harmonia e empatia na comunicação - Imaginemos a seguinte cena: um casal conversando à mesa de um restaurante, parecendo absolutamente absortos no diálogo, como se houvessem se desligado de tudo. Eles adotam inclusive a mesma postura corporal (a mesma fisiologia): ambos estão inclinados à frente, braços apoiados sobre a mesa, apresentam a mesma expressão fisionômica. Se fosse possível ouvi-los, provavelmente estariam usando até o mesmo tom de voz, o mesmo ritmo etc. Há tanta sincronia entre eles que se um muda (sua postura, sua voz), o outro também muda, como que por reflexo. É como se eles estivessem sendo o espelho um do outro.

A este tipo de experiência dá-se o nome de "rapport", palavra de origem francesa que significa concordância, afinidade, analogia, empatia.

A habilidade de entrar em rapport pode ser aprendida e aperfeiçoada, havendo inúmeras técnicas para isso. Essas técnicas são muito utilizadas por várias abordagens terapêuticas (psicanálise, abordagem centrada na pessoa, PNL, entre outras).

8.1 Exercício: Praticando a empatia

Reunidos em grupos de três:

Duas pessoas conversam. Uma delas não se preocupa com suas posturas e a outra procura acompanhá-la com rapport de: tom de voz, volume da fala, posições corporais etc.

A terceira pessoa observa as duas e depois dá seu feedback.

Depois alternam-se nos papéis.

9. O Backtracking – Esclarecendo a mensagem

Essa é uma habilidade importante que se deve ter na comunicação, por ocasião de reuniões, negociações e vendas. No "backtracking" reafirmamos pontos-chaves, usando as mesmas palavras da pessoa com quem se interage, acompanhando-a com o mesmo tom de voz e linguagem corporal.

O backtracking tem muitos benefícios, tais como:

- Cria rapport, mostrando sua atenção genuína ao seu interlocutor;

- Valida um acordo;

- Reduz um mal-entendido;

- Permite clarificar possíveis valores do outro.

> ## 9.1 Exercício: Ratificando o entendimento das mensagens
>
> Em grupos de três pessoas. Duas vão conversar e a terceira será o observador. As duas que conversam, uma delas fala como se estivesse passando informações para a outra. A que ouve deve depois, com o intuito de esclarecer o entendimento, repetir o que a primeira falou, mas com as mesmas palavras que ela usou. "Então você disse que..."
>
> - Houve entendimento?
>
> - Foi bom para esclarecer ou ratificar o entendimento?
>
> - A escuta atenta ajuda?
>
> Depois os papéis dever ser alternados entre os participantes do grupo.

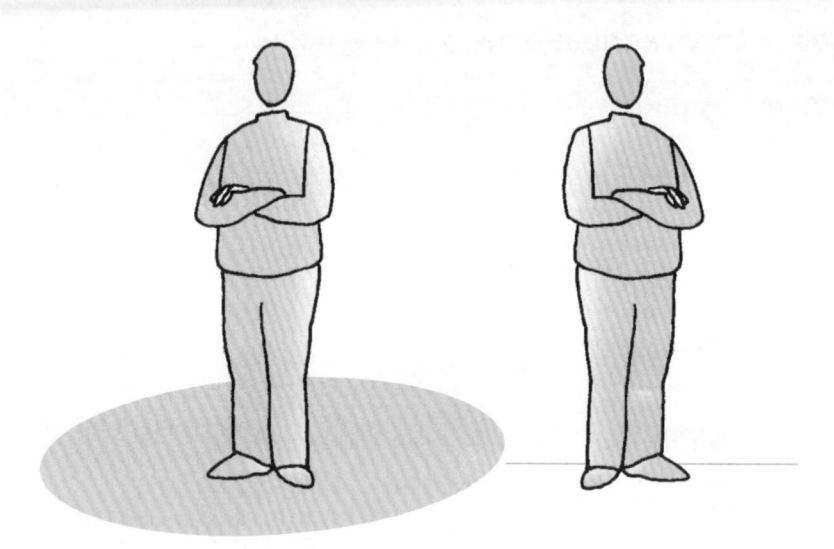

10. Estado de presença e atenção
Fisiologia e estados internos

Até agora você explorou duas perspectivas de pensamento: associação e desassociação. Podemos verificar que utilizando, adequadamente, essas duas perspectivas é possível criar mudanças importantes na vida. Existe uma terceira perspectiva que pode ser usada para aumentar bastante tanto a nossa eficácia pessoal quanto a sabedoria que orienta nossa vida.

Primeiro, queremos dar um outro rótulo para estar associado ou desassociado. Estar associado também pode ser visto como estando na posição do eu. Você está vivenciando coisas com seus próprios olhos, sentindo sua própria fisiologia, pensando segundo seus próprios valores e través de seus próprios filtros mentais. Esta posição do eu é uma perspectiva do mundo.

Por outro lado, estar desassociado proporciona outra perspectiva na qual se é um observador, vendo-se a si mesmo. É um ponto de vista neutro, desassociado da emoção inerente ao fato ocorrido. Ele permite que você conside-re a situação objetivamente.

Os papéis

Guia – é a pessoa que ajuda a outra a "entrar" na experiência. É um papel de fundamental importância para o sucesso do exercício, pois deve fazer e manter rapport com a pessoa que está vivenciando suas experiências e ser um ouvinte atento, despido de crítica, além de acolhedor. O guia exime-se de querer entender e apenas observa, acolhe e orienta a experiência.

Explorador – é a pessoa que passa pelo processo em questão. Deve permitir-se ser "guiado" e relaxar para experimentar uma boa e profunda vivência, com o intuito de atender sua intenção de solucionar ou, pelo menos, compreender suas questões trazidas para a vivência.

Observador – Esse é um papel de atitude neutra. O observador apenas vê os fatos com olhos neutros, sem crítica e julgamento. Talvez possa tecer um comentário sobre o que observa, sem, contudo, tomar partido de qualquer situação.

A "psicogeografia"

Os exercícios e vivências, em PNL, devem observar o que chamamos de psicogeografia. Isso significa escolhermos, num espaço apropriado, geralmente no chão, as posições que serão usadas durante a vivência. Cada posição tem o seu significado no exercício e deve-se mudar de posição para vivenciarmos um outro "momento", por exemplo. A mudança de posição geralmente vem acompanhada de uma "quebra de estado" para não contaminar a outra posição com as emoções e sentimentos experimentados ali.

Uma posição muito importante é a chamada "metaposição". Trata-se de uma posição neutra, em que o Guia e o Explorador conversam a respeito do que vai acontecer ou já aconteceu no exercício. Nela não há emoção associada.

11. Sub-modalidades dos sistemas representacionais

As sub-modalidades constituem os menores blocos da nossa experiência em qualquer momento. Elas podem ser comparadas aos tijolos de uma construção maior.
As sub-modalidades organizam nossas lembranças visuais, auditivas e cinestésicas.

As imagens podem variar quanto ao tamanho, luminosidade, cor, brilho, associação (ver o evento com os próprios olhos), desassociação (se ver passando pelo evento), ter uma moldura ou não etc.

Os sons podem variar quanto à altura, timbre, localização, tom, distância etc.

As sensações poderão ter características tais como localização, intensidade, peso, pressão, extensão, textura etc.

Podemos fazer uso das sub-modalidades para enriquecer nossa experiência (vivência) quando estamos fazendo um exercício (técnica) de PNL. Assim como o diretor de cinema muda a iluminação ou o ângulo da sua câmera, ou nos faz escutar uma determinada música ou ruídos dependendo dos sentimentos que se queira despertar em nós, nossa mente joga com diferentes qualidades às quais chamamos de sub-modalidades.

Segue uma lista de sub-modalidades visuais, auditivas e cinestésicas, assim como uma relação de perguntas para detectar as sub-modalidades da experiência de alguém.

Visual

- **Colorida ou branca e preta**: É colorida ou está em branca e preta? Que gama de cor tem? São cores vivas ou difusas?
- **Brilho:** É mais brilhante ou mais escura?
- **Contraste:** Há muito ou pouco contraste?
- **Foco:** Está focada ou desfocada?
- **Distância:** Qual a distância da imagem?

Forma: Que forma tem a imagem? (quadrada, retangular, redonda, oval, vertical ou horizontal...).

- **Moldura:** Há uma moldura ou uma extensão ao redor da imagem?
- **Localização:** Onde está situada a imagem: em cima, abaixo, de lado ou outro?

Movimento da imagem

- **Na imagem:** É um filme ou uma foto fixa? Tem movimento normal, rápido ou lento?
- **Fora da imagem:** A imagem é estável? Para que direção se movimenta?
- **Orientação:** A imagem está centrada?
- **Associada-desassociada:** Você se vê ou você vê o que tem na frente?

Auditivo

- **Localização:** Ouve-se de dentro para fora ou ao contrário? De onde vem o som?
- **Tom:** Agudo ou grave?
- **Melodia:** É um som monótono ou melódico?
- **Inflexão:** Há alguma parte acentuada?
- **Volume:** Está alto ou baixo?
- **Tempo:** É rápido ou lento?
- **Ritmo:** Tem um compasso ou uma cadência?
- **Duração:** É contínuo ou intermitente?
- **Mono ou estéreo:** Se ouve de um ouvido ou dos dois? É direcional ou envolvente?

Cinestésico

- **Qualidade:** Como descreveria a sensação corporal? Há tremor? É quente, fria, tensa, confusa?
- **Intensidade:** A sensação é forte?
- **Localização:** Em que parte do corpo você sente? Mostre com tuas mãos.
- **Movimento:** Há sensação de movimento? É contínuo ou vem em ondas? Há pulsações, saltos, movimentos rápidos e repentinos?
- **Direção:** Onde começa a sensação? Como se desloca do lugar de origem até o lugar no qual você é mais consciente dele?
- **Velocidade:** Tem uma progressão rápida e pausada ou se movimenta velozmente?
- **Duração:** É contínua ou intermitente?

11.1 Alterando as sub-modalidades da experiência

É possível fazer uma fotografia rica e irresistível do que deseja e valoriza. Quanto maior, mais rica, colorida, tridimensional e definida, melhor.

11.2 Exercício: Aumentando a motivação com o ajuste das sub-modalidades

1. Tarefa importante. Lembre-se de alguma tarefa que você saiba que é importante fazer, mas que está tendo muita dificuldade para se decidir a começar.

2. Verifique as objeções. Pare e pergunte a si mesmo se, intimamente, existe alguma coisa em você que o impeça de iniciar essa tarefa. Seja sensível a qualquer objeção.
Se você não puder satisfazer facilmente as objeções que surgirem, pense em alguma outra coisa que nenhuma parte de si mesmo rejeite.

3. Resultados e consequências. Pense no resultado final da realização dessa tarefa e não no processo, mas nos benefícios positivos para você. O que você lucrará, de várias formas, ao fazer a tarefa? O que pensa desses benefícios agora?

4. Mudar sub-modalidades. Agora, use a relação de elementos de sub-modalidades para cada sistema representacional para mudar o que você quiser a fim de tornar mais atrativa a tarefa a ser realizada.

Faça essas imagens ficarem bem grandes, mais próximas, coloridas etc. Acrescente o som agradável, a voz encorajadora ou o que for que possa tornar uma experiência atraente e altamente motivadora para você. Continue fazendo isso até se sentir fortemente atraído para realizar a tarefa.

12. Níveis neurológicos - analisando as visões de si mesmo

A pirâmide de níveis neurológicos é um recurso muito útil para aprendizagem, mudança e comunicação. Desenvolvidos por Robert Dilts, baseados num trabalho do antropólogo Gregory Bateson, os níveis neurológicos estão sendo usados nos mais diversos meios e para solucionar alguns tipos de conflito. São úteis também para se estabelecer objetivos e resultados.

Os níveis são:

(leia de baixo para cima)

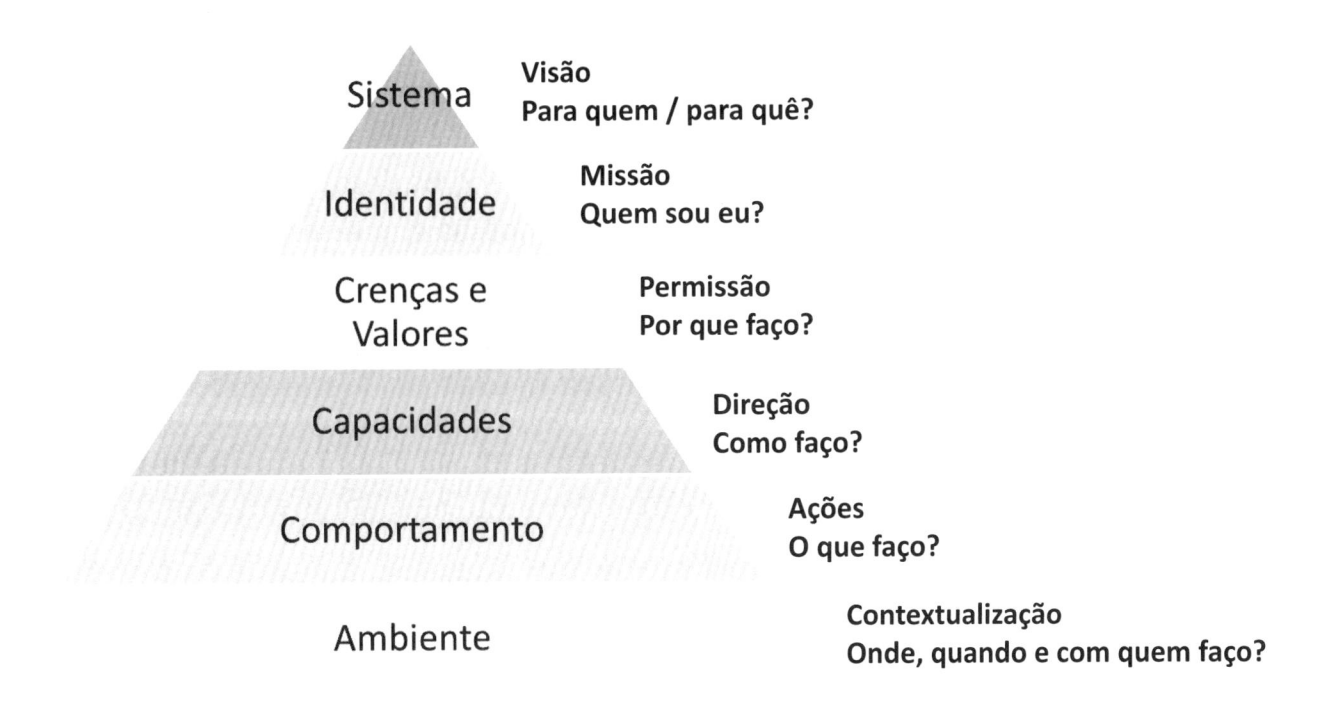

- **Sistema** — Visão / Para quem / para quê?
- **Identidade** — Missão / Quem sou eu?
- **Crenças e Valores** — Permissão / Por que faço?
- **Capacidades** — Direção / Como faço?
- **Comportamento** — Ações / O que faço?
- **Ambiente** — Contextualização / Onde, quando e com quem faço?

Ambiente: Onde? Quando?

No nível Ambiente descrevemos o lugar em que exercemos nossas atividades. É a descrição física. Quantas janelas têm, o fluxo de pessoas, a temperatura, as condições de trabalho e assim por diante.

Comportamento: O quê?

Comportamento é o que fazemos. Que ações desempenhamos diariamente em nosso trabalho e em nossa vida pessoal.

Capacidade: Como?

Que habilidade precisamos para dar continuidade ao trabalho. O que devemos saber e como vamos fazer determinada atividade. Vão desde nossas estratégias de pensamentos às nossas ações.

Crenças e Valores: Por quê?

As crenças e valores respondem por nossas ações. Explicam por que agimos de determinada maneira. Os valores são o que realmente nos importa. Honestidade, companheirismo, amor ao próximo são exemplos de valores.

Identidade: Quem?

Identidade é você por você mesmo. Qual a sua missão? Quem sou eu naquela equipe?

Espiritual: Quem mais?

Quem mais faz parte? Como estou interligado como os demais membros do time? E a nossa empresa em relação às concorrentes? Como nossas empresas estão ligadas à comunidade e ao mundo?

12.1 Exercício: Alinhando as diversas visões de si mesmo

De pé, pense numa situação na qual você gostaria de ter mais escolhas, em que suspeita que não esteja usando todos os seus recursos internos ou que você não seja totalmente "você".

AMBIENTE: Comece pelo ambiente onde você experimenta esse problema, seu lar, seu escritório, seu clube etc.

a. Descreva seu entorno, o local onde está.

b. Quem está a sua volta?

c. O que você nota especialmente nesse ambiente?

COMPORTAMENTO: O que está fazendo?

a. Pense em seus movimentos, ações e pensamen-tos.

b. Como seu comportamento se encaixa no seu am-biente?

CAPACIDADE: Pense em suas habilidades. Nessa situação você está apenas expressando uma fração delas.

a. Que habilidades você tem em sua vida?

b. Quais as suas estratégias mentais?

c. Qual é a qualidade de seu raciocínio?

d. Que habilidades relacionais e de comunicação você tem?

e. Pense em suas habilidades de rapport, resultados e pensamento criativo.

f. Que qualidades você tem que lhe servem bem?

g. Que qualidades faltam? Como poderia obtê-las?

h. O que você faz bem em qualquer contexto?

CRENÇAS / VALORES: O que é importante para você?

a. O que acha que vale a pena no que você faz?

b. Que crenças potencializadoras você tem a seu próprio respeito?

c. Que crenças potencializadoras você tem sobre os outros?

d. Que princípios você toma como base em suas ações?

IDENTIDADE: Você não é o que você faz e nem mesmo o que acredita. Pense agora a respeito de sua personalidade e de sua identidade.

a. Qual a sua missão na vida?

b. Que tipo de pessoa você é?

c. Obtenha um senso de si mesmo e daquilo que você quer realizar no mundo.

d. Expresse isso como uma metáfora, que símbolo ou ideia vêm à mente que parece expressar sua identidade como pessoa?

ESPIRITUAL: Pense como você está conectado a todos os outros seres vivos e tudo que acredita estar além de sua vida. A quem mais ou ao que você se conecta?

Agora vá retornando aos níveis anteriores e trazendo consigo essas afirmações obtidas, até agora, em cada nível.

Quando chegar ao nível de ambiente verifique como pode mudar o problema a partir dessas conexões nos diversos níveis.

1ª Posição
EU

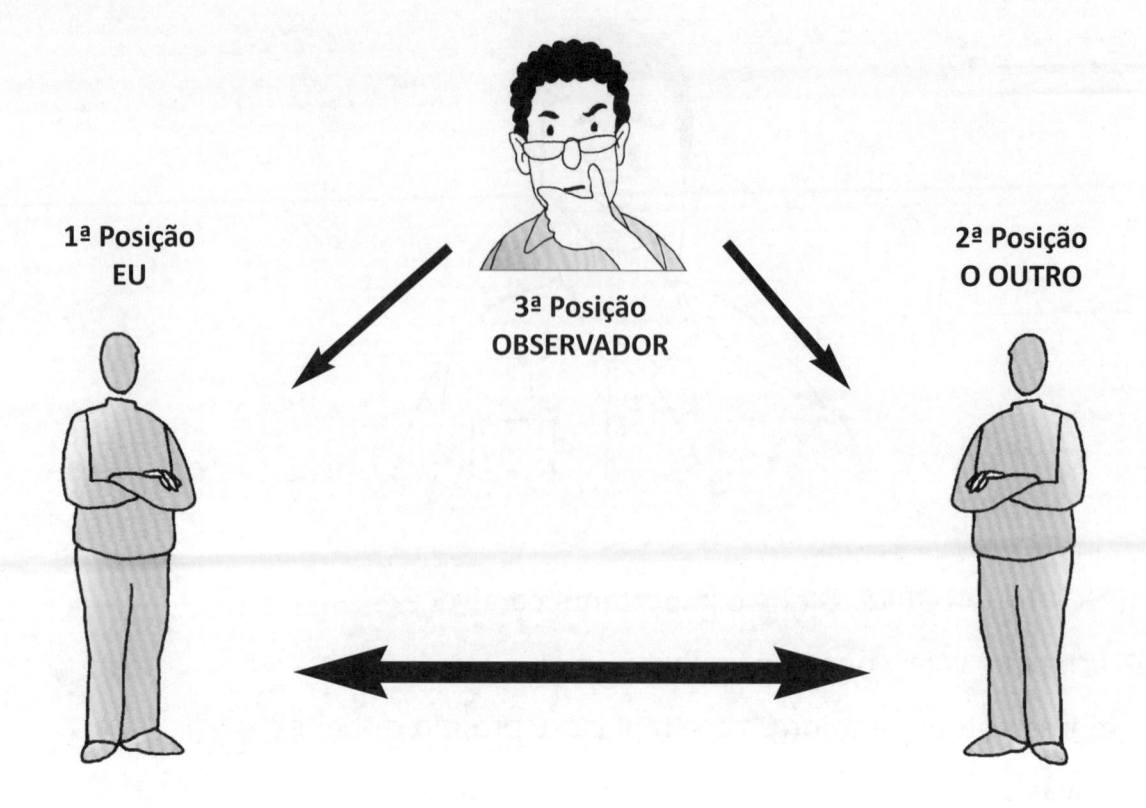

3ª Posição
OBSERVADOR

2ª Posição
O OUTRO

13. Harmonizando relacionamentos

As posições perceptivas

A habilidade para assumir a posição do outro é particularmente importante e bastante útil quando estamos em desa-cordo ou disputando alguma coisa com alguém. Nesse momento, despimonos, momentaneamente, de nossas convicções e nos permitimos "ver do jeito dele".

Quando nos propomos a ver uma situação como o outro a vê não significa que temos de concordar com ele, nem que temos de abandonar a nossa própria visão. Essa posição nos dá mais informações para descobrirmos uma base co-mum por onde começar a resolver as questões que nos dividiram.

Assumimos naturalmente a posição do outro com as pessoas do nosso círculo íntimo. Aquela maravilhosa sensação de conexão e de estar junto se origina em parte desse alinhamento com as ideias, desejos e perspectivas das pessoas que amamos.

Estar na posição do outro é participar da experiência de uma outra pessoa. Podemos chamar isso de empatia. É o ponto de vista que adotamos quando entramos na pele de uma outra pessoa e experimentamos algo com seus olhos, filtros mentais, história pessoal e, até mesmo, sua fisiologia.

Quando pedimos a alguém que olhe com nossos olhos, estamos requisitando que assumam a nossa posição em uma determinada questão ou que tentem a nossa experiência. Estamos pedindo que estabeleçam uma profunda empatia conosco para poderem ver a questão segundo o nosso ponto de vista e entender aquilo do jeito que entendemos.

Poucas pessoas aprendem a fazer isso de forma congruente. A habilidade para assumir a posição do outro permite que tenhamos uma perspectiva útil e poderosa do seu comportamento ou de uma situação.

Para ter uma ideia mais clara da posição do outro, pense estar na sala de um cinema, assistindo a um dos seus filmes preferidos. Você naturalmente adota as sensações do personagem e imagina ser ele. Por exemplo, se alguém está sendo caçado, você tem todas as sensações de estar sendo perseguido, as mãos suam e o coração dispara, apesar de estar sentado com toda segurança dentro do cinema. Isso é assumir a posição do outro.

Existe uma técnica que é muito útil para ganharmos perspectivas sobre relacionamentos que nos envolvem com outra pessoa. Para termos uma visão ampliada do mundo é interessante tomarmos contato com mais de um ponto de vista, que não só o nosso, e vez por outra é interessante "mudarmos" de posição para entendermos o outro. São as posições de percepção.

A **1ª Posição** é a sua própria realidade, sua própria visão de qualquer situação. A maestria pessoal vem de uma primeira posição forte. Você precisa se conhecer e conhecer seus valores para ser um modelo eficaz e influenciar outros com o exemplo. Você vê o mundo exclusivamente do seu ponto de vista. A sua realidade, dentro de si mesmo, totalmente associado e sem levar em conta o ponto de vista do outro.

A **2ª Posição** é dar um salto criativo de sua imaginação para compreender o mundo a partir da perspectiva de outra pessoa, pensar do modo como ela pensa. A segunda posição é a base da empatia, do rapport. Dá-nos a capacidade de apreciarmos os sentimentos dos outros e percebermos como seria ver, ouvir e sentir as coisas na posição dele. Se você puder reproduzir o modo de falar e movimentos peculiares do outro, tanto melhor.

• **2ª Posição emocional:** é compreender as emoções da outra pessoa. Portanto, você não deseja feri-la porque pode imaginar a sua dor.

• **2ª Posição intelectual:** é a capacidade de compre-ender como outra pessoa pensa, os tipos de ideias que tem e o tipo de opinião e os resultados que consegue.

A **3ª Posição** é um passo para fora de sua visão e da visão da outra pessoa para uma perspectiva distanciada. Ali você pode ver o relacionamento entre os dois pontos de vista. A terceira posição é importante quando você verifica a ecologia e seus resultados. É necessário esquecer, por um momento, que é o seu resultado e que você o quer e olhar para ele de forma mais distanciada, como um observador completamente independente do sistema em questão. Aqui procuramos saber como fica a situação vista por alguém não envolvido.

13.1 Exercício: Harmonizando relacionamentos

As três posições são importantes no processo da comunicação humana. O objetivo em usá-las é poder mover-se livremente entre elas e observar o mundo de perspectivas diferentes, enriquecendo, assim, suas possibilidades de escolhas.

a. Comece, numa posição neutra, escolhendo um relacionamento que você deseja explorar. Pense nele primeiro a partir do seu ponto de vista (1ª posição).

• O que o torna difícil?

• O que está pensando e sentindo nesse relacionamento?

• Se você se sente desafiado, de que nível neurológico esse desafio parece vir?

• É sobre o seu ambiente, onde você trabalha, os amigos que tem, suas roupas etc?

• É sobre o seu comportamento, aquilo que você faz?

• Serão suas habilidades e valores que estão sendo desafiados?

• Será o nível de identidade que está sofrendo assédio?

• A outra pessoa está dizendo uma coisa, mas transmitindo outra em sua linguagem corporal?

b. Agora deixe o seu ponto de vista e prepare-se para examinar a situação de um ponto de vista muito diferente. Imagine-se a partir do ponto de vista da outra pessoa (2ª po-sição). Vista seu casaco, calce os sapatos dela.

• Como a outra pessoa se sente?

• Como você se vê no relacionamento? Como reage?

• Qual o nível neurológico que é motivo de sua preocupação?

• A outra pessoa (o outro está vendo você) nesse relacionamento parece ser congruente?

c. Quando tiver explorado isso, saia da 2ª posição e volte a si mesmo no momento presente. Vá para a 3ª posição.

• Considere ambos os lados do relacionamento de forma isenta.

• Que tipo de relacionamento é?

• O que você pensa de si mesmo (1ª posição no relacionamento)?

• Resignado com a situação?

• Desejava que sua 1ª posição se afirmasse mais?

- Sentia que sua 1ª posição deveria ser menos afirmativa?
- Há algum modo de sua primeira posição facilitar o relacionamento?
- Que recursos sua 1ª posição necessita para isso?

d. Agora faça o circuito novamente incorporando em cada posição os novos pontos de vista e recursos obtidos no primeiro trajeto.

14. O metamodelo de linguagem

Aprendemos, com a PNL, como a linguagem influencia nossos comportamentos e como podemos influenciar as outras pessoas por meio dela. As palavras têm um significado e, para entendermos o que uma pessoa diz, temos de compartilhar de experiências parecidas com as dela. Já que não sabemos ao certo o que é a realidade, criamos códigos para descrevê-la e compartilhá-la com outras pessoas. Assim, cada indivíduo escolhe, consciente ou inconscientemente, dentro de uma variedade infinita de experiências sensoriais, quais itens serão representados nos seus mapas ou nos seus modelos da realidade.

Como a linguagem nada mais é do que uma representação simbólica de uma experiência subjetiva mais profunda e complexa, ela é considerada a estrutura superficial da comunicação. A experiência, com todos os seus detalhes, está gravada na chamada estrutura profunda, enquanto os filtros mentais (generalização, eliminação e distorção) atuam quando se passa da experiência para a sua representação, ou seja, da estrutura profunda para a estrutura superficial.

Esquematicamente:

Estrutura superficial

(O que é falado ou escrito)

Derivação
Produção de linguagem

**OMISSÃO
GENERALIZAÇÃO
DISTORÇÃO**

Transderivação
Compreensão

Estrutura profunda

(Pensamentos, conceitos, ideias)

A forma pela qual nós fazemos essas escolhas são processos internos inerentes a cada um de nós. Existem três processos gerais que acontecem quando as pessoas verbalizam suas experiências: **omissões, generalizações e distorções.**

As **omissões** acontecem quando colocamos nossa atenção, seletivamente, em algumas dimensões da nossa experiência e excluímos certas características. É a capacidade que temos de eliminar partes da realidade reduzindo o mundo a proporções que podemos controlar. Trata-se de um mecanismo muito útil para que possamos interagir com o mundo sem ficarmos assoberbados com o excesso de informações. Isso pode ser limitante quando a pessoa deixa, inconscientemente, de perceber fatos importantes.

"A **generalização** é um processo que acontece quando os elementos ou partes do modelo de uma pessoa afastam-se de sua experiência original e passam a representar toda a categoria da qual a experiência original é um exemplo" (A Estrutura da Magia, 1977, p.36). Generalizar é a capacidade que possuímos de transportar uma experiência de um contexto para outros. É um mecanismo útil quando se faz qualquer tipo de aprendizado, contudo, pode ser limitante quando a pessoa generaliza um acontecimento desagradável de um contexto para outros, podendo gerar uma fobia ou algo que limite sua ação no mundo.

"A **distorção** é o processo que nos permite fazer substituições em nossa experiência de dados sensoriais" (A Estrutura da Magia, 1977, p.37). Distorcer é a capacidade que as pessoas têm de criar abstrações a respeito da realidade. Ela substitui partes da experiência real por partes subjetivas. Podemos citar como exemplo a criação artística, em suas várias expressões, como resultado do mecanismo de distorção.

Qual a utilidade de uso do metamodelo de linguagem?

- **Coleta informações mais precisas.** Ao desafiar as "deleções", o metamodelo recupera informações importantes que foram omitidas na estrutura superficial.
- **Esclarece significados.** Oferece uma estrutura sistemática com perguntas como: o que exatamente você quer dizer? Quando você não compreende o que outra pessoa está querendo dizer, isso é sua oportunidade para fazer perguntas do metamodelo.
- **Identifica limites.** Ao desafiar as regras e generalizações que você está aplicando ao seu pensamento, as perguntas do metamodelo mostram onde você está se limitando e onde poderia ser mais livre e criativo.
- **Oferece mais escolhas.** Ao mostrar os limites de linguagem e pensamento, especialmente onde distorções estão limitando o pensamento claro e a ação, o metamodelo expande seu mapa do mundo. Não dá a resposta certa ou o mapa certo, porém enriquece o atual.

Os padrões do metamodelo

Deleções ou omissões

- Omissões simples.
- Índice referencial não especificado.
- Verbos não especificados.
- Nominalizações.
- Comparações.
- Execução perdida / julgamentos.

Generalizações

- Operadores modais de necessidade.
- Operadores modais de possibilidade.
- Quantificadores universais.

Distorções

- Leitura mental.
- Causa e efeito.
- Equivalência complexa.
- Pressuposições.

O metamodelo na prática

Omissões simples: ocorrem quando algo importante é omitido de uma frase.

- Vá e faça isso.
- Quando vir isso, pegue.
- Aquilo é importante.
- Me sinto mal.
- Não sei nada daquilo.
- Estive fora.

> **As informações omitidas podem ser recuperadas fazendo-se perguntas como:**
> - O que exatamente...

Índice referencial não especificado: aconteceu alguma, mas não fica claro quem realizou a ação e quem foi afetado.

- Erros foram cometidos.
- Venderam a casa.
- Fizeram uma lambança!
- Eles me irritam.
- Não querem concordar.
- Crianças são teimosas.
- As pessoas não entendem...

> **As informações omitidas podem ser recuperadas fazendo-se perguntas como:**
> - Quem faz o quê?
> - Exatamente o que foi feito e por quem?

Verbo não especificado: alguma coisa foi feita, mas não está claro como foi feita.

- O Cardoso falhou.
- Eles alegraram o grupo.
- Meu vizinho me assusta.
- Meu chefe me frustrou.
- Fui encorajado a fazer o exame.
- Meu pai me sustenta.

> **As informações omitidas podem ser recuperadas fazendo-se perguntas como:**
> - O que exatamente... ?
> - Como especificamente... ?

Comparações: está sendo feita uma comparação, mas o padrão utilizado não está claro.

- Eu fiz isso muito bem.
- É melhor sair de fininho.
- O verão é muito melhor.
- Sinto-me melhor aqui.
- A reunião foi mal organizada.
- Este carro é melhor.

> **Descubra o padrão de comparação fazendo perguntas como:**
> **- Comparado com o que...?**

Nominalizações: nesse processo, um verbo (que descreve uma ação contínua) é transformado num substantivo (uma coisa estática).

- Ela tem medo do **fracasso**.
- Caramba, foi uma **emoção**!
- Meu filho não me tem **respeito**.
- A **felicidade** é o mais importante.
- Precisamos ter **independência**.
- Eu prezo a **liberdade**.
- Precisamos ter **educação**.

> **Recupere as informações transformando o substantivo no verbo que lhe deu origem e expresse o pensamento como um processo.**
> **- Como gostaria de ser respeitado...?**

Execução perdida / julgamento: aqui existe um julgamento embutido na afirmação. A execução perdida caracteriza-se pelo uso de expressões como: é bom, é mau, é errado, é certo, é verdade, é falso etc.

- É errado ser teimoso.
- É ruim manipular os outros.
- É inútil reclamar da situação.

- Isso não é bom.

- Não se deve beber gelado.

- Andar descalço faz mal.

> **Descubra quem está fazendo o julgamento e qual o padrão usado:**
> - Quem disse isso...?
> - Como isso é ruim exatamente?

Operadores modais de necessidade: expressões como "deveria", "deve", "não deve", "tenho que", "sou obrigado a". Não há uma regra de conduta que fique explícita. O que aconteceria se você não fizesse?

- Não devo falar sobre isso.

- Tenho que lavar as mãos antes das refeições.

- Devo sempre colocar os outros em primeiro lugar.

- Tenho de ser o melhor.

- Preciso chegar antes dos outros.

- Tenho que obedecer aos preceitos religiosos.

- Tenho de voltar para casa às 10 horas.

> **Desafie as consequências imaginadas pela pessoa:**
> - O que aconteceria se você não...?

Operadores modais de possibilidade: expressões como "não posso", "posso", "é impossível". Estabelecem limites impostos por uma regra não implícita.

- Não posso dizer isso a ele.

- Eu não consigo fazer isso.

- Sou incapaz de fazer alguém feliz.

- Não tem jeito, assim não vai.

- É impossível completar a tarefa na data marcada.

- Não é possível conviver com aquela pessoa.

> **Desafie as consequências imaginadas pela pessoa:**
> - O que o impede de...?
> - Suponha que pudesse, como seria?

Quantificador universal: são expressões que têm significado generalizado, como se as coisas fossem universais e sem exceção. São situações que podem ter ocorrido uma, duas, três vezes na vida e a pessoa generaliza como se ocorresse sempre... ou nunca.

- Todos eles são limitados na inteligência.
- Todas as pessoas gostam de chocolate.
- Os homens são todos iguais.
- Nunca antes neste país...
- Ninguém consegue ver isso.
- Isso sempre acontece comigo.
- Você sempre chega atrasado.

> **Repita o quantificador de forma interrogativa e com uma leve entonação de espanto na voz.**
> - Sempre?!
> - Nunca?!
> - Todos?!

Equivalência complexa: ocorre quando duas afirmações são ligadas como se tivessem o mesmo significado ou como numa relação de causa e efeito, por exemplo: "Você não está prestando atenção, pois não olha para mim". Geralmente as afirmações estão em níveis neurológicos diferentes.

- Você não está sorrindo, logo não está se divertindo.
- Ela não se importa comigo, está sempre atrasada.
- Meu filho não me respeita, ele não me beija.
- Ele é um ótimo profissional, está sempre bem vestido.
- Esta é uma boa empresa, paga ótimos salários.
- Ele vai ser um ótimo prefeito, tem um bom plano para a cidade.
- Meu chefe não gosta de mim, ele não me cumprimenta.

> **Desafie com a pergunta: de que maneira "isso" significa "aquilo"?**

Leitura mental: ocorre quando alguém faz afirmações supondo conhecer o estado interno de outra pessoa. Ela pressupõe saber o que a outra está pensando ou sentido.

- O Leandro está infeliz.
- Aposto que ela não gostou do presente que dei.
- Sei por que você está zangado.
- Ela está aborrecida, mas não quer admitir.
- Você nem repara como estou me sentindo.
- Ele não gosta de mim.
- Sei que você faz isso só para me irritar.
- Eu sei que você está pensando que...

> **Desafie com a pergunta: Como exatamente você sabe que...?**

Causa e efeito: ocorre quando se supõe que o comportamento de uma pessoa automaticamente causa o estado emocional ou o comportamento de outra. É uma forma de pressuposição.

- A voz dele me aborrece.
- O jeito dela me deixa louco.
- Estou contente porque ele saiu de casa.
- Esse tempo me chateia.
- Ela me assusta.
- Esta notícia me deixou aborrecido.
- Fiz isso por causa dele.

> **Desafie com a pergunta: Como especificamente "isso" causa "aquilo"? Houve alguma vez em que "isso" não causou "aquilo"?**

Pressuposições: ocorre quando uma suposição descabida e limitadora está implícita na afirmação, mas não abertamente.

- Quando você ficar mais esperto vai entender isso.

- Ele é tão estúpido quanto o irmão.

- Por que você não consegue fazer nada certo?

- Você vai me contar outra mentira?

- Quando ele estiver namorando vai se vestir melhor.

> Desafie com a pergunta: O que o leva a acreditar que...?

OBS: Muitas vezes ocorre de uma única afirmação da pessoa conter diversos padrões do metamodelo. Trata-se de um exercício contínuo de observação atenta às palavras do outro para notarmos quando esses padrões tomam forma e ajudar a quebrá-los, minimizando suas consequências como padrões limitadores da ação humana.

14.1 Exercitando o reconhecimento dos padrões de metamodelo

1. Isso sempre acontece comigo!
2. Acho que você está pensando que eu sou um tolo.
3. É um erro agir dessa forma.
4. Eles pensam que essa é a melhor maneira.
5. As pessoas não sabem decidir por si sós.
6. Eu tenho de fazer isso até amanhã.
7. Alguém me disse que haverá demissões.
8. A felicidade é difícil de ser encontrada.
9. A liberdade é valiosa.
10. Ninguém sabe nada a respeito disso.
11. A comunicação está truncada.
12. Eles nunca tiram nota boa.
13. Ela está pensando que sou bobo.
14. Eles não compreendem o que isso significa.
15. Toda generalização é burra, inclusive essa.

15. O incentivo e a crítica

Dar e receber feedback é um processo que se constitui num dos conceitos básicos nas relações interpessoais. É com o feedback que nós nos vemos como somos vistos pelo outro. Não é muito fácil dar feedback de modo que ele possa ser recebido pela outra pessoa sem que ela se sinta ameaçada ou criticada em excesso. É conveniente desenvolvermos a sensibilidade para as necessidades dos outros e sermos capazes de nos colocarmos em seus lugares. Primeiramente precisamos praticar a aceitação de nós mesmos e do outro como ele é. À medida que desenvolvemos essa habilidade, a necessidade de dar feedback, com teor de avaliação ou julgamento, diminui.

Há um modelo bem aceito e que permite dar feedback de forma elegante e incentivadora. Consiste em três etapas: após observarmos o comportamento da pessoa dizemos para ela o que foi positivo naquele comportamento, mostrando sinceridade no que diz, depois mostramos o que poderia ser melhorado numa próxima vez e, finalmente, o que está bom e não precisa modificar. Tudo isso deixando claro ao outro que é sob a nossa ótica que fazemos tais afirmações no intuito de mostrar-lhe a oportunidade de melhoria no que já faz bem.

Portanto, ao dar um feedback:

- Indique o que foi o ponto alto
- Mostre o que foi bom
- Sugira o que pode ser melhorado

15.1 Exercitando o feedback elegante

Em duplas. Os participantes revezam-se contando ao outro uma pequena história pessoal ou fato que tenha presenciado. Quem conta sua história não se preocupa com seu padrão de linguagem ou mesmo a forma como fala. Quem ouve, ouve atentamente e depois faz observações usando o modelo de feedback mostrado acima, ou seja:

- Fale sobre o que observou de bom na apresentação da pessoa.

- Sugira melhorias.

- Fale sobre o que achou que foi o "ponto alto", o destaque da apresentação.

"My goal is simple. It is complete understanding of the universe."
Stephen Hawking

16. Metas

Metas são grandes afirmações dos nossos desejos, o que queremos conseguir, mas, de modo geral, não são facilmente mensuráveis. Precisamos ter parâmetros que nos indiquem se estamos no caminho certo para a nossa conquista e se, em algum momento, já chegamos lá. Eles formam a base de atividades para o andamento do plano de ação na busca da meta. Assim podemos continuamente avaliarmos o andamento do projeto.

Após definirmos a meta, devemos traçar um plano para alcançá-las. Isso significa fazer algumas perguntas específicas com o intuito de verificar que condições devem estar disponíveis. Que recursos são necessários? Que conhecimento deve-se adquirir? Fazer essas perguntas nos dá respostas que nos ajudam a definir o caminho para a meta, então, responda-as por escrito. Note que essas respostas são, na verdade, mais do que somente atividades, elas têm algum desafio.

A figura mostra o contexto e o "campo de forças" que atua sobre o plano.

UMA VISÃO PANORÂMICA DO CONTEXTO

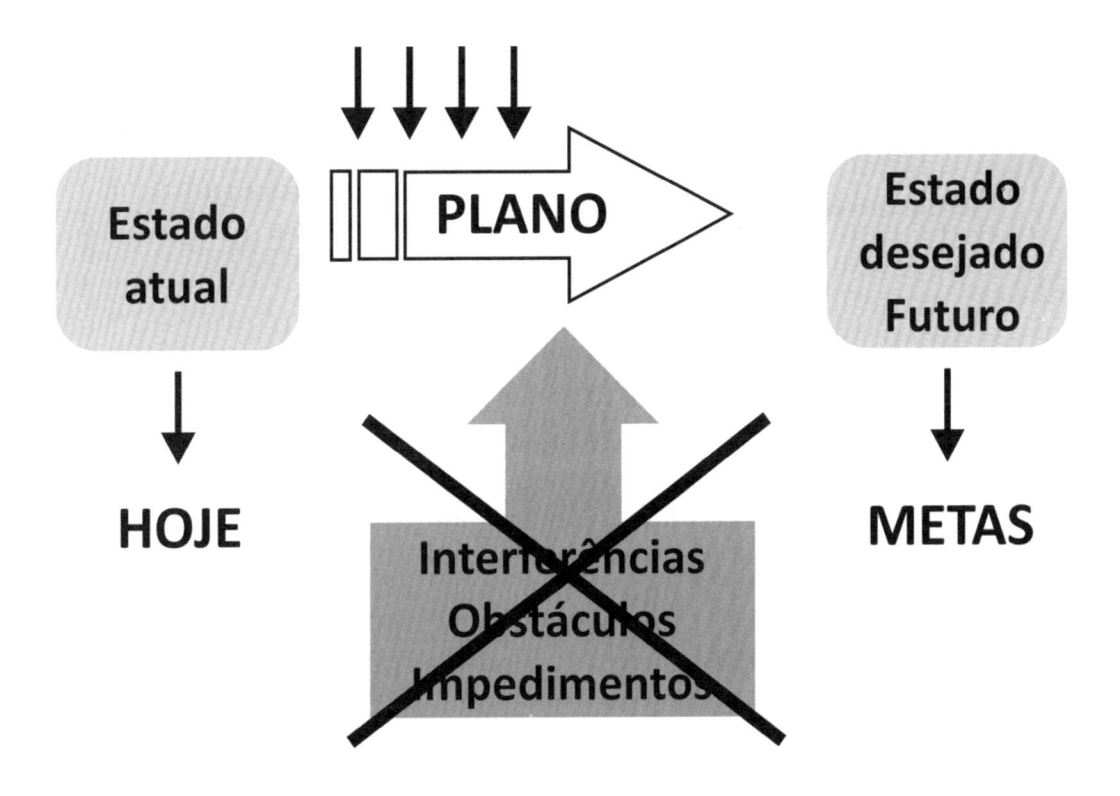

Estado atual → HOJE

PLANO →

Estado desejado Futuro → METAS

Interferências
Obstáculos
Impedimentos

16.1 Um retrato da situação atual

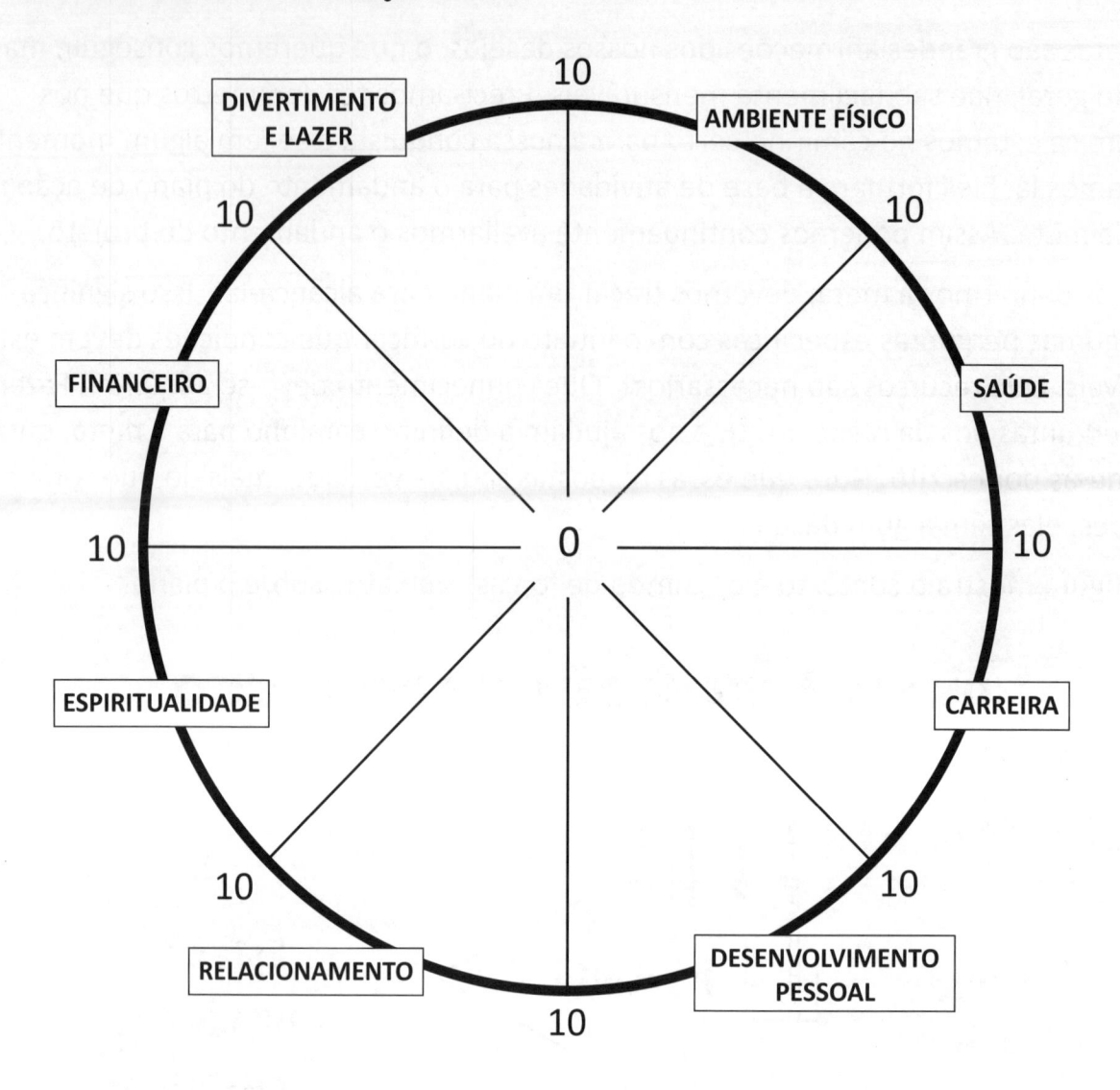

[Roda da vida com 8 áreas, todas marcadas com 10 na borda e 0 no centro:]
- DIVERTIMENTO E LAZER — 10
- AMBIENTE FÍSICO — 10
- SAÚDE — 10
- CARREIRA — 10
- DESENVOLVIMENTO PESSOAL — 10
- RELACIONAMENTO — 10
- ESPIRITUALIDADE — 10
- FINANCEIRO — 10

16.2 O modelo geral para metas

1. A meta a ser alcançada deve ser **ESPECÍFICA**.

Você precisa especificar exatamente o que quer no tempo presente, em uma linguagem que use imagens, sons e sensações para ativar padrões neurológicos que gerem novos resultados.

A sua meta precisa ser iniciada por você e depender de você.

- O que você quer? Em que contextos? Onde? Quando? Com quem?
- O que, especificamente, você vai ver? Sentir? Ouvir? Fazer?

2. A meta a ser alcançada deve ser **SISTÊMICA**.

Você deve considerar o efeito que a realização da sua meta terá em nível sistêmico, isto é, como vai combinar com as suas outras metas, como vai afetar outras áreas de sua vida, a sua família, o seu ambiente de trabalho etc.

- Como a realização da meta vai afetar a sua vida?
- O que você vai ganhar? O que você terá de deixar? (perder, desistir)
- Ela é congruente com seus valores?

    3. A meta a ser alcançada deve ser **POSITIVA**.

A sua meta precisa ser elaborada em termos positivos. Uma meta negativa, do tipo "eu não quero comer demais", cria um ensaio mental desse comportamento. Também se inclui nessa categoria: "eu quero parar de...", "eu quero viver sem..."

- A minha meta gera imagens daquilo que eu quero ao invés daquilo que não quero?

    4. A meta a ser alcançada deve ter **EVIDÊNCIAS**.

Você precisa ter uma evidência de que conseguiu a sua meta e precisa ter "feedback" durante o processo para se autocorrigir.

- Como vou saber que estou conseguindo me aproximar da minha meta?
- Que evidências vou usar?

    5. A meta a ser alcançada deve ter **RECURSOS**.

Você precisa identificar que recursos já tem e que recursos precisa para levá-lo do estado atual para o estado desejado.

- Que capacidades e recursos eu já tenho para me ajudar a conseguir a minha meta?
- Que outros mais eu preciso?

    6. A meta a ser alcançada deve ter **TAMANHO** adequado.

A sua meta precisa ser trabalhada com um enfoque de tamanho adequado. A meta grande demais precisa ser dividida em áreas a serem trabalhadas separadamente.

- O que me impede de alcançar o objetivo?
- Que efeito positivo a realização desta meta vai gerar na minha vida?

    7. A meta a ser alcançada deve ter **ALTERNATIVAS**.

A sua meta precisa ter opções no plano de ação. Uma opção é limitada; duas criam um dilema e três permitem a escolha.

- Qual é o seu plano de ação?
- Como você vai lidar com dificuldades ou desafios?

17. O modelo TOTS
Um modelo de comportamento eficiente

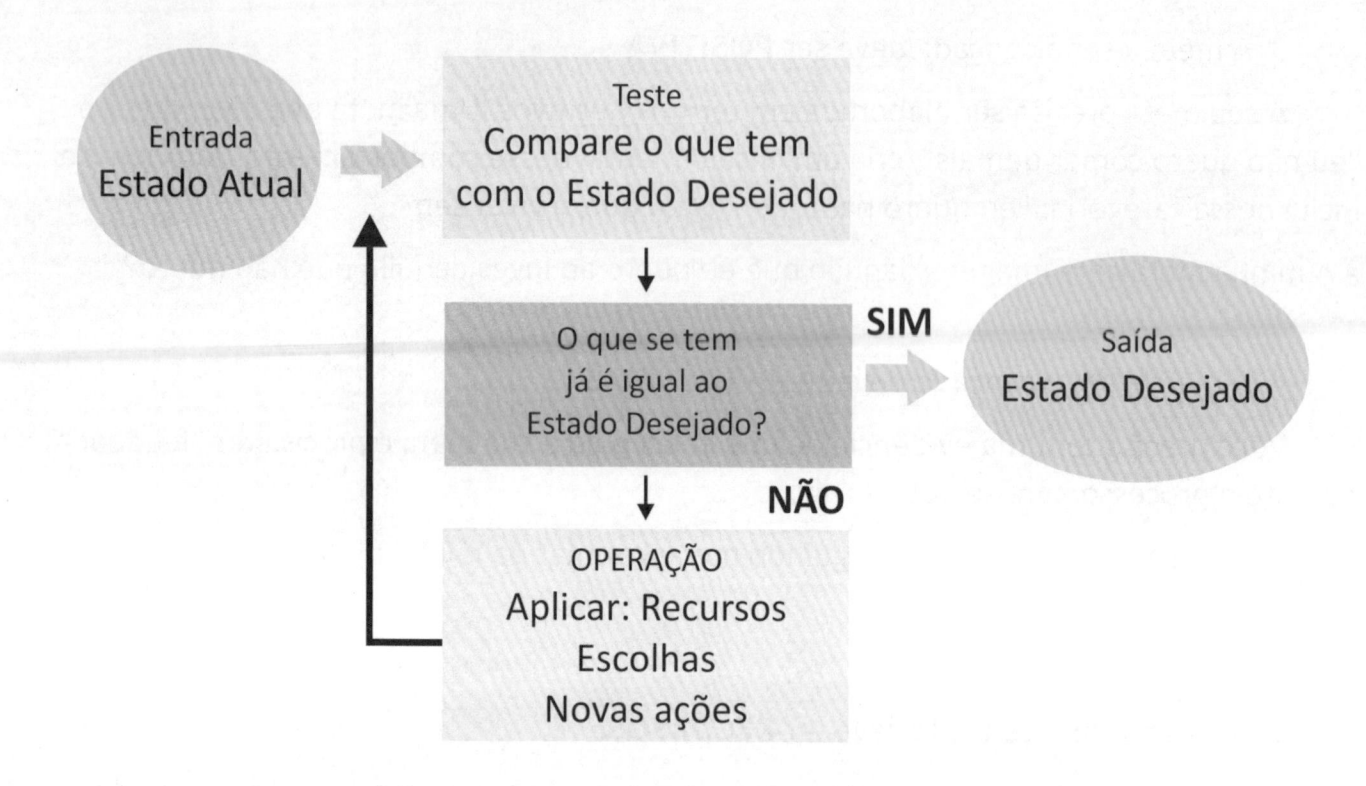

```
Entrada            Teste
Estado Atual  →    Compare o que tem
                   com o Estado Desejado
                            ↓
                   O que se tem        SIM      Saída
                   já é igual ao       →        Estado Desejado
                   Estado Desejado?
                            ↓ NÃO
                   OPERAÇÃO
                   Aplicar: Recursos
                            Escolhas
                            Novas ações
```
(loop da Operação de volta à Entrada)

O **TOTS** significa **T**este-**O**peração-**T**este-**S**aída. Ele define o ciclo de feedback pelo qual podem passar nossas ações em busca de um objetivo. Pelo modelo TOTS testamos, continuamente, o estado atual fazendo comparações com as evidências destacadas ou algum critério, com o intuito de nos certificarmos se já atingimos o objetivo desejado. Dependendo do resultado do teste, ajustamos as operações necessárias para continuarmos no caminho correto ou sairmos do sistema se já tiver sido alcançado o objetivo. O ajuste das operações se dá com a variação do nosso comportamento de alguma maneira. E assim vamos testando e operando, testando e operando, repetidamente, até conseguirmos o que queremos.

Portanto, em termos de TOTS, um comportamento eficaz é organizado pela capacidade de estabelecer:

• Um objetivo claro, específico e fixo no futuro.

• As evidências sensoriais necessárias para "balizar" o progresso em direção a esse objetivo.

• Um conjunto variável de meios e recursos e a flexibilidade comportamental para as escolhas necessárias à conquista do objetivo.

17.1 Exercício: Praticando com o modelo TOTS

1- Pense numa meta a ser alcançada.

2- Quais serão as evidências que mostrarão que se está no caminho certo para alcançar a meta?

2.1- O que verá durante o caminho para a meta?

2.2- O que escutará ou falará?

2.3- Quais serão suas ações físicas até alcançar a meta?

2.4- O que sentirá fisicamente durante o processo até a meta?

3- Quais as capacidades e os recursos que já possui para ajudá-lo a alcançar a meta?

4- O que será feito se estiver se desviando do caminho da meta?

PNL - TÉCNICAS BÁSICAS

18. Âncoras – criando estados de excelência
18.1 Acessando estados poderosos

Ancorar refere-se ao processo de associar reações internas com algum gatilho externo ou interno porque assim, prontamente, podemos acessar essa reação de novo. A ancoragem é um processo que na superfície é similar à técnica do "condicionamento" usada por Pavlov para criar uma ligação entre escutar uma campainha e a salivação nos cachorros. Ao associar o som da campainha com o ato de dar comida para seus cachorros, Pavlov descobriu que, eventualmente, podia só tocar a campainha que os cachorros começavam a salivar, mesmo que não lhes fosse dada nenhuma comida.

Era um modo de provocar estados internos nos animais, no momento que quisesse. Assim, nós também podemos acessar estados de alto desempenho apenas com a nossa vontade e usá-los para nos tornarmos mais capazes no presente.

Então, âncoras são estímulos que nos permitem acessar esses estados internos. Uma música que nos remete a algum lugar no passado, um perfume que nos faz lembrar de alguém, um lugar que nos traz a lembrança de bons ou maus momentos. No nosso entorno existe um número imenso de coisas que nos estimulam e nos trazem emoções. Se a emoção for forte o suficiente, então fazemos inconscientemente a associação do estímulo com o estado interno. Podemos recuperar estados de excelência que tivemos no passado, coragem, autoconfiança, tranquilidade, energia e usá-los hoje para obter resultados desejados.

Esse processo acontece a todo instante, inconscientemente. É um processo neurológico incrível que torna permanente qualquer experiência, que tenha uma forte carga emocional, e nos permite acessá-la a qualquer momento se soubermos usar o gatilho adequado. Quando sentimos o cheiro de um perfume ou ouvimos uma música e instantaneamente nos lembramos de uma experiência de nossa infância, isso significa que estamos "ancorados" naquele cheiro ou som.

A ancoragem pode ser usada na terapia, isoladamente ou combinada com outras técnicas, para recuperar ou até mesmo criar estados de recursos como motivação, criatividade, autoconfiança, determinação, disciplina e eliminação de alergias, fobias e traumas.

Estabelecendo uma âncora - Condições de boa formulação para ancoragem

A seguir veremos algumas condições de boa formulação para que uma âncora se estabeleça e torne-se efetiva.

> 1. Intensidade e "clareza" da reação.
> 2. Singularidade do estímulo usado como "âncora".
> 3. Timing do par estímulo e reação.
> 4. Contexto envolvendo a experiência da ancoragem.

18.2 Exercício: Acessando estados poderosos

Após a demonstração, os participantes trabalham dois a dois. Um guia e um explorador.

Tome uma posição confortável. Expire e deixe o ar entrar normalmente.

Relaxe possíveis tensões.

Escolha um estado interno de recursos em que deseja estar futuramente.

Relembre uma experiência vivida por você em que estava num forte estado de _____.

Certifique-se de estar plenamente associado, ou seja, você não está se vendo na cena, você está na cena e participa dela.

Traga as sensações daquele momento para o agora.

Ouça, veja e sinta o que ouviu, viu e sentiu lá.

Intensifique essas sensações.

Sinta como você está bem e sentindo-se plenamente no estado de _____.

Ancore no auge das sensações internas.

Apertando um dos pulsos ou fechando umas das mãos com energia.

Quebre o estado pensando em outra coisa e fazendo algum outro movimento corporal e depois teste a âncora.

18.3 Exercício: O círculo de excelência

• Colocar os recursos necessários dentro de um círculo imaginário (ou outra figura de sua preferência).

• Entrar na figura e vivenciar a utilização dos recursos.

• O instrutor faz uma demonstração prática com um voluntário.

• Após a demonstração, os participantes fazem a prática em duplas. Um guia e um explorador.

Obs.: Chama-se círculo de excelência, mas você pode imaginar a figura que mais gosta: triângulo, quadrado, hexágono, estrela, figura irregular etc.

1- Fique de pé, numa posição confortável, coluna ereta, alinhada.

2- Imagine, à sua frente, no chão, a figura desejada.

3- Pinte-a da cor que preferir.

4- Vá colocando ali, mentalmente, os recursos que imagina serem necessários e apropriados para aquilo que a âncora se propõe: coragem, autoconfiança, autoestima elevada, disciplina, tranquilidade, aceitação, tolerância, acolhimento, paciência, proatividade etc.

5- Escolha uns dois ou três que considere os mais importantes.

6- Defina quais serão as âncoras de cada sistema (V, A, C) que serão usadas no momento da ancoragem, pois vamos "disparar" as três simultaneamente no auge da vivência. Para a âncora visual pode ser uma imagem que você goste: o rosto de alguém querido, uma flor, uma paisagem etc. Para a âncora auditiva pense num som bom para você, adequado para ser reproduzido ou imaginado nos momentos em que for usar a âncora futuramente: pode ser uma palavra (yeeeesss!!! ou siiiimmm!!!, ou o nome de alguém querido, ou o seu próprio nome etc) e para a âncora cinestésica escolha um gesto discreto que também possa ser reproduzido quando for usar a âncora futuramente: aperte uma mão na outra, feche o punho fortemente, junte os três dedos (polegar, indicador e médio), cruze os braços segurando os cotovelos de modo peculiar etc.

7- Agora dê um passo à frente e entre na figura imaginada no chão à sua frente.

8- Uma vez aí dentro, reviva alguma experiência da sua vida em que usou aqueles recursos escolhidos no item 5 acima. Pode ser uma para cada recurso ou todos.

9- Reviva essas experiências em toda a sua plenitude: VENDO, OUVINDO E SENTINDO o que viu, ouviu e sentiu na ocasião da experiência verdadeira. Note que essas experiências devem ter dado certo para você, ou seja, você usou os recursos e OBTEVE BONS RESULTADOS!

10- Deixe vir para o corpo tudo de bom no uso dos recursos escolhidos.

11- No auge das sensações dispare suas três âncoras SIMULTANEAMENTE e curta um pouco. A âncora auditiva, por se tratar de uma palavra apenas, vai demorar menos, enquanto você está visualizando a imagem e sentindo a âncora cinestésica. Pode então repetir uma ou duas vezes o som.

12- Se quiser faça uma ponte ao futuro imaginando-se usando sua âncora de excelência.

19. Gerador de novos comportamentos

19.1 Exercício: Gerando um novo comportamento

1- Escolha um comportamento específico que você deseja ter numa situação em que nunca esteve antes.

2- Lembre-se de alguém, real ou na ficção, para ser um modelo para você, desse comportamento desejado. Esse personagem exibe o comportamento desejado de modo elegante e seguro.

3- Faça um filme, no qual você é o diretor. Veja as imagens e ouça os sons associados ao seu personagem escolhido demonstrando o comportamento desejado. Perceba se atende ao seu desejo ou mude o que for necessário, até mesmo o modelo.

4- Agora substitua o modelo por você mesmo, sua imagem e voz. Verifique a ecologia. Note se há alguma circunstância em que esse comportamento não é adequado. Verifique como o comportamento afetará você e as pessoas do seu entorno. Se não estiver satisfeito modifique o filme até chegar ao modo como você quer que as coisas aconteçam.

5- Agora, associe-se à sua imagem no filme e sinta como é ter aquele comportamento. Veja, ouça e sinta tudo o que está acontecendo no filme com você tendo o novo comportamento. O que você está dizendo para si mesmo lá? Como está esse "futuro" criado por você? Como você olha para o passado, a partir dessa perspectiva lá do "futuro desenhado"? Como o novo comportamento está fazendo você se sentir lá no futuro?

6- Pergunte-se, então, quando será o momento ideal para demonstrar esse novo comportamento, num futuro próximo? Tudo o que você "viu, ouviu e sentiu", lá no futuro, será adequado e está congruente com o que você quer?

7- Quando tudo estiver de acordo com os seus desejos retorne ao item 5 (imaginando-se numa nova situação onde possa demonstrar o novo comportamento) e cumpra as etapas dos itens 5, 6 e 7 até que você tenha certeza de que o novo comportamento é perfeitamente adequado ao seu contexto e pode ser acessado com segurança, sempre que você quiser.

20. Mudança de história pessoal

20.1 Exercício: Mudando a história

Esta é uma técnica bastante útil quando sensações ou comportamentos inadequados são repetidos: "Por que repito sempre isso...?"

1- Em metaposição identificar uma atitude, um comportamento ou sensação que se deseja mudar. Estabelecer uma "linha do tempo", no chão, identificando as posições de passado, presente e futuro.

2- Dar um passo à frente e reviver essa sensação ou comportamento indesejável. Criar uma âncora **(âncora A)** para esse estado. Testar a âncora.

3- Mantendo a **âncora A** voltar na linha do tempo, guiado pela sensação ancorada, identificar algum outro momento em que sentiu aquela sensação e depois a primeira vez em que sentiu a mesma sensação.

4- Em metaposição identificar os recursos que, se estivessem presentes na primeira situação, ela não teria sido desconfortável. Lembrar de uma ocasião em que teve esses recursos disponíveis, usou-os e obteve sucesso.

5- Vivenciar esse momento identificado no item anterior, vendo, ouvindo e sentindo o uso dos recursos necessários para passar pela situação desconfortável de modo melhor. Criar âncora B. Pode fazer uma pilha de âncoras. Teste as âncoras.

6- Disparar as âncoras A e B, manter até que a integração aconteça e soltar a âncora A.

7- Mantendo a âncora B, voltar do passado até o presente "varrendo da linha do tempo a sensação indesejável". De agora em diante, referir-se à sensação com o verbo no passado.

8- Ponte ao futuro.

21. A técnica SWISH

Insumos necessários para realização da técnica:

Imagem gatilho ou também chamada imagem pista: Esta imagem é o disparador do comportamento. É a última imagem projetada pelo sujeito que torna inevitável a ação. Esta imagem deve ser grande e associada, ou seja, o sujeito participa da cena, não o vê nela.

Autoimagem desejada: Esta é a imagem do objetivo a ser alcançado. A imagem desejada deve ser dissociada, ou seja, o sujeito enxerga a sai mesmo em sua imagem. Essa imagem engloba todas as qualidades do sujeito, será construída com o máximo de opções positivas possíveis. É importante também que essa imagem seja descontextualizada para que o resultado não fique vinculado a nenhum contexto específico.

É importante ter essas duas imagens bem definidas e desvinculadas de qualquer contexto. Recomenda-se ainda durante a técnica os olhos permanecerem fechados.

21.1 Exercício: O Swish

1- Crie a imagem pista com ênfase no tamanho e no brilho. Ela deve ocupar toda a área de sua visão e ser colorida e brilhante. Coloque agora, no centro deste quadrado, bem pequena e sem cor a imagem desejada. Ela precisa ser sem qualquer brilho e quase imperceptível.

2- Nesta etapa faça o Swish. Faça a imagem desejada crescer e ganhar brilho, cobrindo totalmente a imagem pista. A imagem que começara sem cor e pequena cresce e ganha brilho à medida que a imagem pista diminui e perde a cor. Abra os olhos rapidamente, feche e monte novamente o quadrado com a imagem pista grande e brilhante; coloque a imagem desejada no centro, pequena e fosca e faça novamente Swish. Repita esta operação seis vezes cada vez mais rápido, abrindo e fechando os olhos ao final de cada passagem.

3- Fase de teste. Tente enxergar a imagem pista. Se tudo correu bem, ela ficará instável, alterando o brilho e o tamanho.

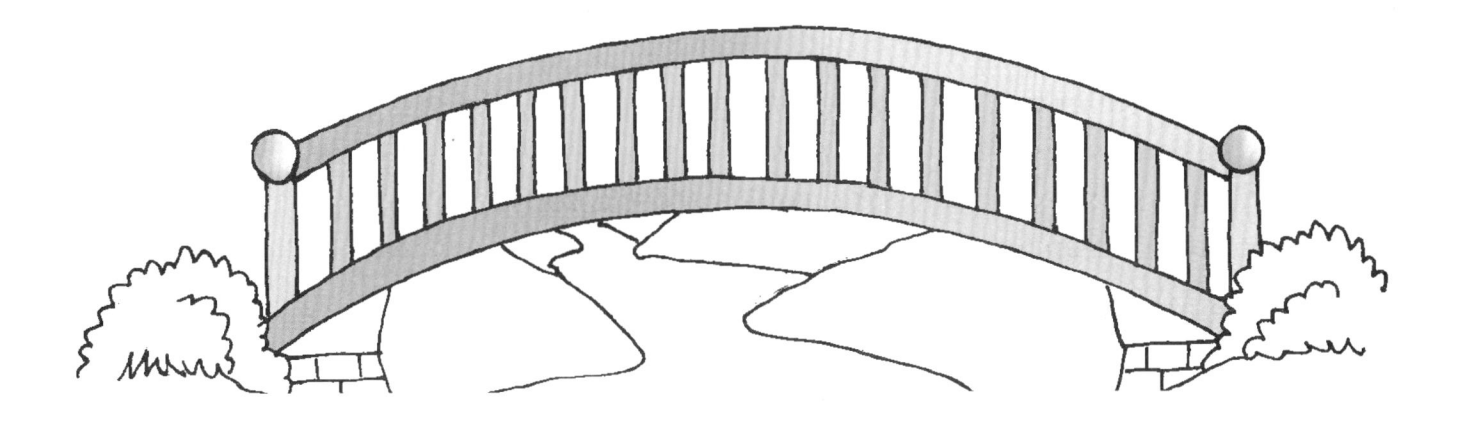

22. A ponte ao futuro

22.1 Exercício: Criando o futuro desejado

Agora estamos prontos para uma visualização mais criativa. Temos algo em mente. Um futuro com realizações de sonhos, vontades, desejos e esperanças. Podemos fazer um exercício de criar esse futuro desejado na nossa mente, com todas as características que quisermos estabelecer como resultados.

a) Estabeleça no solo uma linha imaginária com o sentido passado – futuro.

b) Ponha-se de frente para o futuro.

c) Olhando para o futuro, olhos abertos ou fechados, veja seus objetivos e metas sendo plenamente alcançados.

d) Crie as imagens com todos os detalhes que quiser. Altere à sua vontade os "botões de comando" para mudar cores, brilho, tamanho etc.

e) Regule também os detalhes dos sons que você possa estar ouvindo.

f) Traga para o seu corpo no "agora" as sensações que sentirá lá no futuro.

g) Você está vendo, sentindo e ouvindo o que verá, sentirá e ouvirá no futuro quando suas metas e objetivos estiverem plenamente realizados.

h) Curta essa autoimagem ideal. Olhe para o passado e perceba tudo o que teve de fazer para chegar nesse futuro desejado. Aí estará o seu "plano" para, a partir de hoje, se-guir adiante em busca dos seus sonhos.

23. Harmonização de partes em conflito

Diversas correntes da psicologia trabalham com a noção de partes internas do indivíduo. A psicanálise, por exemplo, trabalha com "ID", "ego" e "superego"; já a análise transacional estuda as situações de "pai", "adulto" e "criança"; a Gestalt trabalha com "dominador" e "dominado" etc.

Isso não quer dizer que a pessoa seja dividida em "partes". Esses modelos significam simplesmente "instâncias" da mente humana, ou seja, uma forma de estudarmos os conflitos internos que deixam dúvidas quanto a ações e decisões a tomar diante de uma situação do cotidiano ou da vida como um todo.

Em Programação Neurolinguística também se trabalha com a noção de "partes" sem, contudo, dar nomes a essas partes. São tratadas simplesmente como "partes".

23.1 Exercício: Integração de partes em conflito

1- Identifique o conflito existente entre as partes. Por exemplo, a pessoa quer ir a uma festa e, ao mesmo tempo, quer ficar em casa. Isso demonstra haver um conflito entre partes.

2- Coloque "as partes", uma em cada mão, fazendo, se possível, uma imagem visual delas.

3- Pergunte a cada parte qual é sua intenção positiva em relação à questão que está sendo trabalhada. Fazemos assim a separação da intenção e do comportamento demonstrado.

4- Analise as intenções individuais de modo que as partes entendam que o que elas têm, realmente, é uma intenção complementar em relação ao indivíduo. Podem-se fazer perguntas como: "qual é a intenção desse comportamento?", "que recursos cada parte tem que pode ser útil para a outra, no sentido dela ser mais eficaz?"

5- Pergunte a cada parte se elas concordam em fazer uma integração conjunta para solucionar, da melhor forma, a questão do indivíduo.

6- Em caso positivo trazer as mãos (com as partes) simultânea e vagarosamente para si, percebendo a transfor-mação de cada parte numa imagem central e integrada. Usar linguagem hipnótica.

7- A pessoa deve perceber que a integração ocorre no seu corpo do modo que lhe é mais apropriado. Pode-se dizer: "note a sensação física quando a integração acontece e permita que a sensação se espalhe pelo seu corpo até que você o sinta tomado por essa sensação."

24. Ressignificação

Ressignificação é um processo muito eficaz e dinâmico que pode ser usado com uma ampla variedade de negociações internas. Os mesmos princípios são também muito eficazes nas negociações e mediações entre pessoas e empresas. Primeiro, estabeleça acordo quanto a intenção positiva ou metas. Depois, e só depois, explore as possíveis alternativas ou soluções em conjunto.

Agora que você está sintonizado com suas vozes interiores e os tipos de coisas que diz para si mesmo, vai achar mais fácil ouvir os padrões de discurso que se interpõem à sua eficácia pessoal.

24.1 Exercício: Ressignificação em seis etapas

1- **Voz crítica.** Pense em uma situação em que sua voz interior o criticou. Coloque-se novamente nesta situação e ouça atentamente os sons emitidos pela voz, o tom, ritmo e tempo em que ela pronuncia as palavras.

2- **Intenção positiva.** Pergunte a essa voz, "qual a sua intenção positiva?" ou "o que quer para mim criticando-me assim?" e depois ouça o que a voz diz. Continue perguntando até concordar totalmente com a intenção positiva que ouvir.

3- **Reconheça e agradeça.** Reconheça a intenção positiva, concorde com ela e agradeça à voz por isso.

4- **Peça à voz que se junte a você na busca de alternativas.**
Pergunte: "se houver outras maneiras de realizar esta intenção positiva, que sejam tão boas ou melhores do que aquilo que você está fazendo; estaria interessado em tentá-las?" Espere um "sim" redondo como resposta.

5- **Parte criativa.** Peça a uma parte criativa de si mesmo, ou uma parte que planeja ajudá-lo, que gere muitos comportamentos possíveis. A voz escolherá os três melhores, os que ela gostar e acreditar que irão funcionar tão bem ou melhor do que o atual.

6- **Planejamento futuro.** Imagine colocar em prática ativamente, um de cada vez na situação adequada, para descobrir como funcionam. Se algum não funcionar como esperado, volte à etapa 5 para gerar mais opções. Quando você tiver três novas opções que ambos gostarem, pergunte à voz se estará disposto a usar de verdade uma ou mais dessas possibilidades nas situações apropriadas.

OBS.: Quando estiver fluente neste processo, você pode pas-sar rapidamente pelas etapas, desde que tenha o cuidado de preservar a função de cada uma delas.

Por exemplo, se uma voz tiver um bom conselho mas você não gostar de ouvi-lo, porque o tom é sarcástico e grosseiro, você pode dizer: "aprecio o que tem para me dizer, mas garanto que preferiria ouvi-lo se usasse um tom de voz mais suave e gentil, como a dos meus amigos. Está disposto a isso?"

Se uma voz nota todos os seus erros assim que eles ocorrem, você pode dizer: "você conhece muito bem os tipos de erro que costumo cometer nesta situação. Gostaria de atuar como um ponto amigo e me dizer com antecedência o que fazer para que eu possa ter sucesso com mais frequência?"

25. Como funciona tudo junto

A PNL pode funcionar como um modelo de terapia focal breve. Focaliza-se a questão trazida pela pessoa e aplica-se uma ou mais técnicas para resolução da questão.
O praticante de PNL ampliou o seu mapa de mundo ao estudar e dominar as técnicas de PNL para comunicação, rapport, aprendizagem, liderança, mudanças etc.

Para ajudar uma outra pessoa a fazer mudanças positivas em sua vida, o praticante de PNL pode trabalhar segundo o seguinte modelo, dentre muitos:

1- **Recursos:** colocar-se num estado positivo de recursos internos a partir de suas âncoras pré-estabelecidas.

2- **Rapport:** estabelecer um bom rapport com a pessoa que vai ser atendida.

3- **Meta:** especificar, segundo o modelo de boa formulação, a meta desejada pela pessoa.

4. **Mapa:** facilitar à pessoa o acesso a reflexões do estado atual que o permitam ampliar seu modelo de mundo. Isso o faz ver que as opções existem e o permite fazer escolhas de melhor qualidade.

5- **Técnicas:** aplicar as técnicas adequadas à necessidade atual da pessoa, conduzindo-a pelo processo com atenção e acolhimento.

6- **Mudança e ponte ao futuro:** testar se houve ou haverá mudança na próxima vez em que ela se encontrar diante da situação problemática do passado.

"Eu não posso mudar as outras pessoas, tudo o que eu posso fazer é mudar o modo como reajo às outras pessoas. No momento em que aprendo e aplico isso, torno a vida bem mais fácil."

PARTE 3

9

CAPÍTULO 9

Leituras interessantes em Coaching Educacional

PROFESSOR, TEACHER E COACH

PAULO GHIRALDELLI JR é filósofo, escritor e professor da UFRRJ

O professor professa. Talvez esse seja o grande problema técnico do campo de formação de professores no Brasil. Professar é fazer profissão de, é declarar. Eis aí o drama da língua portuguesa. Nossos mestres professam. Eles têm de professar – são professores. Ora, não se pode negar que a origem do professar tem a ver com os primeiros cristãos: os que professavam a fé em público, os que declaravam publicamente terem determinadas crenças. Essa situação tinha, sim, a ver com ensinar. Quem declarava sua fé em público, ou seja, dava o testemunho da fé, podia então ensinar aos outros o que era ser cristão. Declarar é uma forma de contar, de ensinar. Ensinar é declarar.

O interessante é que no mundo de língua inglesa, o professor é apenas o professor universitário, o que lida com adultos. Quem lida com crianças e jovens não é o professor e sim o teacher.

A palavra "teacher" vem do inglês arcaico tæcam, que diz respeito ao que pratica verbos como "to show" ou "to point out". A referência é, portanto, a verbos visuais próprios de quem lida com aqueles que se importam menos com declarações verbais e mais com exemplos, com o que é apontado com os dedos. Em certo sentido, "teacher" é o que indica.

No mundo de língua inglesa aquele que lida com criança não tem sua tarefa umbilicalmente ligada à religião no sentido de dar declaração ou dar testemunho. Não é o que declara. O teacher aponta. É mais fácil transformar o teacher em um profissional burguês que o professor. É fácil tomar como plausível, razoável, o que o teacher faz, já que é o ensino com crianças e jovens, e então age indicando e exemplificando. É menos razoável o que o professor faz, que é ensinar crianças falando, fazendo declarações.

Essas distinções de palavras no âmbito do inglês e do português estiveram ligadas à maneira como a teoria da educação se desenvolveu nos Estados Unidos e no Brasil. Enquanto os americanos sempre lidaram com o desenvolvimento de comportamentos, habilidades e know-how, nós brasileiros tentamos ensinar nossas crianças verbalmente, fazendo declarações sobre assuntos e cobrando delas que repetissem conosco o que declaramos. Nossos mestres sempre foram homens do sacrifício e da declaração. Os mestres americanos sempre foram burgueses que, mesmo religiosos, deveriam ser pagos e cujo trabalho era dar o exemplo, mudar comportamentos, desenvolver habilidades e apontar caminhos.

Não à toa, portanto, quando chegaram influências americanas entre nós, em várias ondas, sempre houve algo comum nelas, exatamente o que era difícil de nós absorvermos: a ideia de que educação é um processo que tem êxito se há uma mudança de comportamento, e não uma mudança apenas retórica que pode permitir que se diga alguma coisa e se mantenha os comportamentos intactos.

Os "Pioneiros da Educação Nova" levantaram esse problema técnico na formação de nossos mestres, nos anos 20 e 30. Eles atacaram a "educação beletrista". Falava-se muito solenemente e, depois, cobrava-se discursos. Não se avaliava mudança de comportamento – essa era a prática de sala de aula que os "pioneiros" criticaram. Herdeiro dos "pioneiros" e, por meio de Anísio Teixeira, herdeiros dos grandes educadores americanos, especialmente John Dewey, Paulo Freire criou uma figura de disputa para exemplificar o que ele queria e o que a educação "tradicional" fazia: a ideia da pedagogia transformadora (ou libertadora) versus a "pedagogia bancária". Esta última falava sobre conteúdos, depositava-os no aluno por meio da declaração para, então, nos exames de avaliação, sacar o discurso de volta. A primeira deveria transformar atitudes, mudar comportamentos, desenvolver habilidades e aptidões no sentido de uma mudança da prática social, em especial a prática social política, isto é, a ação em relação aos mecanismos de poder. Paulo Freire foi uma espécie de John Dewey do Terceiro Mundo.

É claro que faz parte dos comportamentos, sem dúvida, a linguagem. Quando falamos de modo diferente, tendemos a agir de modo diferente. Linguagem é comunicação, interação e, portanto, estabelece compromissos. Mas, no caso da declaração, do professar, a ideia é diferente. Especialmente no campo da educação, professar ou declarar é falar algo solene, muito importante, um tipo de oração que não pode ser mudada. A declaração como testemunho é um ato individual, cuja ideia de interação não é um componente forte. Quem apreende a declaração, para mostrar que a apreendeu, deve devolvê-la, de preferência intacta. Quem aprendeu ou apreendeu prova que aprendeu devolvendo a declaração. No "dia da prova", entrega de volta o que foi declarado.

Agora, quando tratamos do uso da linguagem sem vínculos mesquinhos com o professar, o declarar, e sim com a ideia de indicar, de exemplificar e, enfim, de mudar comportamentos indicando, mostrando e exemplificando, aí sim há o que é feito pelo teacher, não pelo professor. Então, no dia da avaliação, como estudante, não dou testemunho, não provo, apenas tenho minha performance – a realização do que tenho de realizar, pois tenho um comportamento novo que me orgu-lho de mostrar.

Os americanos levaram uma grande vantagem sobre nós e sobre vários europeus por causa disso. Eles inventaram algo que era mais que o "toknow", eles inventaram o "know-how". Deter o "know-how" é algo que mostramos se explicitamos comportamentos diferenciados, ou seja, práticas específicas que demonstram nossa nova habilidade, a habilidade desenvolvida na escola, aquilo que, antes do processo de ensino-aprendizagem, não tínhamos. Não saber, para nós, é não saber. Não saber, para os americanos, é não saber fazer. Isso dá uma enorme diferença e que tem a ver com a diferença entre professar e mostrar.

Tudo isso que acabei de falar parece banal. Mas há de se tirar isso da banalidade. Essa prática do ensino que, enfim, está incrustada nas palavras "professor" e "teacher" e que, nisso, mostra-se diferente, é algo que divide culturas. Os americanos criaram uma cultura nova. Nós brasileiros ficamos com a cultura velha. Eles levaram adiante algo de uma Europa bárbara preenchida por invasões árabes, nós nos aferramos à prática antiga, a dos romanos. Europa que emergiu de romanos, bárbaros e árabes deu a nova engenharia. Os antigos romanos deram as leis. Os povos novos da Europa foram os que desenvolveram a ideia da experimentação, os romanos sempre foram os cultivadores da retórica. A cultura do privilégio da confecção das disputas da retórica, posta por quem declara, professa, e a cultura do privilégio da mudança de comportamento, posta por quem mostra, aponta, é o que está na raiz de situações que trazem enormes dificuldades para nós, falantes do português, herdeiros de uma cultura da "educação bancária".

Está na hora de sabermos nos comunicar, usar a linguagem sem a terrível dissociação com a transformação de nossos comportamentos. Caso possamos ter teachers e não professores no ensino fundamental, vamos fazer alguma diferença.

Todavia, tudo isso precisa ser tomado com extremo cuidado. No passado, jogamos fora um bom ensino médio, no qual tínhamos as ciências, as humanidades e as artes de modo correto, por meio de um discurso que, ao falar que éramos "beletristas", deu-nos em troca não a apreensão do know-how e, sim, a profissionalização rasteira, para não dizer imbecil.

Há, até hoje, quem faça confusão entre a proposta americana que implica em se ter o teacher e não o professor e a mera profissionalização rasteira. A escola americana do teacher, a escola básica, é voltada para a prática no sentido filosófico desse termo. Prática tem a ver com comportamento, com o feito, e tem conotação ético-moral. Assim é na filosofia. Prática em um sentido menor, menos filosófico, é qualquer coisa oposta ao teórico. Neste caso, é o mero fazer. O teacher é o que dá a atenção à prática no primeiro sentido, pois a escola básica americana é, antes de tudo, uma escola de civismo, de apreensão de direitos civis, de culto à democracia.

No passado, quando se atacou o "beletrismo", assim foi feito por acharmos que estávamos privilegiando demais a retórica vazia – essa foi a crítica vinda dos "pioneiros". Todavia, quando reali-zamos nossos projetos de profissionalização e, pior ainda, quando, por meio da 5.692/71, destruímos a estrutura legal de nossos ensinos fundamental e médio, fizemo-no como coisa da ditadura militar que, enfim, aproveitou-se de modo enviesado da crítica dos "pioneiros" ao "beletrismo". A profissionalização rasteira foi o que ganhamos, como se isso fosse a realização, enfim, de uma escola livre do "beletrismo".

Ficamos livres, sim, foi da cultura clássica, dos fundamentos das ciências e da habilidade com as artes.

Hoje, vale a pena lembrar essas disputas de 1961, 1971 e 1978 – neste último caso, quando enfim o ensino médio totalmente profissionalizante, posto na lei em 1971, foi deixado de lado. Lembrar dessas disputas é saber que, se criticamos aqui, novamente, o fato de termos professor e não teacher, não é porque queremos que o nosso professor seja transformado em Coach. Menos ainda em personal training. Não queremos reeditar o erro do passado, de destruir nossa bela escola normal, nossos excelentes colégios, em nome de uma profissionalização que deu errado e que, se desse certo, seria pior ainda. O passado é o passado. Não temos como voltar. O que devemos fazer, agora, é entender e colocar a crítica ao "beletrismo" em outro patamar. Pois somos ainda "beletristas", ainda que, atualmente, sem as "belas letras".

COACHING NA EDUCAÇÃO REALIDADE OU UTOPIA?

NEUZA SANTOS é CEO e Diretora da empresa Universo da Mente

"Todo o mundo é um laboratório para a mente inquiridora."
(Martin H. Fischer)

Como Coach que sou, sempre defendi a ideia de que o Coaching, enquanto metodologia e processo, tem um lugar e um papel preponderante, tanto no ensino como na aprendizagem.

Sendo a educação um meio para ensejar e facilitar a mudança de comportamentos dos indivíduos, o Coaching funcionará muito bem na facilitação do ensino e da aprendizagem, como fator chave para a aquisição de habilidades, capacidades específicas e necessárias para a descoberta e para o desenvolvimento do ser humano.

Quando observamos os alunos e percebemos seu desinteresse pelos estudos, é inevitável que se pergunte se o assunto estudado não lhes interessa ou falta-lhes motivação para que possam se empenhar nos estudos. Por outro lado, observando pela ótica dos professores, perguntamos a eles o que pensam do desinteresse de seus alunos e do seu próprio, que podem estar motivados por inúmeros fatores. E, quando se consegue enxergar todo o panorama da desmotivação, há que se tomar providências.

Partindo do pressuposto de que um dos objetivos da educação é processar a modificação de comportamentos, um aspecto importante e fundamental é, através dela, adquirir novos recursos, despertar novos talentos, trabalhar na arquitetura de soluções diferenciadas, investir no desenvolvimento das potencialidades daqueles que ensinam e também dos que aprendem, orientar a utilização de pensamentos e mapas cognitivos abrangentes. Da mesma forma, também é necessário trabalhar na expansão do conhecimento da estrutura do pensamento, da linguagem e da experiência, auxiliar na quebra dos velhos paradigmas, ensinar a pensar "fora da caixa" e ir em busca de soluções inovadoras, instigar a criar uma nova forma de comunicar, rompendo os limites da aprendizagem.

O Coaching pode e deve ser um facilitador da modificação e consciência dos professores, para que ampliem sua visão, reaproximando-os dos seus ideais, forjados à época da sua formação e que os motivaram a lecionar. Com isso, poderão testemunhar um impacto positivo de seu trabalho na reorientação de seus educandos e perceberão que seu esforço e dedicação estarão intimamente ligados e atrelados ao futuro de seus alunos.

Esse novo modus operandi propiciará o aumento da cooperação entre professores e alunos, contribuindo para o sucesso de todo o sistema educacional, algo, de fato, primordial para o desenvolvimento de uma grande nação.

Sou partidária de uma pedagogia mais prospectiva e, consequentemente mais moderna, que estimule o poder da visão crítica e que esteja empenhada em disponibilizar novos mapas de mundo. A bússola, que permitirá navegar nesse novo mundo, tão complexo e cheio de novidades, será desenvolver a pedagogia da pergunta mais do que a pedagogia da resposta e que esteja voltada não apenas para a absorção de conhecimento. Mais importante é ensinar a pensar, refletir, saber comunicar-se, pesquisar, desenvolver o raciocínio lógico, promover sínteses, elaborar teorias, enfim, aprender a ser um pensador independente e autônomo.

O Coaching então, é a ferramenta perfeita e adequada para a cultura da inovação,e faz com que pessoas aprendam a descobrir e a identificar novas áreas e formas associadas de pensar, sentir, agir e interagir e, assim, ampliar-lhes a consciência em relação a todo o processo educacional, saindo do papel de "vítimas" para serem agentes de sua própria mudança e transformação.

Sendo o Coaching desenhado para a mudança, em qualquer nível e, sendo também um processo que conduz à introspecção e autopercepção, comporta, em seu bojo, um enorme potencial que pode implementar sobremaneira um diferencial para atender às demandas do cenário educacional. Coaching tem tudo a ver com Educação, Ensino e Aprendizagem.

Para que o Coaching, na educação, deixe de ser uma utopia e passe a ser realidade, deixo agora uma pergunta para reflexão: "Quando nossas escolas e professores se sensibilizarão no sentido de experimentar a aplicação do Coaching para gerar novas possibilidades e novas respostas, com o propósito de criar um futuro diferente do que temos hoje?"

COACHING PODE SER ÚTIL PARA OS DOCENTES

Livro dirigido aos formadores ensina a utilizar os fundamentos do Coaching na educação - TIAGO RODRIGUES ALVES

Livro ensina a utilizar os fundamentos do Coaching na atividade docente. Segundo o autor, ao seguir esses métodos, o professor intuirá mais facilmente como cativar os alunos, beneficiando não só ambas as partes como até a sociedade.

Juan Fernando Bou Pérez no livro "Coaching para Docentes – motivar para o sucesso" transpõe para a sala de aula e para o ensino os conceitos associados ao Coaching. O livro tem como objetivo retirar o máximo rendimento do professor e ajudá-lo a assumir uma maior capacidade de liderança junto aos alunos.

O Coaching, na sala de aula ou fora dela, baseia-se em três conceitos-chave: a palavra ou linguagem – porque é assente no diálogo entre o formador (Coach) e o formando (Coachee) –, a aprendizagem – no sentido de aprender a aprender – e, por último, a mudança - porque, afirma o espanhol, é preciso imprimir mudanças nos nossos comportamentos, atitudes, destrezas, capacidades e competências e também nas dos outros para se chegar a uma solução.

Bou Pérez elenca no livro um conjunto de ferramentas internas e externas de recolha, tratamento e divulgação de informação, incluindo várias técnicas de comunicação para estabelecer uma relação de confiança e respeito entre professor e aluno. De seguida, estrutura um processo em diferentes fases para levar o Coaching para dentro da sala de aula.

O escritor defende que, de acordo com os pressupostos do Coaching, um professor ou formador precisa ter e saber aproveitar do melhor modo as seguintes competências: visão e sabedoria em termos de aptidões e, em relação às competências de personalidade, deve ser humilde, curioso, flexível, autoconfiante, paciente, consistente, coerente, convicto, proativo e ainda inteligente emocionalmente, conhecendo não só os seus sentimentos como também os dos outros, gerindo-os em benefício de ambos.

Essencialmente, o método de Bou Pérez assenta no conhecimento e na autoconfiança como instrumentos de superação de obstáculos, com uma comunicação eficaz para atingir as metas programadas.

Paulo Guinote, professor e autor do blog "A Educação do meu Umbigo", assina o prefácio da versão portuguesa da obra que ontem foi lançada e elogia a tese e os métodos de Bou Pérez. No texto, o professor advoga que "Coaching para Docentes" é "a apresentação de um conjunto de conceitos e técnicas com resultados demonstrados" e que "este tipo de abordagem deveria estar integrado nos planos curriculares de formação de professores, uma área com evidentes deficiências em Portugal".

José Zaib e Jacob Gribbler

O COACHING DOS PROFESSORES

Será que o meu professor é um Coach?

Quantos professores conseguem que os seus alunos atinjam o melhor do seu potencial?

"O filósofo Sócrates fazia os seus discípulos refletirem com perguntas inteligentes para que adquirissem conhecimento por si próprios acerca das mais diversas matérias, podendo assim chegar à verdade das coisas."

O Coaching na sala de aula

No ensino, em todos os níveis, o conhecimento dos modelos de aprendizagem são de uma importância vital. Os professores devem, por isso, analisar como aprendem os seus alunos, tendo em conta as diferenças individuais na aprendizagem.

Modelos de aprendizagem

1- Modelo comportamental - que incorpora com o comportamento observável, fatos inobser-váveis (expectativas, crenças, pensamentos etc.). Estamos constantemente sendo condicionados por estímulos do meio envolvente, aprendendo comportamentos, adquirindo novos conhecimentos e atitudes ou desaprendendo o que aprendemos. O conhecimento desse condicionamento é importante no ensino porque explica comportamentos desadaptados dos alunos perante certas situações, como fazer um exame, falar em frente à turma, defender um projeto etc.

– O professor, neste caso, deve modificar as reações desagradáveis para o aluno, ensinando-lhe outras respostas mais benéficas, como, por exemplo, fazer Programação Neurolinguística que reforce a sua autoconfiança.

A lei do efeito consiste em afirmar que, quando uma conexão entre um estímulo e uma resposta é recompensada (efeito positivo), a conexão aumenta e quando é penalizada (efeito negativo ou castigo) a conexão fica debilitada. Se as consequências do comportamento são agradáveis para o próprio indivíduo, provocando-lhe satisfação, esse comportamento sairá reforçado. Ao contrário, se as consequências lhe forem desagradáveis (penalização) irão implicar a diminuição do comportamento castigado.

– Na sala de aula, o professor deve estimular os comportamentos positivos para que estes aumentem, fazendo um reconhecimento ao aluno e, no caso de ser um reforço social na aula, o resto da turma absorva os benefícios de um comportamento adequado. Ele deve castigar os comportamentos negativos para que diminuam ou desapareçam, uma das formas mais eficazes é ignorá-los. Ninguém gosta de ser ignorado! E, se para chamar a atenção, o indivíduo precisa fazer disparates, então vai fazê-los. Porque nesse momento, mesmo sendo repreendido, alguém lhe deu atenção e quando faz as coisas corretas ninguém repara. **Ponto-chave:** o reconhecimento é uma ferramenta muito poderosa. Fazê-lo apenas para os comportamentos positivos ou com uma intensidade muito maior do que quando os comportamentos são negativos.

2- Modelo cognitivo - a cognição é o processo pelo qual adquirimos conhecimentos e aprendemos e envolve a percepção, a memória, a atenção, o raciocínio, a imaginação, o pensamento e a linguagem. Este processo também é influenciado pelo meio envolvente, pela motivação, idade etc.

E porque se encontram frequentemente alunos com a mesma idade, a mesma bagagem cultural, a mesma motivação e, no entanto, aprendem de forma tão diferente? Enquanto uns gostam de processos criativos, outros gostam de exercícios de matemática.

Dois alunos da mesma turma que assistem à mesma explicação irão aprender coisas diferentes e ter uma visão diferente da mesma exposição, em função das suas experiências, bagagem cultural, do estilo de aprendizagem.

O conhecimento por parte dos docentes, dos vários modelos de aprendizagem, permite que tenham ferramentas para ajudar os seus alunos a obter melhores resultados e a nunca classificá-los em categorias fechadas, mas entender que cada um tem um determinado estilo de aprendizagem.

Quando analisamos como a informação é gravada no nosso cérebro, podemos estabelecer uma distinção entre alunos visuais, auditivos e cinestésicos.

– Quando recordamos imagens abstratas (letras e números) ou concretas (fotografias), utilizamos o sistemas de representação visual;

– O sistema de representação auditivo permite-nos ouvir na nossa mente vozes, sons, músicas;

– Quando recordamos o sabor da nossa comida preferida ou o que sentimos ao ouvir uma poesia, estamos utilizando o sistema de representação cinestésico.

Também o professor na sala de aula deve usar vários métodos para promover a aprendizagem de todos os seus alunos. Apresentar e ler textos, usar meios de apresentação audiovisuais, fazer atividades grupais, propor a resolução de problemas, deixar que os alunos apresentem trabalhos criativos.

3- Aprendizagem por conceitos, regras e resolução de problemas – a aprendizagem por meio de conceitos significa que o aluno tem de elaborar representações mentais de um determinado objeto, situação, estímulos, fatos ou ocasiões semelhantes. Mas como essas representações são abs-tratas, para os alunos as compreenderem e poderem utilizá-las, o professor deverá explicar claramente o que é um conceito e dotá-lo de quatro propriedades básicas: nome, definição, atributos e exemplos práticos.

Os exemplos práticos induzem os alunos a descobrir por si próprios as generalizações de cada um dos conceitos.

Deste modo, o professor deve apresentar aos seus alunos problemas ou situações interessantes, fazendo-os refletir, procurar documentação, elaborar perguntas inteligentes e com o agrupamento de toda a informação, ser capaz de extrair as ideias-chave, as conclusões gerais e agrupar a informação por temas e categorias. A sensação "descobri!!!" é extremamente motivadora.

O professor deve também conduzir os alunos no sentido da globalização, da conceptualização das ideias, da criatividade, proporcionando-lhes materiais adequados para os estimular a procurarem a sua própria forma de aprendizagem.

Os princípios básicos do Coaching interpretam-se do seguinte modo:

– **A consciência** permite-nos chegar onde realmente desejamos. É promovida por meio da auto-observação, autorreflexão, autoconhecimento e torna os alunos mais seguros de si, mais confiantes.

Para que se possa aplicar eficazmente a disciplina do Coaching na docência, um professor deverá atingir previamente um grau considerável de autoconhecimento, autorreflexão e auto-aceitação. O Coaching leva-nos a analisar o presente e preparar o futuro. O trabalho do professor consiste em despertar o aluno para o que está acontecendo no momento para que este perceba como se comportar, para poder melhorar no futuro.

– **A autoconfiança** está relacionada com a autoestima, a valorização, a confiança em si próprio e projeta-se em atitudes, ações e pensamentos positivos. O aluno que acredita em si próprio também acreditará nos professores, nos colegas, nas instituições de ensino e na sociedade.

– **A responsabilidade** - o aluno deve aprender a responsabilizar-se pelas suas ações, ou seja, as tarefas, provas e solicitações que o professor lhe apresenta. E o fato do autor do trabalho ser o aluno, não iliba o professor de dar o melhor de si durante todo o processo de ensino.

PESQUISA NA REDE:
www.masternewmedia.com.br

Competências para o ensino: o que os educadores precisam saber para sobreviver no século XXI

Quais são as características que um professor precisa ter no século XXI? O que a educação profissional precisa para sintonizar e sincronizar as novas realidades emergentes em silêncio nas escolas e nos ambientes educacionais?

As profundas mudanças que estamos começando a testemunhar em todas as instituições educacionais estabelecidas têm quatro componentes principais:

1- A gestão dos alunos. O novo aluno transforma-se de ator ativo passivo em ativo; torna-se um líder consciente de sua jornada pessoal de aprendizagem ao longo da vida.

2- Acesso à informação, ferramentas e especialistas de modo mais aprofundado, como não era possível antes.

3- A capacidade de formar redes e equipes com outros estudantes que têm os mesmos interesses, independentemente de suas idades, situação ou experiência.

4- O aparecimento do profissional autônomo (professor) mentor/guia. Tanto dentro como fora das tradicionais instituições de ensino, uma nova geração de guias, treinadores, facilitadores e consultores está emergindo e criando novos ecossistemas sem aulas.

Esses novos "professores" pensam, agem e executam seus múltiplos papéis como guias, facilitadores e assessores de aprendizagem com espírito e atitude que são radicalmente diferentes do que é típico da clássica educação tradicional.

Andrew Churches desafia o status quo e traça um perfil detalhado de como será esta nova geração de professores.

Oito hábitos extremamente efetivos para os professores do século XXI
Por Andrew Churches

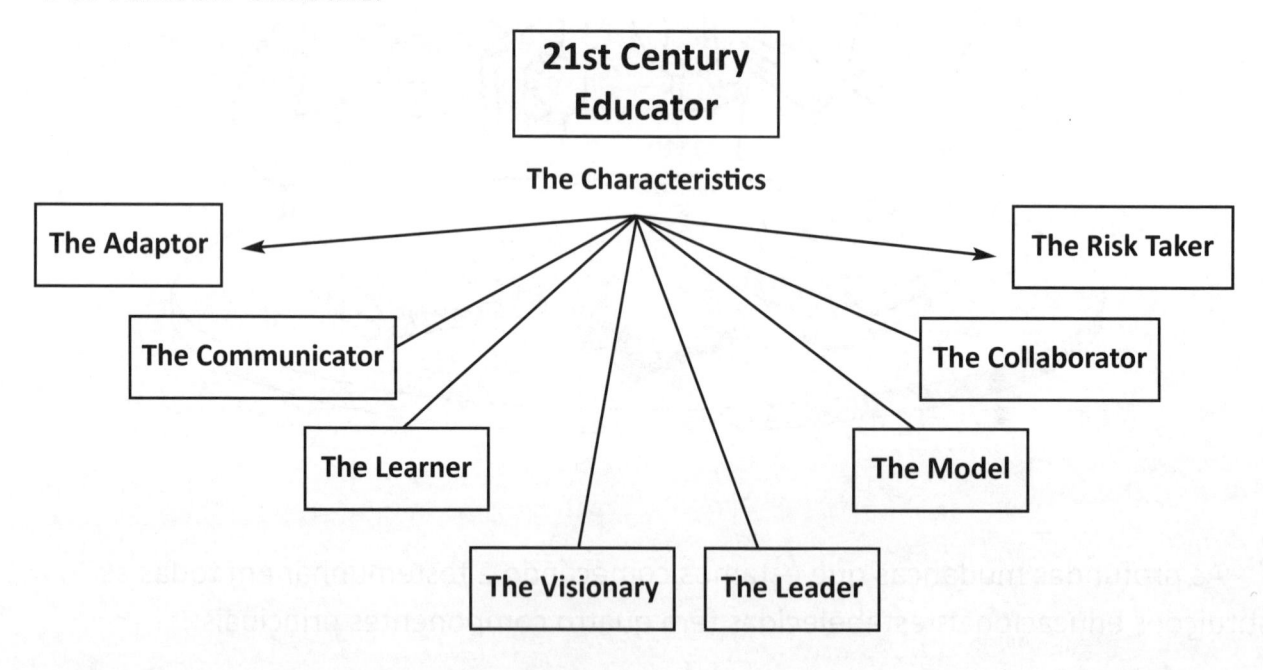

```
                    21st Century
                      Educator

                  The Characteristics

  The Adaptor  ←                           →  The Risk Taker

        The Communicator              The Collaborator

              The Learner          The Model

                   The Visionary  The Leader
```

Quais são as características que você esperaria ver em um educador de sucesso do século XXI?

Sabemos que os educadores do século XXI estão centrados no aluno em tempo integral e ensinam a aprender tanto quanto ensinam um assunto. Sabemos que deverão ser estudantes do século XXI também. Mas os professores mais eficazes nas salas de aula de hoje são mais do que isso – muito mais.

1- Adaptar-se

Consumidos como somos por um modelo de ensino centrado na avaliação, o educador do século XXI deve ser capaz de adaptar o currículo e os requisitos para ensinar um CV de forma imaginativa.

Os educadores devem ser capazes de adaptar softwares e hardwares projetados para as ferramentas de um modelo de negócio para ser usado por uma variedade de faixas etárias e habilidades.

Os educadores também devem ser capazes de se adaptarem a uma experiência de ensino dinâmico.

Quando tudo der errado em uma classe, quando a tecnologia falhar, o show deve continuar.

2- Ser visionário

A imaginação é um componente crucial para o educador de hoje e de amanhã.

Os educadores devem enxergar por meio das disciplinas e todo o currículo, mas devem ver o potencial de ferramentas e tecnologias emergentes na web, abordá-las e manipulá-las para atender suas necessidades.

Se você olhar para as novas tecnologias de hoje, poderá se perguntar: quantas foram desenvolvidas para a educação?

O professor visionário pode olhar para as ideias dos outros e ver como usá-las em sala de aula.

3- Colaborar

Blogger, Wikispaces, Bebo, MSN, MySpace, Second life, Twitter, RSS - como educadores, devemos ser capazes de aproveitar essas ferramentas de colaboração para melhorar e cativar nossos alu-nos.

Os educadores também devem ser colaboradores:

- Compartilhar
- Contribuir
- Adaptar-se
- Inventar

4- Assumir riscos

Há tanto para aprender. Como você pode, como educador, conhecer todas estas coisas?

- Você deve assumir riscos e, por vezes, entregar-se ao conhecimento dos alunos.
- Ter uma visão do que você quer e do que a tecnologia pode alcançar.
- Identificar metas e facilitar o aprendizado.
- Usar os pontos fortes dos nativos digitais para entender e navegar por novos produtos, ensinando uns aos outros.
- Confiar nos seus alunos.

5- Aprender

Os educadores esperam que os seus alunos sejam aprendizes a vida toda. Mas eles mesmos de-vem continuar a absorver experiências e conhecimentos também. Eles devem tentar se manterem atualizados.

Eu me pergunto: "Como é possível que muitas pessoas ainda utilizem os seus planos de aula e lições de cinco anos atrás?"

Para ser um professor, você tem que aprender e adaptar-se a medida que os horizontes mudam a paisagem.

6- Comunicar

Ter o aprendizado em qualquer lugar e a qualquer momento. O professor deve estar em qual-quer lugar e a qualquer momento.

O professor do século XXI deve ser fluente em ferramentas e tecnologias que permitem a comunicação e a colaboração. Ir além de aprender a comunicar e colaborar, mas também saber:

- Facilitar
- Estimular
- Controlar
- Moderar
- Gerir a comunicação e a colaboração.

7- Modelar o comportamento

Há uma expectativa de que o corpo docente ensine valores pelos quais deve-se modelar o comportamento que esperamos de nossos alunos.

Os professores muitas vezes são a parte mais consistente da vida dos alunos; podem vê-los com mais frequência, de modo mais longo e confiável que os próprios pais.

O educador do século XXI também modela a tolerância, a consciência global e prática reflexiva. Se se trata da inspecção calma, pessoal do seu ensino ou através de blogs, Twitter e outros meios de comunicação, os educadores devem olhar para dentro e para fora.

8- Liderar

Seja como um campeão no processo de integração das TICs ou como treinador discreto de tecnologias, o educador do século XXI deve ser um líder.

Assim como metas e objetivos claros, a liderança é crucial para o sucesso ou o fracasso de qualquer projeto.

Artigo extraído do site www.masternewmedia.com.br

COMPETÊNCIAS DO LÍDER EDUCACIONAL DO SÉCULO XXI

ANDRÉIA ROMA é Diretora Executiva e de Projetos da Editora Leader

Liderança é um tema sempre em discussão. Ser líder e formar líderes é um desafio constante na educação e organizações no mundo moderno.

O tema Coaching Educacional está transformando o meio educacional com o propósito de desenvolver estratégias fundamentais para as mudanças necessárias na educação. O desenvolvimento de competências que possibilitem a formação de líderes educacionais e formadores de formadores tem constituído um grande desafio do século XXI.

O que quero trazer à tona para o leitor deste livro são as tendências e exigências do mercado. Cada vez mais os líderes educacionais estão sendo cobrados por atualizações. Estamos vivendo uma grande corrida onde o troféu chama-se atualização de ferramentas do conhecimento e os profissionais da educação que não se atualizarem ficarão para trás pois a nova geração tem cobrado cada vez mais.

Em uma pesquisa que fiz na Faculdade Anhanguera com alguns alunos sobre temas atuais eu citei a formação de Coaching, por incrível que pareça encontrei nesta pesquisa muitos alunos que fizeram a formação de Coaching, enquanto alguns professores nem sabiam do que se tratava.

Foi muito importante saber disso, pois pude comprovar a falta de atualização para muitos no meio educacional.

O que quero trazer para você neste artigo é que o Coaching é uma ferramenta que pode mudar sua visão, missão e valores como um líder educacional. Quero facilitar a ação, reflexão e solução, proporcionando a interação e o desenvolvimento de competências em liderança educacional por meio de situações e desafios do dia-a-dia no meio educacional.

Os líderes educacionais democráticos, participativos e proativos têm um papel importante e decisivo nas transformações, articulando e adaptando maneiras diversas de liderar instituições educativas, num mundo com rápido desenvolvimento tecnológico. Portanto, para obter sucesso, os líderes precisam ser capazes de criar um ambiente de possibilidades, lapidar talentos em sua equipe. Desenvolvendo novos potenciais apoiando seus liderados para que eles possam alcançar seus objetivos, metas e resultados desejados fazendo com que cada um se conscientize e dê o melhor de si, envolva-se e comprometa-se com seu crescimento e crescimento de toda equipe. Com foco em potencializar o crescimento das pessoas e o fortalecimento de equipes.

O líder é criativo, carismático, comprometido. Ele é um comunicador competente, corajoso. Ele avalia, apresenta e discute processos e resultados. Ele faz com que as informações fluam, deem oportunidades para as pessoas desenvolverem a autoestima e autoconfiança.

REFLEXÃO DE QUEM EU SOU COMO LÍDER NO MEIO EDUCACIONAL
Questiónário:

A educação do séc. XXI requer lideranças proativas, dinâmicas participativas com foco no futuro, com os olhos voltados para o interior da escola e para ou ambiente.

Qual o conceito e a prática do líder educacional no Século XXI? E por quê?

_____
_____
_____
_____

O Coaching Educacional impulsiona mudanças, novas estratégias com foco na missão, os objetivos e metas definidas pela equipe.

Quem é você como líder educacional?

_____
_____
_____
_____

A natureza do seu comportamento define sua liderança.

Como você se relaciona com seus liderados?

_____
_____
_____
_____

O Coaching Educacional inicia mudanças e rompem com as estruturas.

Você como líder educacional se sente seguro para delegar suas responsabilidades com sua equipe?

_____
_____
_____
_____

O Coaching Educacional é capaz de reconhecer e incentivar outros lideres. Como líder quais os resultados que você tem obtido com sua liderança?

_____
_____
_____
_____

Quais suas habilidades como líder?

_____
_____
_____
_____

Seus valores estão de acordo com a forma que você lidera?

_____
_____
_____
_____

Quanto você está aberto para continuar aprendendo?

_____
_____
_____
_____

ROTEIRO DE ENTREVISTA DO COACHING EDUCACIONAL

Nome do entrevistado: _____

Função: _____

1- O que é liderança para você?
_____
_____

2- Que problemas você enfrenta relacionado com liderança em seu trabalho?
_____
_____

3- Qual seu maior desafio para concluir suas atividades?
_____
_____

4- Que valores, habilidades e características você considera essenciais para um líder educacional?
_____
_____

5- Você se considera um líder educacional? Por quê?
_____
_____

6- Cite um líder na educação que pode ser seu mentor e apoio para você alcançar suas metas?
_____

Boa leitura e bom aprendizado.

Lembre-se, quem se atualiza sempre está à frente no mercado.

Andréia Roma

10

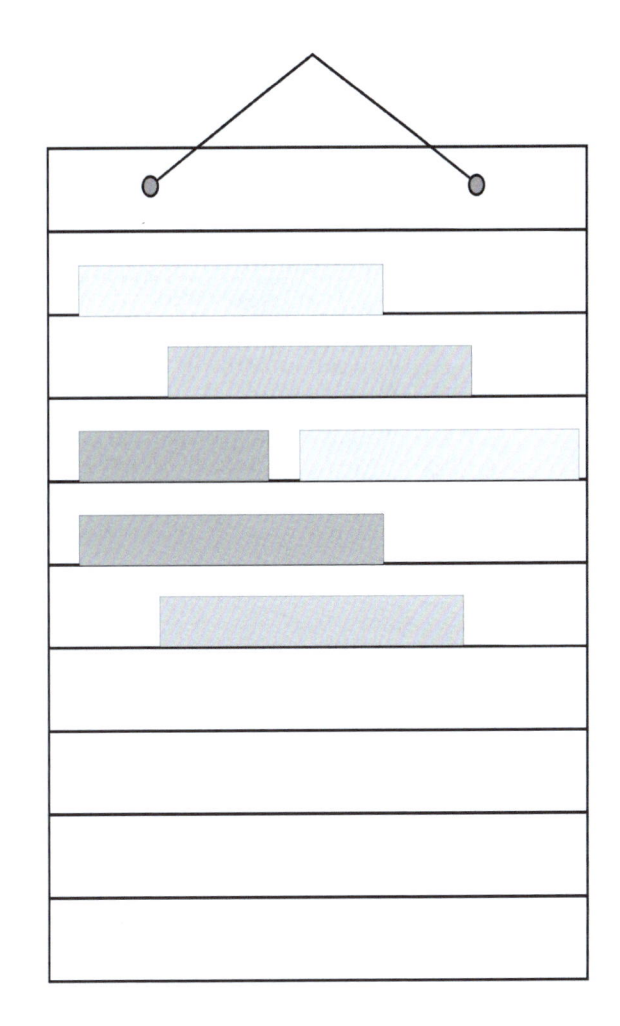

CAPÍTULO 10

Formulários para utilização e apoio ao processo de Coaching

AUTO-APRESENTAÇÃO DO COACH

Na ABORDAGEM INICIAL faça sua rápida apresentação ao Coachee, em dois minutos, com o seguinte conteúdo resumido:

Seu nome
Seu objetivo como Coach
Sua profissão
Sua experiência profissional
Sua principal característica
Seu resumo sobre o que é e para que serve o Coaching

FICHA CADASTRAL DO CLIENTE

DADOS PESSOAIS

NOME:

IDADE: DATA DE NASCIMENTO:

ESTADO CIVIL: FILHOS:

ENDEREÇO:

BAIRRO/CIDADE: ESTADO:

CEP: TEL:

DADOS PROFISSIONAIS

PROFISSÃO:

EMPRESA QUE ATUA:

CARGO/FUNÇÃO: TEMPO QUE ATUA NA EMPRESA:

ENDEREÇO:

BAIRRO/CIDADE: ESTADO:

CEP: TEL:

DADOS PARA COMUNICAÇÃO EFICAZ

EMAIL PESSOAL:

EMAIL PROFISSIONAL:

SKYPE:

MSN:

FACEBOOK:

OUTROS:

DADOS DO PROCESSO DE COACHING

DATA DE INÍCIO: PERIODICIDADE:

DIAS DA SEMANA: HORÁRIO:

MODALIDADE: (   ) PRESENCIAL   (   ) NÃO PRESENCIAL

VALOR DA SESSÃO: R$ VALOR DO PACOTE: R$

OBSERVAÇÕES IMPORTANTES

METAS DO COACHEE / O QUE O TRAZ?

José Zaib e Jacob Gribbler

REGISTRO DO DESENVOLVIMENTO DAS SESSÕES/FASES DE COACHING

CLIENTE:	SESSÃO:	DATA: ____/____/____
COACH:	HOR. INÍCIO:	TÉRMINO:

APROXIMAÇÃO / ABORDAGEM INICIAL/ ANÁLISE/ ASSESSMENTS	ONDE estávamos? COMO foi? ONDE E COMO estamos? O QUE QUEREMOS?
PLANEJAMENTO/ PLANO DE AÇÃO	O QUE, ONDE, QUANDO, COMO, COM QUEM, vamos fazer...
OBSTÁCULOS	O QUE IMPEDE ? Comprometimento Busca de Recursos Superação
IMPLEMENTAÇÃO	Ação Execução Fazendo
AVALIAÇÃO	Mensuração dos resultados Quali/Quanti O QUE aprendemos com isso?
RETROALIMENTAÇÃO	Ações corretivas Melhoria contínua Pessoa melhor Mais tarefas

COACH
CONTROLE DAS SESSÕES DE COACHING

COACHEE:	COACH:
EMAIL:	TEL:

SESSÃO FASE	DATA	INÍCIO	FIM	ASSUNTOS DA SESSÃO
1				
2				
3				
4				
5				
6				
7				
8				
9				
10				
11				
12				

"GPS" DOS CAMINHOS DAS AÇÕES E CONTROLE DAS TAREFAS

COACHEE:	COACH:
EMAIL:	TEL:

SESSÃO FASE	DATA	INÍCIO	FIM	ASSUNTOS DA SESSÃO
1				
2				
3				
4				
5				
6				
7				
8				
9				
10				
11				
12				

FORMAÇÃO EM COACHING EDUCACIONAL
COMPROVAÇÃO DAS PRÁTICAS DE COACHING

NOME COMPLETO DO COACH:	
EMAIL:	**TEL:**

SESSÃO 1   DATA: ___/___/_____   DURAÇÃO: _____ MINUTOS

COACHEE: _____

E-MAIL: _____   TELEFONES: _____

_____
VISTO DO COACHEE

SESSÃO 2   DATA: ___/___/_____   DURAÇÃO: _____ MINUTOS

COACHEE: _____

E-MAIL: _____   TELEFONES: _____

_____
VISTO DO COACHEE

SESSÃO 3   DATA: ___/___/_____   DURAÇÃO: _____ MINUTOS

COACHEE: _____

E-MAIL: _____   TELEFONES: _____

_____
VISTO DO COACHEE

SESSÃO 4 DATA:____/____/_____   DURAÇÃO: _____ MINUTOS

COACHEE: _____

E-MAIL: _____   TELEFONES: _____

_____

_____
VISTO DO COACHEE

SESSÃO 5 DATA:____/____/_____   DURAÇÃO: _____ MINUTOS

COACHEE: _____

E-MAIL: _____   TELEFONES: _____

_____

_____
VISTO DO COACHEE

SESSÃO 6 DATA:____/____/_____   DURAÇÃO: _____ MINUTOS

COACHEE: _____

E-MAIL: _____   TELEFONES: _____

_____

_____
VISTO DO COACHEE

SESSÃO 7 DATA:____/____/_____   DURAÇÃO: _____ MINUTOS

COACHEE: _____

E-MAIL: _____   TELEFONES: _____

_____

_____
VISTO DO COACHEE

| **SESSÃO 8** | DATA:____/____/_____ | DURAÇÃO: _____ MINUTOS |

COACHEE:

E-MAIL: TELEFONES:

_____
VISTO DO COACHEE

| **SESSÃO 9** | DATA:____/____/_____ | DURAÇÃO: _____ MINUTOS |

COACHEE:

E-MAIL: TELEFONES:

_____
VISTO DO COACHEE

| **SESSÃO 10** | DATA:____/____/_____ | DURAÇÃO: _____ MINUTOS |

COACHEE:

E-MAIL: TELEFONES:

_____
VISTO DO COACHEE

| **SESSÃO 11** | DATA:____/____/_____ | DURAÇÃO: _____ MINUTOS |

COACHEE:

E-MAIL: TELEFONES:

_____
VISTO DO COACHEE

SESSÃO 12
DATA: ____/____/_____   DURAÇÃO: _____ MINUTOS

COACHEE: _____

E-MAIL: _____   TELEFONES: _____

_____
VISTO DO COACHEE

SESSÃO 13
DATA: ____/____/_____   DURAÇÃO: _____ MINUTOS

COACHEE: _____

E-MAIL: _____   TELEFONES: _____

_____
VISTO DO COACHEE

SESSÃO 14
DATA: ____/____/_____   DURAÇÃO: _____ MINUTOS

COACHEE: _____

E-MAIL: _____   TELEFONES: _____

_____
VISTO DO COACHEE

SESSÃO 15
DATA: ____/____/_____   DURAÇÃO: _____ MINUTOS

COACHEE: _____

E-MAIL: _____   TELEFONES: _____

_____
VISTO DO COACHEE

MANUAL DE COACHING EDUCACIONAL

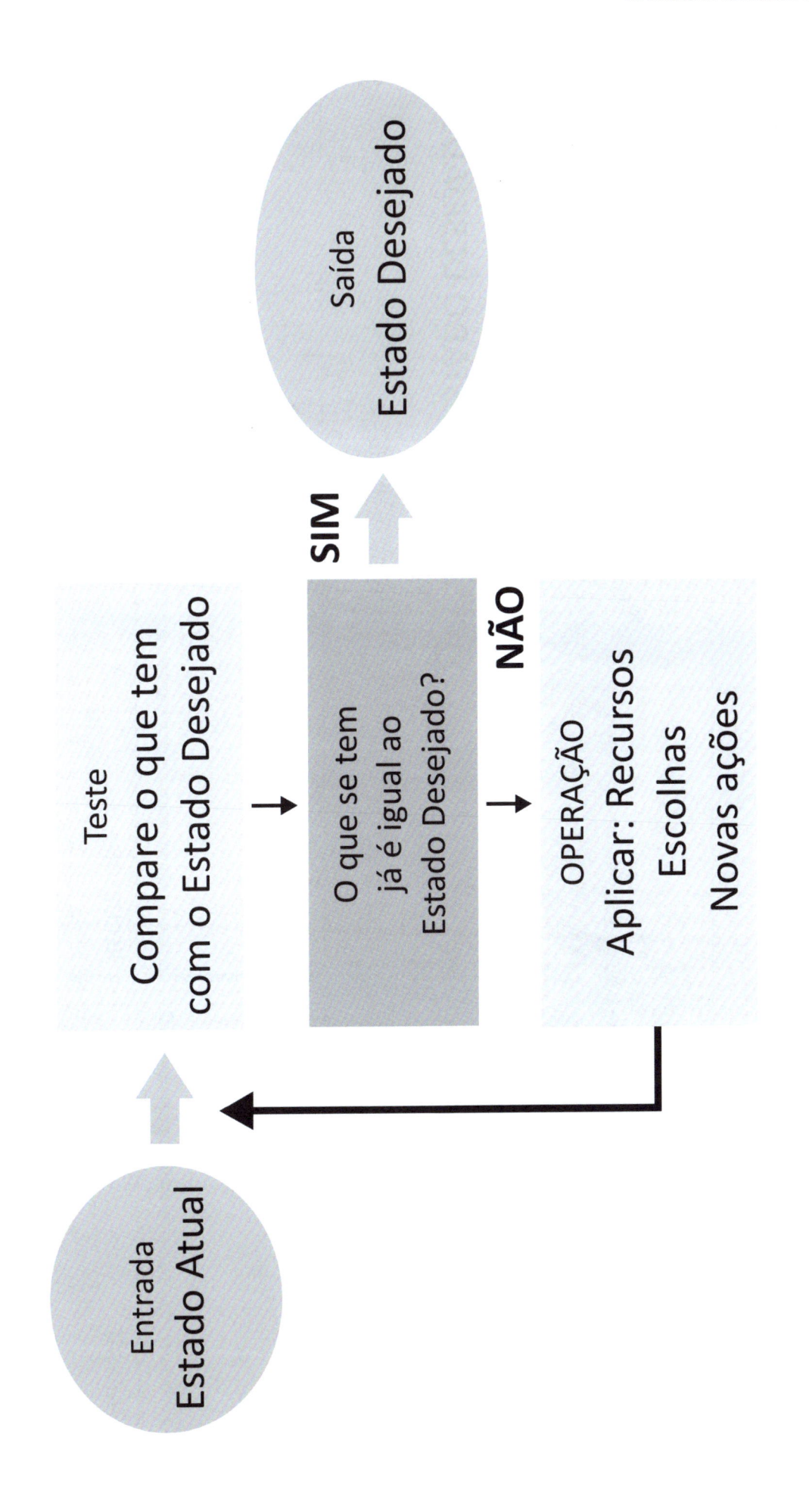

Entrada
Estado Atual

Teste
Compare o que tem com o Estado Desejado

O que se tem já é igual ao Estado Desejado?

SIM → **Saída** Estado Desejado

NÃO →

OPERAÇÃO
Aplicar: Recursos
Escolhas
Novas ações

José Zaib e Jacob Gribbler

FAST COACHING SESSION (SESSÃO RÁPIDA DE COACHING)
ONE PAGE COACHING - ONE MINUTE COACHING - ONE DAY COACHING - COACHING EXPRESS

NOME

DATA

EA
ESTADO ATUAL

ED
ESTADO DESEJADO

PLANO DE AÇÃO

METAS / OBJETIVO (SMART)

OBSTÁCULOS

CRENÇAS

MISSÃO

RECURSOS

VALORES

O QUE VOCÊ VÊ NESTAS TRÊS FIGURAS? QUAL A RELAÇÃO ENTRE ELAS?

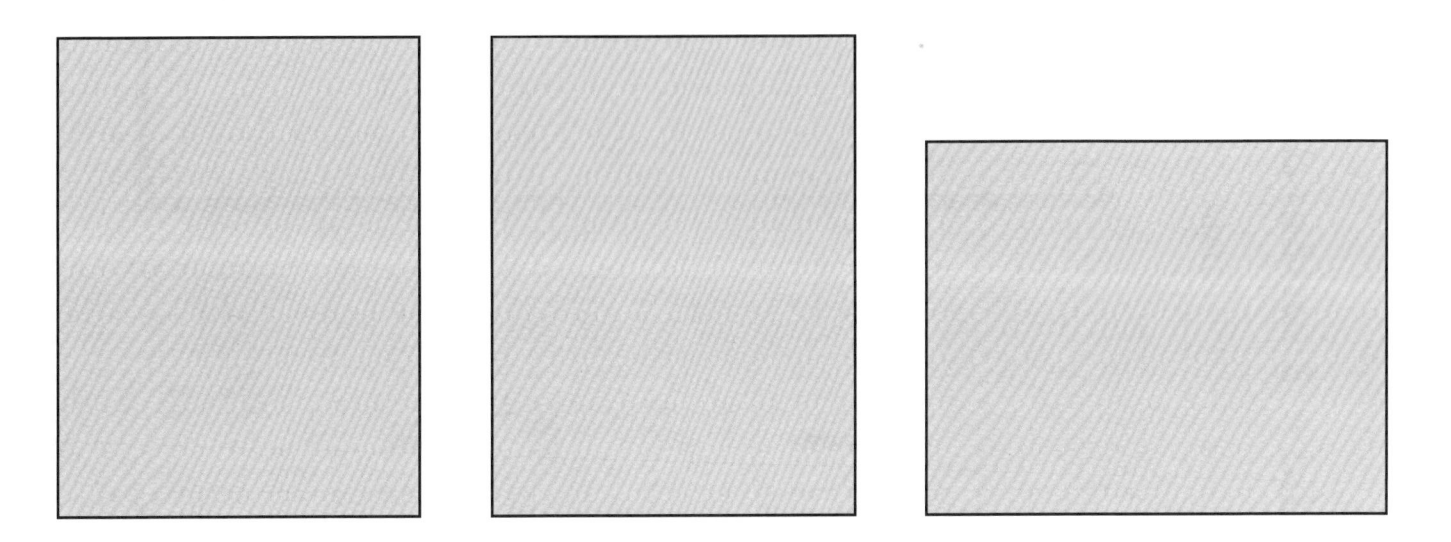

Um **desassociador** dirá que a relação existente entre as três figuras é que duas estão de pé e uma deitada.

Um **associador** dirá que são três retângulos.

José Zaib e Jacob Gribbler

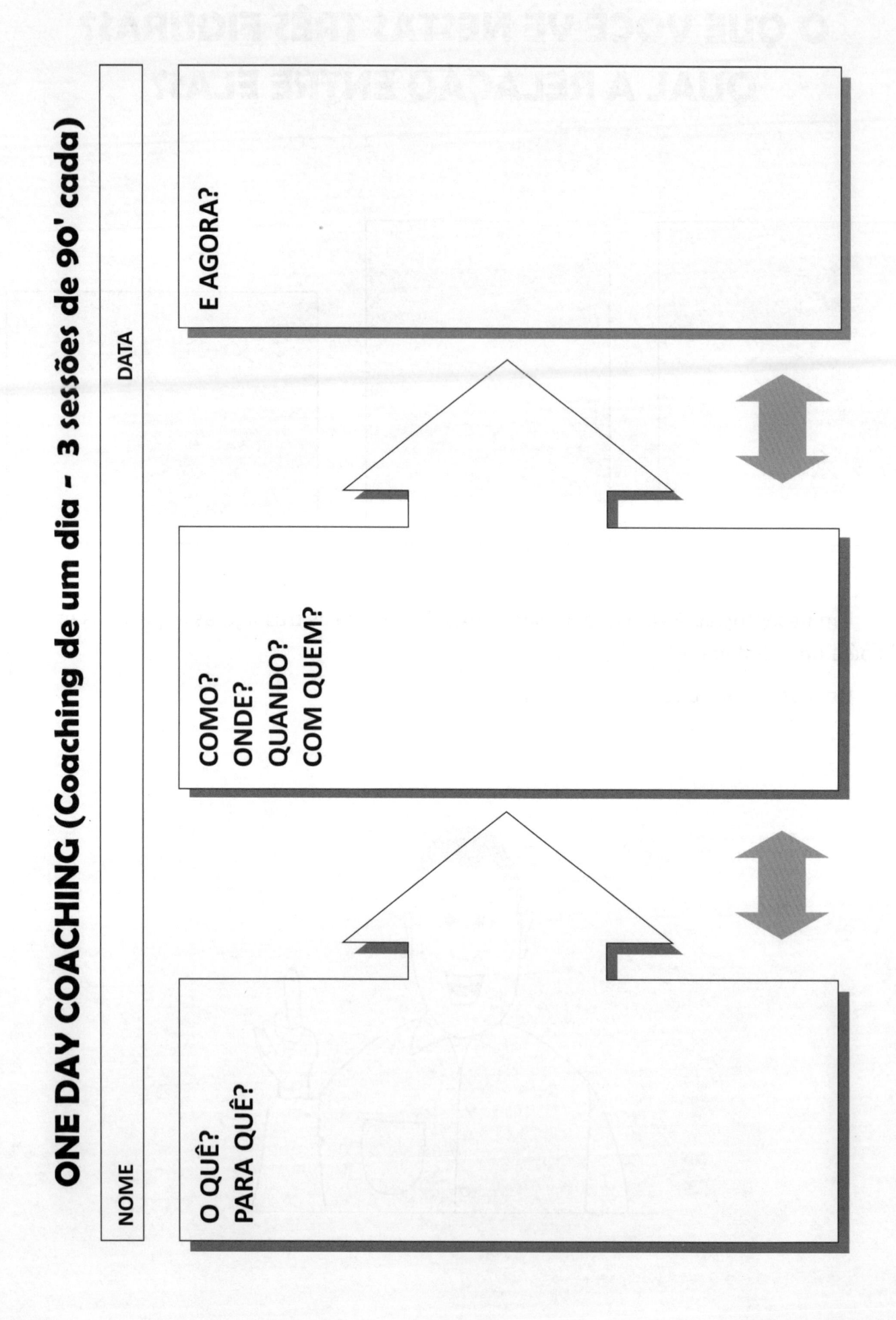

ONE DAY COACHING (Coaching de um dia – 3 sessões de 90' cada)

NOME

DATA

O QUÊ?
PARA QUÊ?

COMO?
ONDE?
QUANDO?
COM QUEM?

E AGORA?

VARIAÇÕES DO ESTADO DESEJADO EM FUNÇÃO DA MÁ FORMULAÇÃO DA META

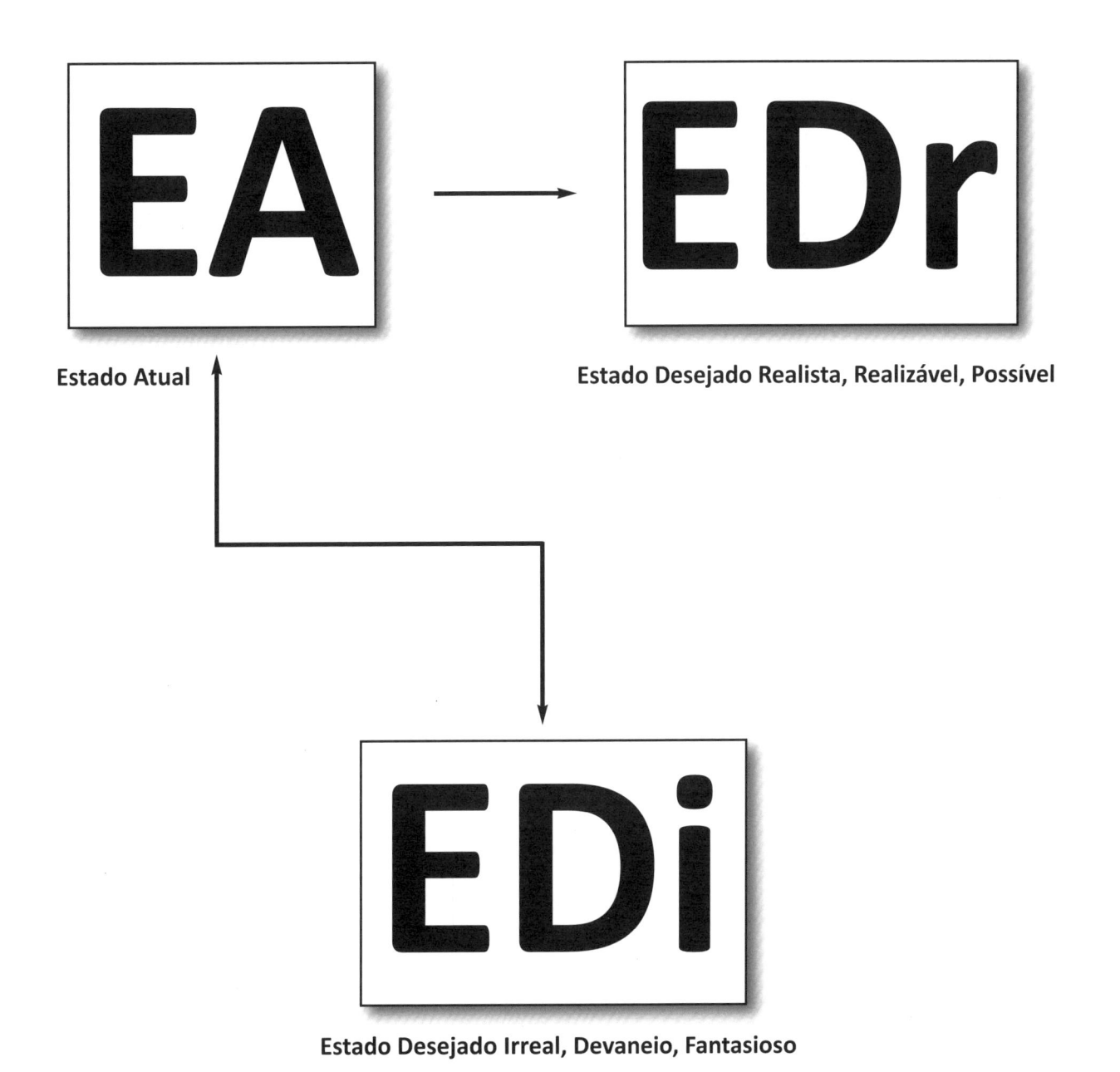

EA
Estado Atual

EDr
Estado Desejado Realista, Realizável, Possível

EDi
Estado Desejado Irreal, Devaneio, Fantasioso

José Zaib e Jacob Gribbler

VOCÊ É COACH...

De repente, seu cliente esboçou uma reação emocional durante o processo de Coaching. O que você descreveria sobre eles?

322

MANUAL DE COACHING EDUCACIONAL

PLANO DE AÇÃO

É uma maneira prática e simples de projetar o seu pensamento e planejar, especificamente, as suas atividades de maneira a organizar seus comportamentos e ações e executá-las com eficácia, eficiência e com efetividade, na busca pela conquista e atingimento das metas, objetivos e resultados desejados e esperados.

O QUÊ	COMO	POR QUÊ	PARA QUÊ	ONDE	QUEM	QUANDO	QUANTO	COM QUEM	STATUS

COACHING EDUCATION

O QUE É COACHING ?

COACHING É APOIAR A UMA PESSOA A ATINGIR/CONQUISTAR SEUS OBJETIVOS / RESULTADOS QUE ELA QUER / DESEJA.

PARA QUÊ?
ATINGIR/CONQUISTAR METAS/ OBJETIVOS E MELHORES RESULTADOS

POR QUÊ?
NECESSIDADE DE MUDANÇA

FAZER DIFERENTE

NOVOS RESULTADOS

COMO?
CONSCIENTIZAÇÃO

RESPONSABILIDADE

COMPROMETIMENTO

ATITUDE/AÇÃO

POR MEIO DE:
CONHECIMENTO

COMUNICAÇÃO

RELACIONAMENTOS

José Zaib e Jacob Gribbler

MODELO OPERACIONAL DO COACHING COM PNL

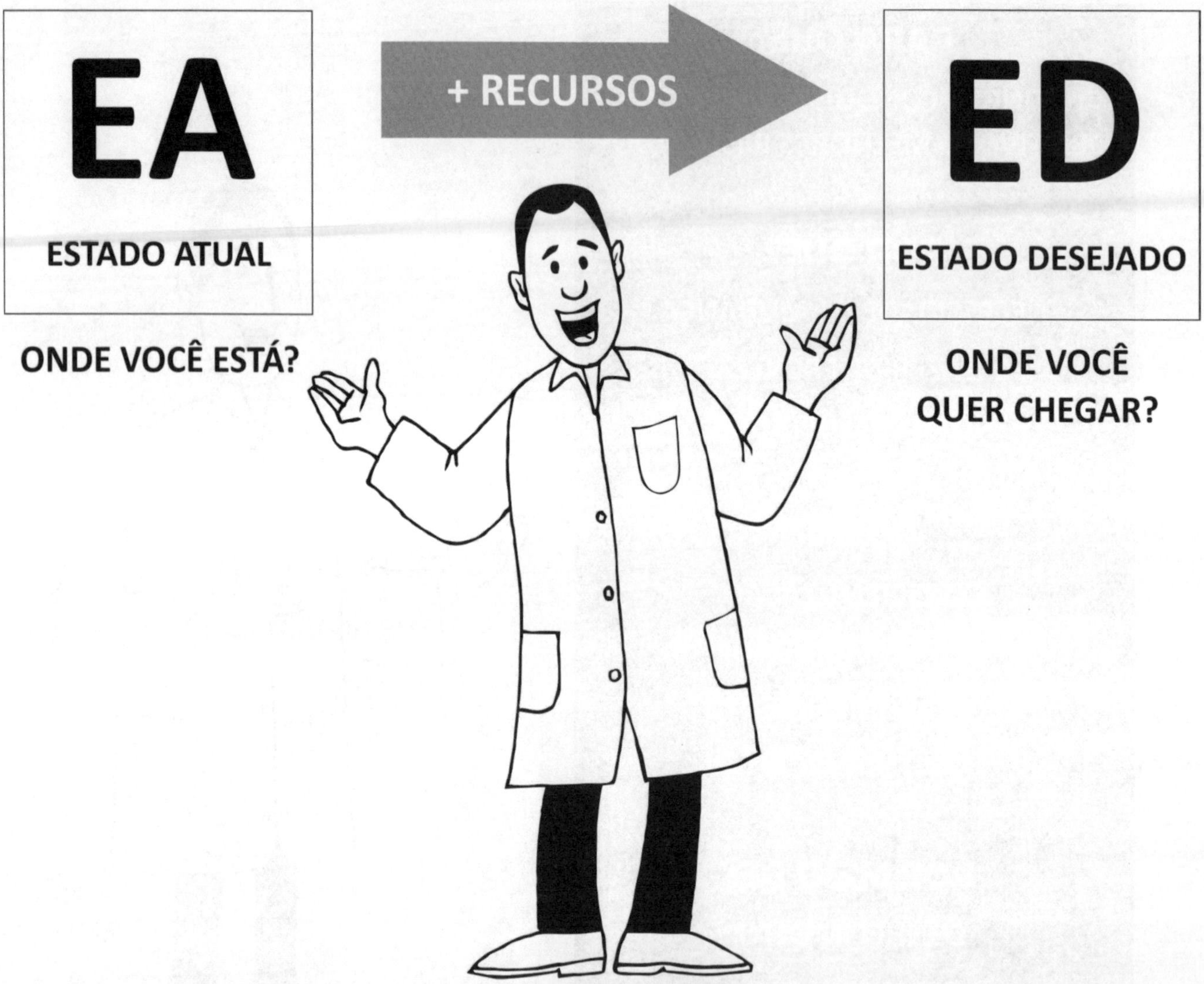

EA

ESTADO ATUAL

ONDE VOCÊ ESTÁ?

+ RECURSOS →

ED

ESTADO DESEJADO

ONDE VOCÊ QUER CHEGAR?

MODELO OPERACIONAL DO COACHING COM PNL

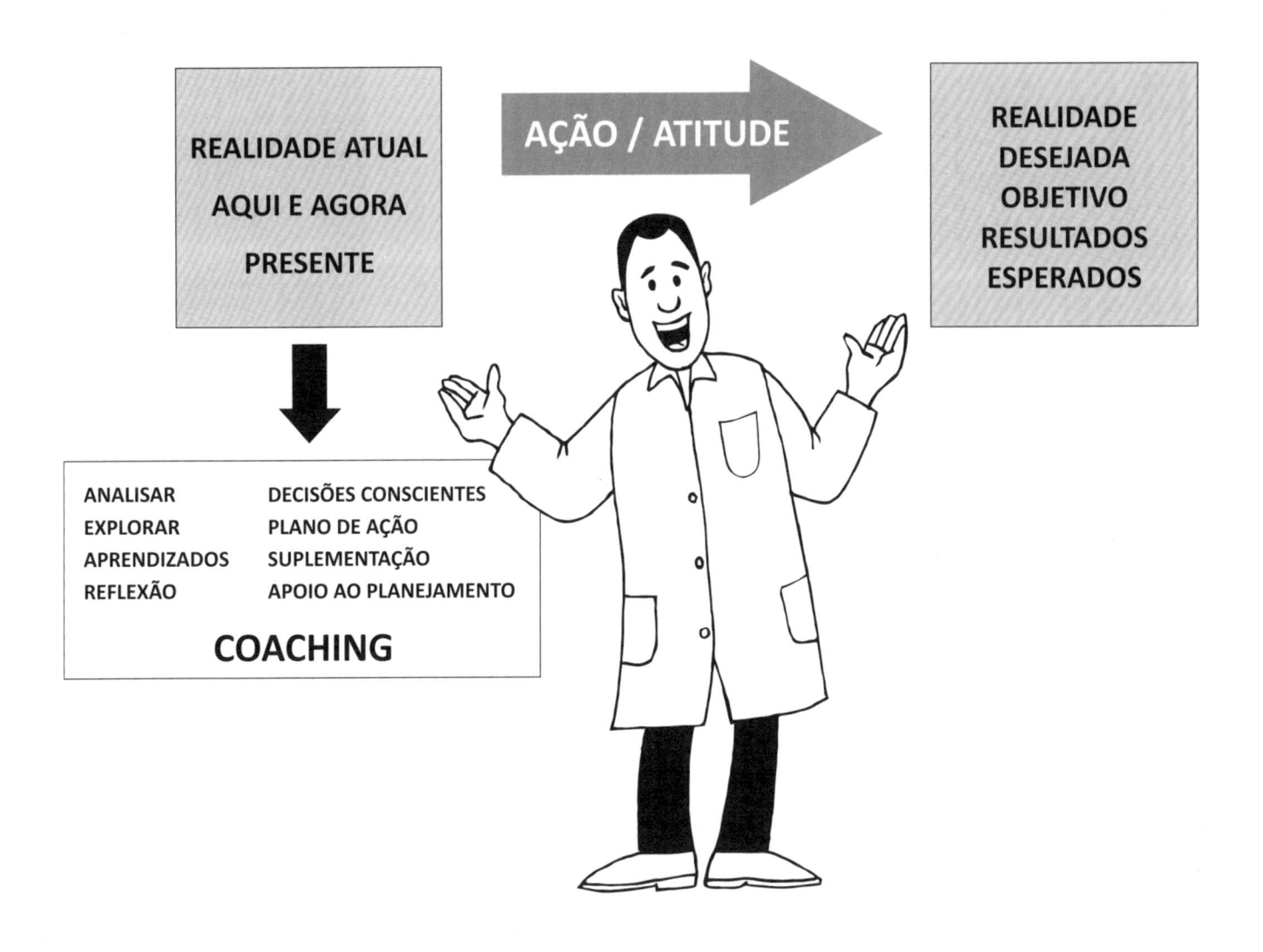

REALIDADE ATUAL
AQUI E AGORA
PRESENTE

AÇÃO / ATITUDE

REALIDADE DESEJADA
OBJETIVO
RESULTADOS
ESPERADOS

ANALISAR — DECISÕES CONSCIENTES
EXPLORAR — PLANO DE AÇÃO
APRENDIZADOS — SUPLEMENTAÇÃO
REFLEXÃO — APOIO AO PLANEJAMENTO

COACHING

COACHING É UM PROCESSO DE ACELERAÇÃO DE RESULTADOS

ONDE ESTÁ? → **ONDE QUER CHEGAR?**

A RODA DA ABUNDÂNCIA

O universo é potencialmente abundante. Para ter mais é preciso saber colocar a roda da abundância em movimento. A habilidade de uma pessoa para gerar riqueza e plenitude é proporcional à força com a qual ela faz a roda da abundância girar na sua vida. A roda da abundância trata da conjugação de quatro importantes verbos: declarar, solicitar, arriscar e agradecer.

A roda da abundância também possui dois lados: o lado doar e o lado receber. Não existe meia roda. As duas partes se completam para formar a roda perfeita, pois é dando que se recebe. Há pessoas que têm dificuldade em doar e em receber. São pessoas "estéreis" que se fecham sobre si mesmas. Também encontramos uma minoria egoísta, que é como o mar morto, gosta só de receber e não de doar. As pessoas prósperas são as que doam e recebem com facilidade e, sendo assim, são capazes de gerar prosperidade para si e para outras pessoas com as quais se relacionam.

Declarar

Declarar é comunicar, anunciar, publicar. É manifestar para o universo o que você quer. E este é o primeiro passo para colocar a roda para girar. É manifestação da certeza daquilo que queremos. Nossas convicções são muito importantes se desejamos atingir um objetivo. Acredite que pode conseguir o que deseja, não importa o que digam nem as circunstâncias. Plante em seu coração esta certeza. Você sempre é o primeiro que tem que acreditar.

Solicitar

Solicitar é pedir, orar e fazer por merecer. Antes de solicitar temos que definir precisamente o que queremos. Responda para si mesmo as perguntas: Quando pretendo alcançar este objetivo? O que faz parte dele? Existem metas desdobráveis para que eu possa alcançar este objetivo maior? Quais recursos vou necessitar? Quem são as pessoas com quem posso contar? Estas são perguntas interessantes a se fazer nesta etapa da roda. Se não pedimos, como esperamos receber alguma coisa?

Arriscar

Arriscar é agir, é se mexer, é por foco no futuro. É colocar foco na ação efetiva e no resultado. É por energia em direção aos seus sonhos. Mesmo com medo, é não deixar que o medo os domine. Quais as ações necessárias para nossas conquistas? Quanto teremos que nos dedicar? O que estamos fazendo hoje, em prol de nossos objetivos? Estacionamos em nossa zona de conforto ou estamos nos permitindo arriscar dando um passo de cada vez? Os resultados serão alcançados somente se estivermos dispostos a pagar o preço – seja ele qual for. E, com muita frequência, também será necessário abandonarmos paradigmas, atitudes e pensamentos limitadores.

Agradecer

Agradecer é demonstração de gratidão. Não somos seres isolados no mundo. Somos interdependentes, dependemos uns dos outros, assim como também somos úteis. Quantas pessoas estiveram envolvidas, direta ou indiretamente em nossas conquistas? Quantas dessas pessoas você agradeceu por fazerem parte da sua história e por serem fundamentais para que alcançasse seus objetivos? Quanto mais se agradece o que se tem e o que se recebe, mais fácil fica conseguir mais.

Talvez, também tenha alguém que não ficou tão contente assim com alguma atitude impensada sua, ou palavras, e seria digno do seu pedido de perdão. Para pedir perdão é necessário ter grandeza de alma e a virtude da humildade. É reconhecer a importância do próximo e dar o primeiro passo para ser uma pessoa melhor. É compreender que o ser e o fazer vêm muito antes do ter.

Doar

Nossos atos positivos são como o eco. Cada ação gera uma reação. Quanto mais nós nos doamos para o mundo mais receptivos nos tornamos. A doação pode ser por caridade ou generosidade. Ambas devem ser praticadas em nossas vidas. Porém, se você doa somente por caridade, está bloqueando o fluxo da abundância, pois passa para o seu cérebro a mensagem que para receber deve ter necessidade. Crie um clima de abundância, pratique mais a generosidade. Seja pródigo em reconhecer o que as pessoas fazem por você, em sorrir e em elogiar as pessoas, pois estas simples ações custam muito pouco para quem dá, mas valem muito para quem as recebe. Existe um antigo pensamento que diz que "sempre fica nas mãos o cheiro das rosas de quem as oferece".

Receber

Há pessoas que têm dificuldades em receber, que gostam de fazer favores, mas não aceitam favores de ninguém. Na raiz desta dificuldade está a soberba que é o sentimento negativo caracterizado pela pretensão de superioridade sobre as demais pessoas. A soberba não é privilégio dos ricos. Os pobres também podem experimentar a soberba ao se considerarem especiais, buscando fingir serem o que não são e desta maneira bloquearem um grande fluxo de generosidades.

Em síntese, gire aceleradamente a roda da abundância e colha grandes resultados.

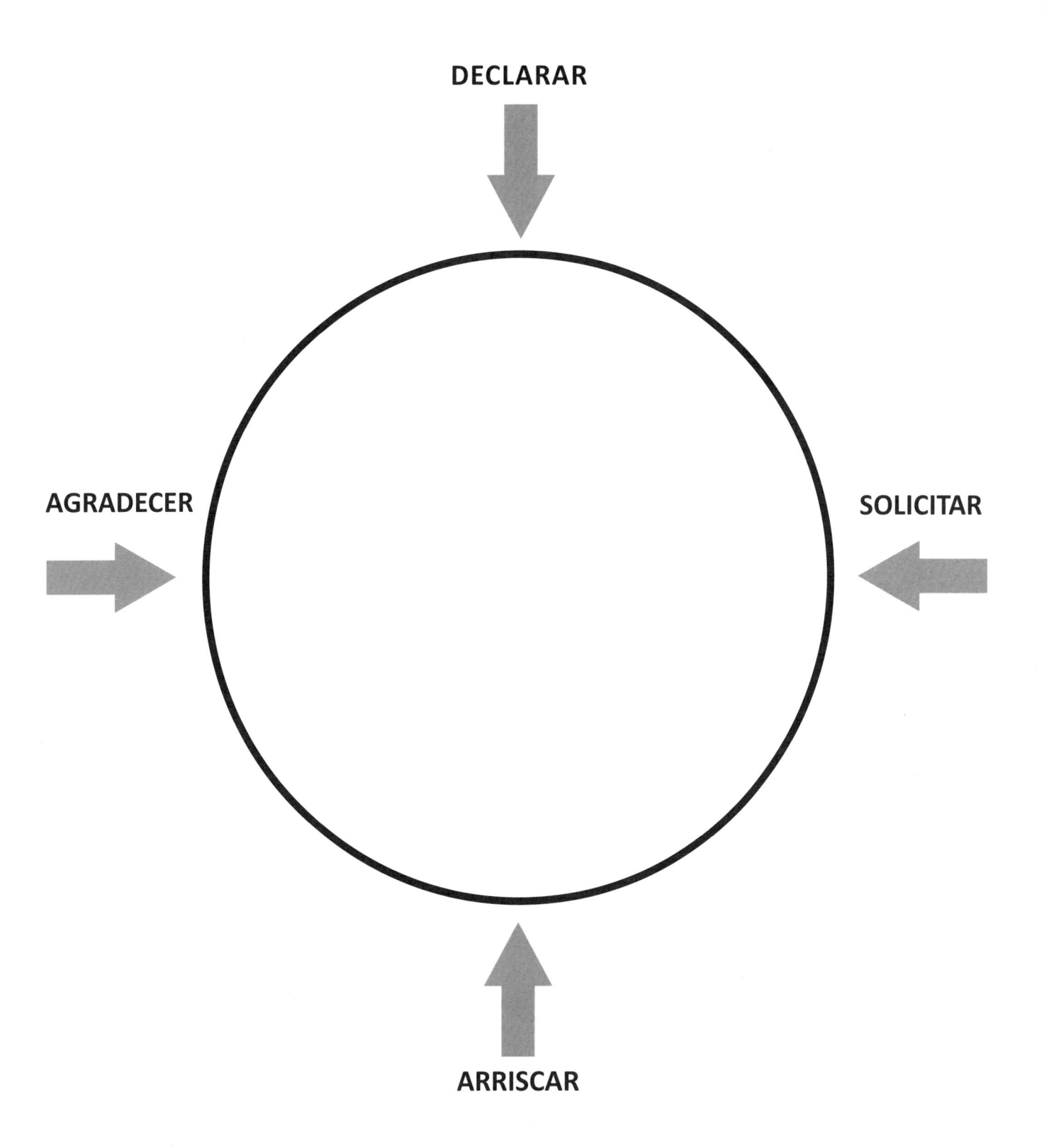

DECLARAR

AGRADECER

SOLICITAR

ARRISCAR

EFICÁCIA X EFICIÊNCIA X EFETIVIDADE

Eficácia é fazer o que deve ser feito

Eficácia refere-se à missão e visão e tem a ver com a concentração de energia e foco em uma determinada direção.

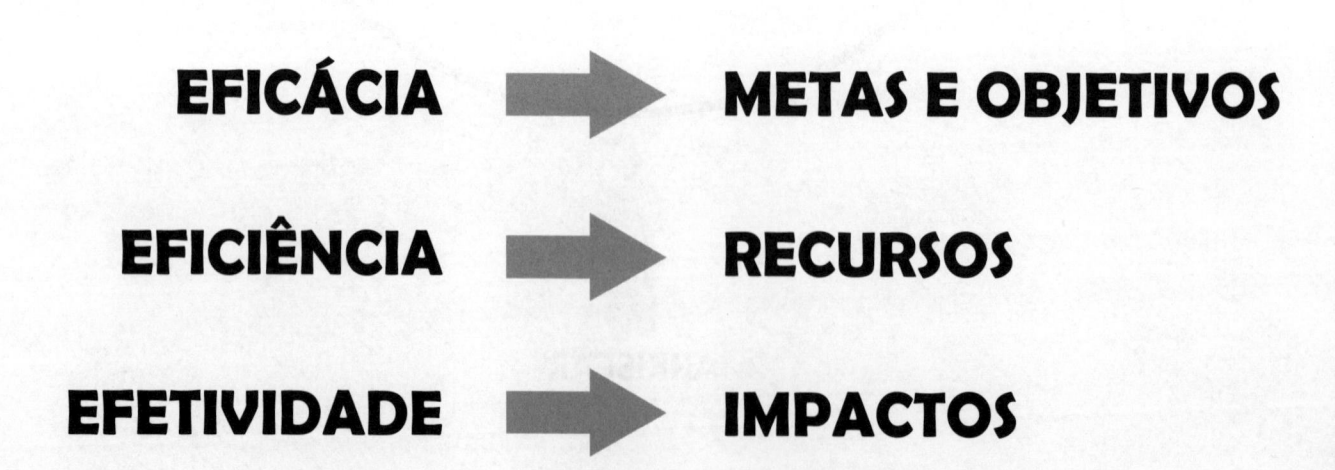

EFICÁCIA ➡ METAS E OBJETIVOS

EFICIÊNCIA ➡ RECURSOS

EFETIVIDADE ➡ IMPACTOS

ALTO — **RUIM** ⟵⟶ **BOM**

	RUIM	BOM
ALTO	Eficaz, mas não eficiente, atinge objetivos mas alguns recursos são desperdiçados.	Eficaz e eficiente; objetivos atingidos e recursos bem utilizados. Alta produtividade e elevado desempenho.
BAIXO	Nem eficaz nem eficiente; objetivos não atingidos; recursos desperdiçados no processo. Desempenho precário.	Eficiente, mas não eficaz; recursos são bem aplicados mas os objetivos não são alcançados. Desempenho precário.

SELF COACHING
(AUTOCOACHING)

Definindo objetivos

RACIONAIS

EMOCIONAIS

OBJETIVOS RACIONAIS

- QUEM EU SOU
- DE ONDE VIM
- ONDE ESTOU
- COMO SOU
- O QUE FAÇO
- O QUE SEI
- O QUE QUERO
- QUAL É A IMAGEM

OBJETIVOS EMOCIONAIS

O QUE ME ATRAI

QUAL É O MEU IDEAL DE VIDA

QUAIS SÃO AS MINHAS PAIXÕES

O QUE ME FAZ FELIZ

QUAIS SÃO AS CAUSAS EM

QUE SOU ENGAJADO

NÍVEIS LÓGICOS DA PNL APLICADOS AO COACHING

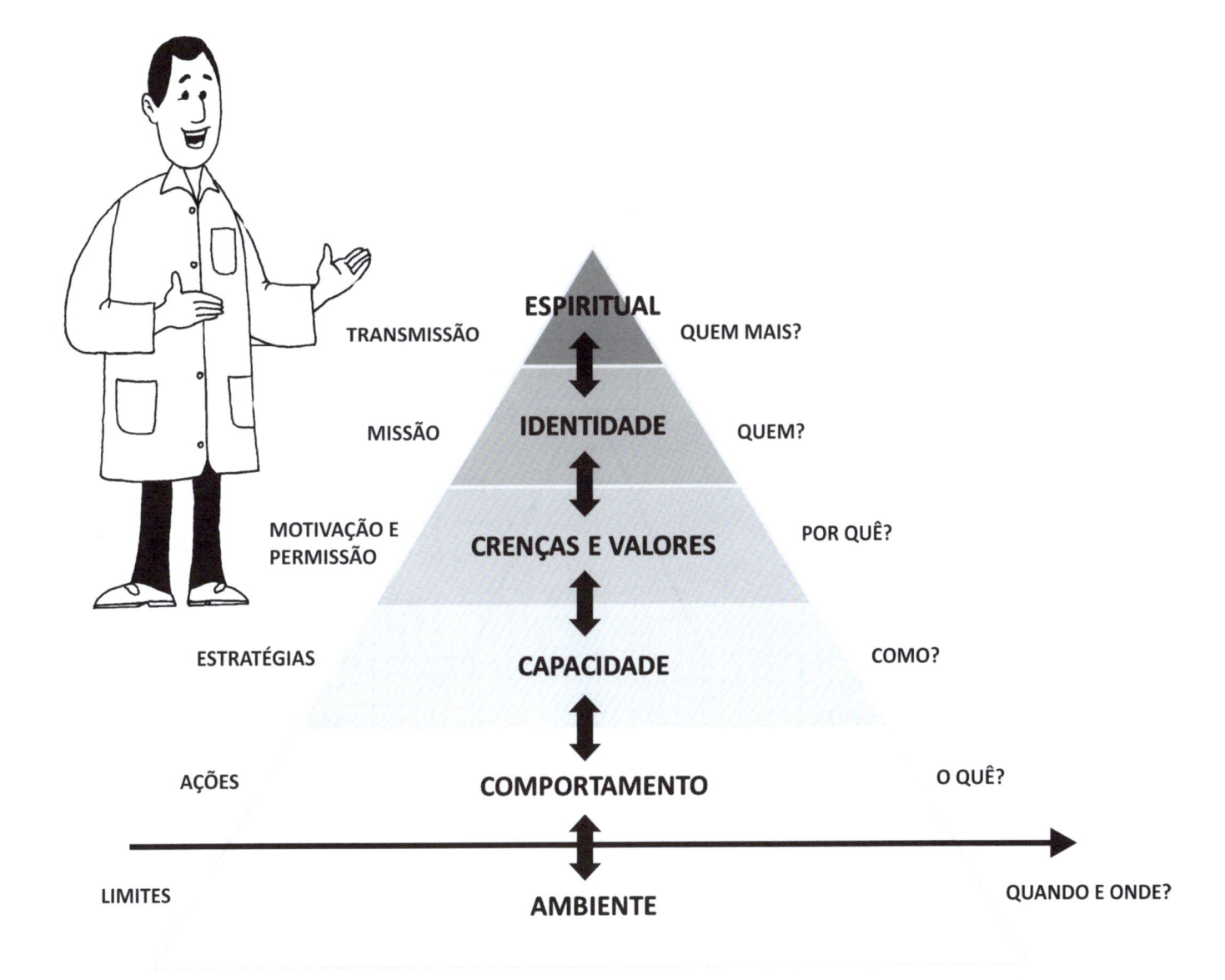

TRANSMISSÃO	**ESPIRITUAL**	QUEM MAIS?
MISSÃO	**IDENTIDADE**	QUEM?
MOTIVAÇÃO E PERMISSÃO	**CRENÇAS E VALORES**	POR QUÊ?
ESTRATÉGIAS	**CAPACIDADE**	COMO?
AÇÕES	**COMPORTAMENTO**	O QUÊ?
LIMITES	**AMBIENTE**	QUANDO E ONDE?

PIRÂMIDE DE HIERARQUIA PARA O SUCESSO
(DE JOSÉ ZAIB)

Insira nos retângulos os números naturais de 1 a 9, sem repetição, de modo que a soma dos números em um mesmo lado do triângulo seja igual a 17.

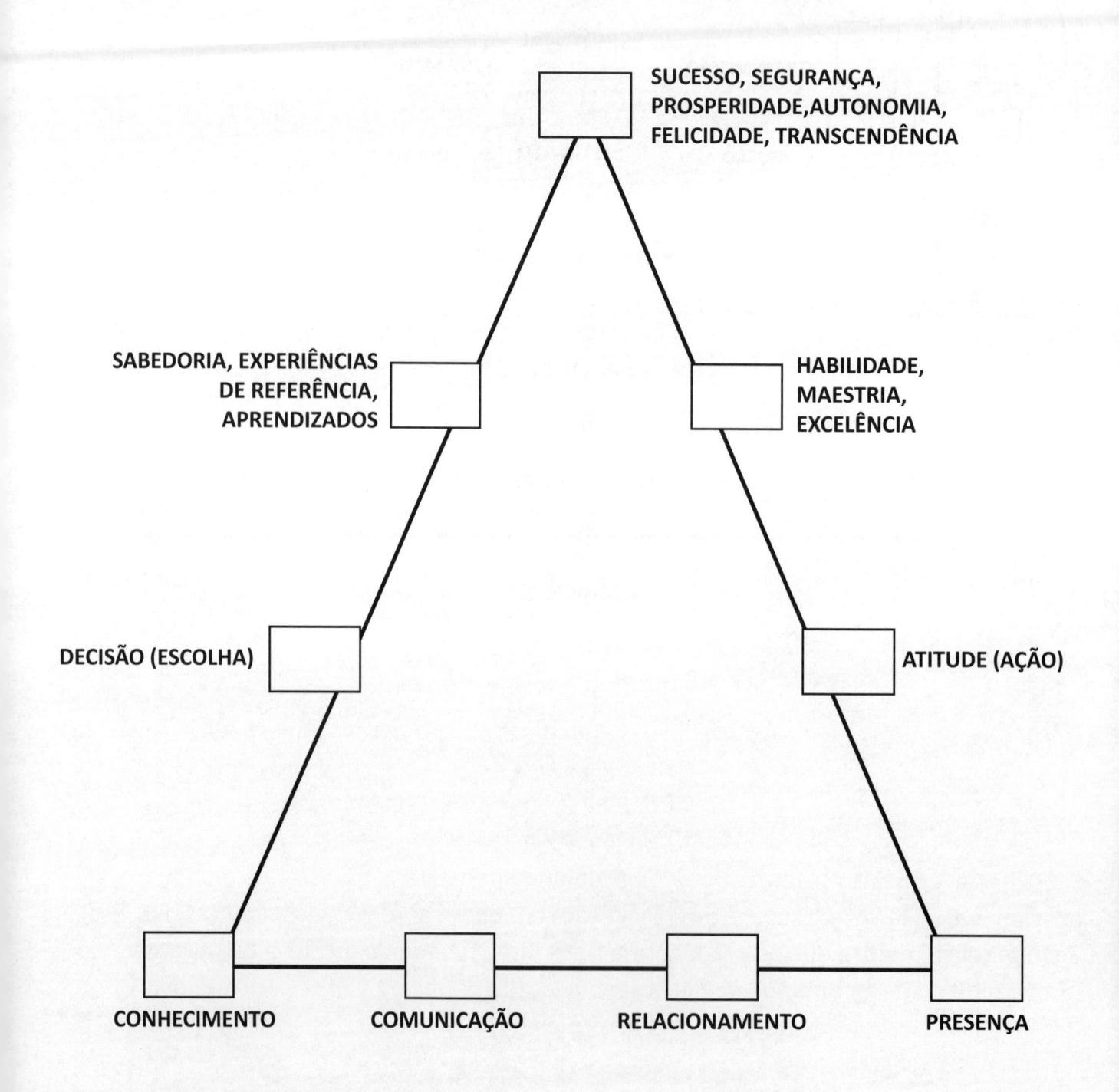

- SUCESSO, SEGURANÇA, PROSPERIDADE, AUTONOMIA, FELICIDADE, TRANSCENDÊNCIA
- SABEDORIA, EXPERIÊNCIAS DE REFERÊNCIA, APRENDIZADOS
- HABILIDADE, MAESTRIA, EXCELÊNCIA
- DECISÃO (ESCOLHA)
- ATITUDE (AÇÃO)
- CONHECIMENTO
- COMUNICAÇÃO
- RELACIONAMENTO
- PRESENÇA

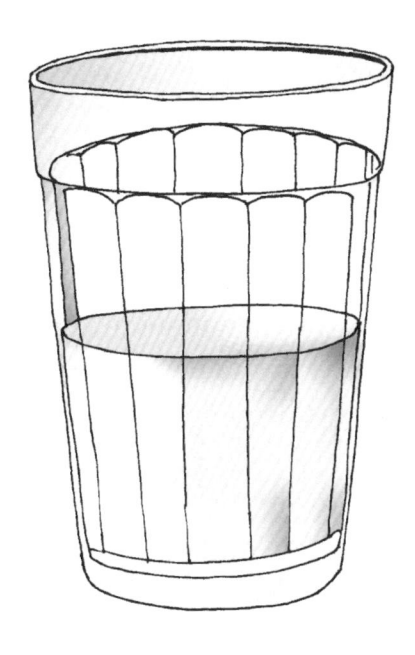

UM COPO COM ÁGUA, MEIO CHEIO OU MEIO VAZIO?

Nossos pensamentos influenciam diretamente as emoções que originarão posturas corporais, comportamentos e ações que impactarão profundamente em nossa saúde, performance...vida!

Pensamentos calmos, positivos, geram ondas eletromagnéticas que se manifestam através de descargas de hormônios ou substâncias químicas (endorfinas) que levam a comportamentos, estados e situações atuais equilibrados, harmônicos e à resultados desejados e esperados. Pensamentos negativos levarão à descarga de substâncias nocivas na corrente sanguínea e ao organismo, provocando ações descontroladas, equivocadas ou completamente caóticas, desorganizadas, colapsadas e a resultados desconfortáveis e não desejados.

As percepções humanas acontecem através dos cinco sentidos, que em PNL, Programação Neurolinguística, são denominados de Sistemas Representacionais.

É através destes sistemas que o ser humano internaliza e interpreta o mundo exterior e, através de sua perspectiva, experiências de referência, aprendizados, crenças, filtros de comunicação, dentre outros, cria e forma a sua visão de mundo, positiva ou negativa, organizada ou desorganizada, focada ou equivocada, saúde ou doença, tristeza ou felicidade.

O que você vê no copo, agora?

11

CAPÍTULO 11

Aforismos para reflexões ontológica e profissional

"Se você pode sonhar, você pode fazer."
"Se podemos sonhar, também podemos tornar nossos sonhos realidade."
"Você pode sonhar, projetar, criar e construir o lugar mais maravilhoso do mundo. Mas precisará de pessoas para tornar o sonho realidade."
(Walt Disney)

Seu comentário

"**Quem olha para fora sonha,
quem olha para dentro acorda.**"
(Carl Gustav Jung)

Seu comentário

"A vida só pode ser entendida olhando-se para trás. Mas só pode ser vivida olhando-se para frente."
(Kierkegaard)

Seu comentário

José Zaib e Jacob Gribbler

"Os educadores precisam compreender que ajudar as pessoas a se tornarem pessoas é muito mais importante do que ajudá-las a tornarem-se matemáticas, poliglotas ou coisa que o valha."
(Carl Rogers)

Seu comentário

"O professor não ensina, mas arranja modos de a própria criança descobrir. Cria situações-problemas."
(Jean Piaget)

Seu comentário

José Zaib e Jacob Gribbler

" Tudo é reversível. O humano é um ser de transformação."
" A realidade está sujeita a uma interpretação, a uma versão privada."
(Nélida Piñon)

Seu comentário

MANUAL DE COACHING EDUCACIONAL

"Ninguém liberta ninguém.
As pessoas se libertam em comunhão."
(Paulo Freire)

Seu comentário

José Zaib e Jacob Gribbler

**"Fracassei em tudo o que tentei na vida. Tentei alfabetizar as crianças brasileiras, não consegui. Tentei salvar os índios, não consegui. Tentei fazer uma universidade séria e fracassei. Tentei fazer o Brasil desenvolver-se autonomamente e fracassei. Mas os fracassos são minhas vitórias. Eu detestaria estar no lugar de quem me venceu."
(Darcy Ribeiro)**

Ultimamente a coisa se tornou mais complexa porque as instituições tradicionais estão perdendo todo o seu poder de controle e de doutrina. A escola não ensina, a igreja não catequiza, os partidos não politizam. O que opera é um monstruoso sistema de comunicação de massa, impondo padrões de consumo inatingíveis e desejos inalcançáveis, aprofundando mais a marginalidade dessas populações.

Seu comentário

MANUAL DE COACHING EDUCACIONAL

"Se você acha que está certo ou
se você acha que está errado,
nas duas escolhas você tem razão."
(Henry Ford)

Seu comentário

"Calma, tranquilidade.
Tudo acontecerá a seu tempo.
Aja com planejamento, organização,
sentido, direção e se movimente!"
José Zaib

Seu comentário

"**Perguntar bem é saber muito!**"
Provérbio Árabe

Seu comentário

12

CAPÍTULO 12

MANUAL DE COACHING EDUCACIONAL
Avaliação e feedback

Prezado Professor-Coach,

Por favor, dê o seu feedback sobre o conteúdo deste manual. Suas opiniões, sugestões, críticas e feedbacks construtivos serão fundamentais para o aprimoramento futuro tanto deste manual quanto da formação em Coaching Educacional.

MANUAL DE COACHING EDUCACIONAL FEEDBACK

1) O que pode melhorar no MANUAL DE COACHING EDUCACIONAL?

_____
_____
_____
_____
_____
_____

2) O que você mais gostou?

_____
_____
_____
_____
_____
_____

3) Qual o ponto alto do MANUAL DE COACHING EDUCACIONAL?

_____
_____
_____
_____
_____
_____

Envie seu feedback para: mce@ebce.net.br

Muito obrigado!

Agora, convido-o a algumas reflexões.

Como já conhecemos, ao longo da leitura e prática tanto do MCE quanto da FCE, BOAS PERGUNTAS levam à REFLEXÃO (muitas vezes ao silêncio) e à AÇÃO!

Assim, para eliciar estas reflexões e ações, pergunto:

Fez sentido para você ter compartilhado os processos de Coaching no MCE/FCE?

_____
_____
_____
_____
_____
_____

Valeu a pena para você ter praticado os fundamentos do MCE/FCE?

_____
_____
_____
_____
_____
_____

Por que valeu (ou não) a pena?

_____
_____
_____
_____
_____
_____
_____

O QUE você vai fazer com os conhecimentos das práticas, técnicas e atitudes de coaching aprendidas nos MCE/FCE?

COMO?

QUANDO?

COM QUEM?

ONDE?

13

CAPÍTULO 13

A EBCE

O INeP

A RBCE

THE COACHING GAME

TIAEC

A **EBCE – Escola Brasileira de Coaching Educacional** tem como MISSÃO agregar as técnicas, ferramentas, processos, metodologias e atitudes do COACHING e das NEUROCIÊNCIAS À EDUCAÇÃO.

A EBCE foi idealizada e criada como um processo natural de desdobramento das atividades do INeP (Instituto de Neurociências e Psicologia Aplicada) e tem como missão a irradiação do Coaching para a educação ao agregar as técnicas, ferramentas, processos, metodologias e atitudes do COACHING à EDUCAÇÃO.

A EBCE tem como objetivo ministrar exclusivamente as formações em Coaching Educacional em todo o território nacional, sul-americano e europeu.

José Zaib e Jacob Gribbler

INeP
Instituto de Neurociências e Psicologia Aplicada

O **INeP – Instituto de Neurolinguística e Psicologia Aplicada** fundado no Rio de Janeiro em 8 de março de 2008, é um dos principais institutos de Formação em PNL – Programação Neurolinguística no Estado do Rio de Janeiro e do Brasil e tem como missão o apoio ao desenvolvimento humano e a sua transcendência.

Sua sede matriz é em Santa Cruz, zona oeste do Rio de Janeiro, em parceria com a Faculdade Machado de Assis, e a sua mais nova filial foi implantada no emergente município de Itaguaí, em parceria com as Faculdades da Costa Verde.

O INeP está cadastrado e associado ao CRP-RJ – Conselho Regional de Psicologia do Rio de Janeiro e atualmente está instituindo parcerias com instituições dos Estados Unidos, Europa e América Latina.

O que é o INeP?

O INeP é um lugar que apoia o desenvolvimento e qualifica pessoas, estimulando o crescimento, a transformação e as mudanças pessoais e profissionais.

O INeP é o maior e mais qualificado centro de desenvolvimento humano da Zona Oeste do município do Rio de Janeiro e Costa Verde do Rio de Janeiro.

Metodologias utilizadas pelo INeP:

Coaching
PNL – Programação Neurolinguística
Inteligência Emocional
Inteligências Múltiplas
Hipnose Ericksoniana
Psicologia
Assessments
Disc
Six Seconds
Psicopedagogia Clínica e Institucional
Fonoaudiologia
Educação Corporativa e Pedagogia Empresarial

No INeP são feitos atendimentos em psicologia escolar, organizacional e clínica e também psicopedagogia clínica e institucional, fonoaudiologia, psicomotricidade, distúrbios e dificuldades de aprendizagem.

No INeP são ministrados cursos de PNL – Programação Neurolinguística, Coaching, inteligência emocional, dinâmicas de grupo, inteligências múltiplas, treinamentos, cursos, formações, workshops e seminários de desenvolvimento humano. Investir na sua preparação psicológica, mental e inteligência será de fundamental importância para o seu sucesso pessoal e profissional na sociedade do século XXI.

Cursos oferecidos:

Coaching com PNL
Oratória – Como falar em público
Inteligência Emocional
Avaliações Psicológicas
Treinamento Organizacional
Hipnose Ericksoniana
Pós-graduações
Graduação a Distância (Pólo EAD da Universidade Anhanguera Educacional)

Treinamentos customizados para equipes in company.

José Zaib e Jacob Gribbler

RBCE
REDE BRASILEIRA DE COACHES EDUCACIONAIS.

A **RBCE – Rede Brasileira de Coaches Educacionais** tem como objetivo a comunicação, os relacionamentos e a troca de experiências bem sucedidas nas áreas de pedagogia, didática, tecnologias de educação, processos de ensino e aprendizagem mediadas pela aplicação das Neurociências e do Coaching na Educação.

THE COACHING GAME

É um modo simples e efetivo de praticar e aprender o processo de Coaching.

Baseado e adaptado do Modelo de Questionário TOTS para Coaching, é utilizado como uma atividade complementar à FCE – Formação em Coaching Educacional e ao MCE – Manual de Coaching Educacional.

TIAEC

THE INTERNATIONAL ASSOCIATION OF EDUCATIONAL COACHING

A **TIAEC – The International Association of Educational Coaching** é uma rede internacional de comunicação, relacionamento e intercâmbio entre Coaches e Instituições de Coaching Educacional.

Inicialmente possui núcleos no Brasil, Equador, EUA e Portugal.

CONTATOS

Rua Prefeito José Morais, 259 – centro, Itaguaí / RJ

CEP 23815-211

Tels. (21) 2688-6690 e 2688-0045

www.inepnet.com.br

www.ebce.net.br

www.rbce.net.br

inep@inepnet.com.br

contato@inepnet.com.br

atendimento@ebce.net.br

contato@rbce.net.br

cadastro@rbce.net.br

facebook/inep

facebook/ebce

facebook/rbce

14

CAPÍTULO 14

FCE
A Formação em Coaching Educacional

FCE
A FORMAÇÃO EM COACHING EDUCACIONAL

AGORA VOCÊ JÁ PODE SE TRANSFORMAR EM PROFESSOR COACH!
FORMAÇÃO EM COACHING EDUCACIONAL NAS PRINCIPAIS CIDADES E CAPITAIS DO BRASIL!

FORMAÇÃO INÉDITA!

Esta formação é de alto impacto para o desenvolvimento pessoal e profissional das pessoas envolvidas e comprometidas com a educação e os processos de ensino e aprendizagem.

Esta Formação em Coaching Educacional desperta para a TOMADA DE CONSCIÊNCIA, RESPONSABILIDADE E PARA A AÇÃO, traduzindo-se em resultados extraordinários, tanto para os que dela participam quanto para os seus pares e alunos, que também se beneficiarão com a transformação dos seus gestores e professores.

A Formação em Coaching Educacional enfatiza a melhoria da comunicação, dos relacionamentos e do processo de ensino-aprendizagem.

MAIS QUE PROFESSOR. MAIS QUE FACILITADOR. TORNE-SE UM LÍDER INSPIRADOR. SEJA COACH! COACHING EDUCACIONAL.

O Professor-Coach utiliza o CHA (Conhecimento-Habilidade-Atitude) para apoiar o desenvolvimento do AUTOCONHECIMENTO (visão, missão, valores, responsabilidade, ética), da AUTOESTIMA, da RESPONSABILIDADE, do COMPROMETIMENTO e do FOCO. Sabe como gerenciar as INTELIGÊNCIAS EMOCIONAL e MÚLTIPLAS, estimula o DESENVOLVIMENTO das COMUNICAÇÕES INTRA e INTERPESSOAIS, gerando poderosos RELACIONAMENTOS.

Mude. Transforme-se. Faça a Formação em Coaching Educacional.

O que é COACHING?

COACHING é um processo de desenvolvimento humano com a obtenção mais acelerada e eficaz de metas e objetivos.

Com o COACHING podemos desenvolver nossos desempenhos, competências e habilidades pessoais e interpessoais.

O que é PNL – Programação Neurolinguística?

É o estudo de como o cérebro, a mente e o corpo se integram e proporcionam excelentes resultados na comunicação, nos relacionamentos e no desenvolvimento de capacidades e habilidades humanas.

A PNL, por meio das suas pressuposições, técnicas e ferramentas, ensina como gerar estados, ações e comportamentos de excelência, proporcionando extraordinários resultados pessoais e profissionais.

A quem se destina a formação em Coaching Educacional?

Gestores, Diretores, Coordenadores, Supervisores, Professores, Psicólogos, Pedagogos, Psicopedagogos, Gerentes Administrativos e de Rh, além das pessoas comprometidas com o processo de desenvolvimento humano, ensino e aprendizagem das unidades escolares das redes particular, estadual e municipal.

Modelo para aprendizagem utilizado no treinamento Coaching Educacional.

BENEFÍCIOS DA FORMAÇÃO

Professores com mais presença, mais conscientes das suas habilidades e competências de comunicação e relacionamentos intra e interpessoais; conhecedores de técnicas, ferramentas, fundamentos e práticas da PNL – Programação Neurolinguística e COACHING; professores com alta autoestima, mais entusiasmados com o seu poder pessoal de autogerenciamento, gerando estados e climas de facilitação de aprendizagens e gerenciamento da inteligência emocional.

OBJETIVOS

Formar e transformar gestores e professores em Coaches, em líderes inspiradores para se apropriarem de competências (conhecimentos, habilidades e atitudes) que os levem a atuar com mais presença, proficiência, consciência e efetividade nas relações humanas, nas comunicações e nos geradores de autoestima, utilizando conhecimentos e práticas de novas ferramentas e técnicas das Neurociências, PNL, Inteligência Emocional e COACHING.

PROGRAMAÇÃO E IMPLANTAÇÃO - COACHING EDUCACIONAL

Opções de modalidades de oferta da formação:

Carga horária total: 80 horas

5 finais de semana alternados (sáb/dom, das 9h às 19h), 2 vezes por semana (ter/qui, das 19h às 22h)

2 módulos alternados de 4 dias, (quinta a domingo, das 9h às 19h)

8 sábados, das 9h às 19h.

METODOLOGIAS UTILIZADAS NA FORMAÇÃO:

PNL - Programação Neurolinguística

COACHING

Inteligência Emocional

Inteligências Múltiplas

Psicologia Positiva

Aulas expositivas, dinâmicas de grupo, datashow, flip-charts, TVs, filmes e CDs interativos, revistas especializadas e apostilas específicas a cada módulo de instrução.

Avaliações durante todo o processo de formação.

CERTIFICAÇÃO

A certificação será realizada ao término da formação em Coaching Educacional, após a entrega das avaliações e dos projetos de Coaching.

O participante receberá o certificado de COACH EDUCACIONAL - 80h/a, chancelado pela EBCE (Escola Brasileira de Coaching Educacional), pelo INeP (Instituto de Neurolinguística e Psicologia Aplicada) e pela FAMA (Faculdade Machado de Assis) e Faculdades da Costa Verde (Extensão Universitária).

15

CAPÍTULO 15

Referências bibliográficas

Referências da Web

Os autores

REFERÊNCIAS BIBLIOGRÁFICAS

Nenhum livro, apostila, manual (hand out), curso, treinamento ou formação é completo em si mesmo.

É importante que se oriente, busque e pesquise permanentemente em obras de referência, revistas especializadas, redes sociais virtuais e websites relacionados ao Coaching. Participar de cursos, palestras, seminários, congressos e construir uma poderosa rede de relacionamento com outros profissionais das áreas em que você deseja conhecer mais, aprofundar-se e dominar seus fundamentos, conceitos, metodologias, técnicas e ferramentas também são essenciais.

O excelente Professor-Coach terá a educação continuada, a sua rede de relacionamento e comunicação permanentemente atualizada e comprometida com o desafio de ser o melhor no que estiver fazendo para o seu bem e o bem das pessoas que o procuram em busca de apoio.

Relacionamos aqui as principais fontes de referência que serviram de base para a elaboração do MCE - Manual de Coaching Educacional, ministrado pela EBCE (Escola Brasileira de Coaching Educacional) com o apoio, certificação e a chancela da Faculdade Machado de Assis, Faculdades da Costa Verde e do INeP (Instituto de Neurociências e Psicologia Aplicada).

Agradecemos aos autores, editores e suas respectivas fontes.

Referências bibliográficas

O'Connor, Joseph e Andrea Lages – O que é Coaching?, São Paulo/ SP, All Print Editora, 2007

O'Connor, Joseph e Andrea Lages – Coaching com PNL, Rio de Janeiro, Qualitymark, 2006

Flaherty, James – Coaching, Rio de Janeiro, Qualitymark, 2010

Souza, Paulo Roberto Menezes de – A Nova Visão do Coaching na Gestão por Competências, Rio de Janeiro, Qualitymark, 2007

Krauz, Rosa R – Coaching Executivo, São Paulo, Nobel, 2007

Shervington, Martin – Coaching Integral, Qualitymark, Rio de Janeiro, 2006

Clutterbuck, David – Coaching Eficaz, São Paulo, Editora Gente, 2008

Wolk, Leonardo – Coaching: A Arte de Soprar Brasas, Rio de Janeiro, Qualitymark, 2008

Blanchard, Scott e Homan, Madeleine – Alavanque seu Potencial, Rio de Janeiro, Best Seller, 2006

Goldsmith, Marshal – Coaching, o Exercício da Liderança, Rio de Janeiro, Campus, 2003

Catalão, João Alberto & Penim, Ana Teresa – Ferramentas de Coaching, Lisboa, LIDEL, 2010

Whitmore, John - Coaching para Performance, Rio de Janeiro, Qualitymark, 2006

O'Connor, Joseph & Lages, Andrea - Como o Coaching Funciona, Rio de Janeiro, Qualitymark, 2010

Stéfano, Rhandy Di – O Líder-Coach, Rio de Janeiro, Qualitymark, 2007

Vries, Manfred F.R. Kets de & Korotov, Konstantin & Treacy, Elizabeth Florent – Experiências e Técnicas de Coaching, Porto Alegre, Bookman/Artmed, 2007

O'Connor, Joseph – Manual de Programação Neurolinguística, Rio de Janeiro, Qualitymark, 2007

O'Connor, Joseph & Seymour, John – Introdução à Programação Neurolinguística, São Paulo, Summus Editorial, 2000

Pacheco, Gilson P – Exercícios de Programação Neurolinguística, Belo Horizonte, Edições Potencial, 2007

Bandler, Richard – Usando Sua Mente, São Paulo, Summus Editorial, 1987

Bandler, Richard & Grinder, John – Sapos Em Príncipes, São Paulo, Summus Editorial, 1982

James, Tad – Criando Seu Futuro Com Sucesso, Santa Catarina, Editora Eko, 1989

James, Tad & Woodmall, Wyatt – A Terapia da Linha do Tempo, Santa Catarina, Editora Eko, 1994

Bandler, Richard & Grinder, John – A Estrutura da Magia, Rio de Janeiro, LTC, 1975

Dilts, Robert – A Estreatégia da Genialidade - Vol. 1, São Paulo, Summus Editorial, 1998

Gonzáles, Luis Jorge – PNL Sucesso e Êxito Pessoal, São Paulo, Paulus, 2005

Knight, Sue - Introdução à Neurolinguística, São Paulo, Nobel, 2001

Bidot, Nelly & Morat, Bernard – Neurolinguística Prática, São Paulo, Nobel, 1997

Helmstetter, Shad – Programação Neurolinguística, Rio de Janeiro, Editora Record, 1995

Hall, Michael - The User's Manual for the Brain Vols I e II, Inglaterra, CHP, 2000

Catalão, João Alberto & Penim, Ana Teresa – Ferramentas de Coaching, Lisboa, LIDEL, 2010

O'Connor, Joseph & Lages, Andrea – Perguntas Poderosas, São Paulo, All Print, 2007

Adams, Marilee G – Faça as Perguntas Certas e Viva Melhor, São Paulo, Gente, 2005

Faour, Carla – A Arte de Escutar, Rio de Janeiro, Agir, 2009

Castelliano, Tania – Você Sabe Ouvir?, Rio de Janeiro, Best Seller, 2008

Maxwell, John C. – Todos se Comunicam, Poucos se Entendem, Rio de Janeiro, Thomas Nelson Brasil, 2010

Teles, Antonio X. – Introdução ao Estudo da Filosofia, Rio de Janeiro, São Paulo, 1999

Gross, Ronald – À maneira de Sócrates, Rio de Janeiro, Best Seller, 2002

Rabaglio, Maria Odete – Gestão por Competências, Rio de Janeiro, Qualitymark, 2010

Goleman, Daniel – Inteligência Emocional, Rio de Janeiro, Objetiva, 2007

Gottman, John – Inteligência Emocional, Rio de Janeiro, Objetiva, 1997

Hall, L Michael – Meta-Coaching, USA, NSP, 2004

Gardner, Howard – Mentes que Mudam, Porto Alegre, Bookman/Artmed, 2005

Oliveira, Ne – Potência Cognitiva, Rio de Janeiro, Qualitymark, 2003

Pink, Daniel H – O Cérebro do Futuro, Rio de Janeiro, Campus, 2007

Portilho, Evelise – Como se Aprende, Rio de Janeiro, WAK Editora, 2009

Nicolic, Vesna & Cabaj, Hanna – Estou Ensinando Bem?, São Paulo, Ed. Loyola, 2001

Lent, Roberto – Cem Bilhões de Neurônios, São Paulo, Atheneu, 2005

Ruzzarin, Ricardo $ Simionovschi, Marcelo – Competências, Porto Alegre, AGE, 2010

Alzina, Rafael B. & Escoda, Nulia – Atividades para o Desenvolvimento da Inteligência Emocional, São Paulo, GROP, Ciranda Cultural, 2009

Tracy, Bryan – Metas, Rio de Janeiro, Best Seller, 2009

Neto, Agostinho N. – Meta: Um Significado para a Vida, São Paulo, Nobel, 2005

Covey, Stephen – Os 7 Hábitos das Pessoas Altamente Eficazes, São Paulo, Best Seller, 2004

Covey, Stephen – O Poder da Confiança, São Paulo, Best Seller, 2008

Covey, Stephen – O 8º Hábito, São Paulo, Best Seller, 2005

Ellis, Albert - Como Conquistar sua Própria Felicidade, São Paulo, Best Seller, 2004

Selligman, Martin E. P. – Felicidade Autêntica, Rio de Janeiro, Objetiva, 2002

Loja, Nei – Grande Líder Motivador, Rio de Janeiro, 2005

Precht, Richard David – Quem Sou Eu?, São Paulo, Ediouro, 2009

Fiorelli, José Osmir – Psicologia para Administradores, São Paulo, Atlas, 2009

Machado, Luiz – Descubra e Use a Sua Inteligência Emocional, Rio de Janeiro, Cidade do Cérebro, 2007

Machado, Luiz – O Cérebro do Cérebro, Rio de Janeiro, Qualitymark, 1997

Newberry, Tommy – Sucesso Não é Acidente, São Paulo, Mundo Cristão, 2007

Ringer, Robert – Ação, Nada Acontece até que Algo se Mova, São Paulo, Best Seller, 2007

Knaus, William J. – É Hora de Mudar, Rio de Janeiro, Rocco, 1999

Tweed, Stephen C. – Foco Estratégico, São Paulo, Gente, 1998

Allen, David – Faça Tudo Acontecer, São Paulo, Gente, 2009

Covey, Stephen R. – Primeiro o Mais Importante, Rio de Janeiro, Campus, 1996

Canfield, Jack & Hewitt, Les – O Poder do Foco, Rio de Janeiro, Best Seller, 2005

Filho, Paulo de Vasconcellos & Pagnoncelli, Dernizo – Construindo Estratégias para Vencer, Rio de Janeiro, Campus, 2001

Fischmann, Adalberto & Almeida, Martinho – Planejamento Estratégico na Prática, São Paulo, Atlas, 1991

Chapman, Elwood – Atitude, Rio de Janeiro, Qualitymark, 1998

Sant'Anna, Ilza Martins e Menegolla, Maximiliano – Didática: Aprender a Ensinar – técnicas e reflexões pedagógicas para formação de formadores, São Paulo, Edições Loyola, 9ª edição, 2011

Paula, Maurício de – A Arte do Coaching, São Paulo, All Print Editora, 2011

Furlan, Jô e Sita, Mauricio - Ser + com Coaching – As melhores dicas e estratégias de Coaching para atingir seus objetivos, São Paulo, Editora Ser Mais, 2011

Marques, José Roberto e Carli, Edson – Coaching de Carreira – Construindo Profissionais de Sucesso, São Paulo, Editora ser Mais, 2012

Bessa, Valeria da Hora – Teorias da Aprendizagem, IESDE, Paraná, 2011

Missel, Simoni – Feedback Corporativo - Como saber se está indo bem, São Paulo, Saraiva, 2012

Stibel, Jeffrey M.- Conectado pelas Ideias, São Paulo, DVS Editora, 2012

Dunne, Claire Carl Jung - Curador Ferido de Almas, São Paulo, Editora Alaude, 2012

Shermer, Michel - Cérebro e Crença, São Paulo, JSN Editora, 2012

Wood, Julia T.- Mosaicos da Comunicação, São Paulo, Editora Ática, 2009

Heppell, Michael - Como salvar uma hora todos os dias, São Paulo, Editora Gente, 2013

Kawasaki, Guy- Encantamento – A Arte de Modificar Corações, Mentes e Ações, São Paulo, Alta Books Editora, 2011

Taffinder, Paul - Curso Intensivo de Liderança, São Paulo, Editora La Selva negócios, 2012

Rogers, Carl – Sobre o Poder Pessoal, São Paulo, Mantins Fontes, 1978

Ney, Antonio - Política Educacional, Rio de Janeiro, WAK Editora, 2008

Chopra, Sanjiv - Liderando pelo Exemplo, São Paulo, Negócio Editora, 2013

Luckesi, Cipriano Carlos - Avaliação da aprendizagem, São Paulo, Editora Cortez, 2011

Giardelli, Gil - Você é o que Você Compartilha – São Paulo, Editora Gente, 2012

Bono, Edward de – Lateral Thinking, New York, Harper Perennial, 1970

Moysés, Lucia – Como Aprendemos?, São Paulo, Editora EME, 2009

OCDE - Compreendendo o Cérebro, São Paulo, SENAC, 2003

Pink, Daniel - O Cérebro do Futuro, Rio de Janeiro, Campus, 2007

LeDoux, Joseph - O Cérebro Emocional, Rio de Janeiro, Objetiva, 1996

Lent, Roberto – Cem Bilhões de Neurônios, Rio de Janeiro, Atheneu, 2010

Clegorn, Patricia - Como aumentar a autoestima, São Paulo, La Selva Negócios, 2012

Barry, Paul e Griffiths, David – Programação, Rio de Janeiro, Alta Books Editora, 2010

Roma, Andreia e França, Sulivan - Leader Coach – Um guia prático para a gestão de pessoas, São Paulo, Editora França, 2011

Zaib, José e Chagas, Mario – Ferramentas da PNL, Rio de Janeiro, WAK Editora, 2012

Websites

www.ebce.net.br

www.rbce.net.br

www.inepnet.com.br

www.tiaec.com

www.editoraleader.com.br

OS AUTORES

JOSÉ ZAIB ANTONIO

É psicólogo e professor.

Pós-graduado e especialista em avaliação de desempenho escolar.

Fundador da Faculdade Machado de Assis.

Diretor-presidente das Faculdades da Costa Verde.

Master Coach e Trainer Internacional. Possui certificações Internacionais por Institutos de Coaching e PNL dos EUA, Europa e Austrália.

Fundador do INeP (Instituto de Neurolinguística e Psicologia Aplicada) e da EBCE (Escola Brasileirade Coaching Educacional).

Já treinou mais de 2.000 professores por meio de cursos, seminários e congressos realizados no Rio de Janeiro e em vários estados brasileiros.

Mora em Santa Cruz e Itaguaí – RJ.

JACOB GRIBBLER NETO

É engenheiro eletrônico formado pela UFRJ.

Pós-graduado em planejamento estratégico pela FGV.

É Coach Trainer pela UCC/Start Total.

Practitioner em Programação Neurolinguística pelo INeP-RJ.

Diretor geral das Faculdades da Costa Verde.

Mais de 40 anos de experiência em cargos de direção de grandes conglomerados industriais sediados no RJ, EUA e Japão.

É cofundador do INeP (Instituto de Neurolinguística e Psicologia Aplicada) e da EBCE (Escola Brasileira de Coaching Educacional).

Professor universitário.

Mora em Itaguaí – RJ.

ADVERTÊNCIA !

As práticas das técnicas, das ferramentas, das orientações, dos exercícios contidos neste Manual de Coaching Educacional são de inteira responsabilidade do leitor/aprendiz/Coachee que deverão, inicialmente, solicitar o apoio e orientação de Coaches ou Trainers para a supervisão e acompanhamento das mesmas.

Neste sentido, os resultados esperados e desejados, que advirão da leitura e aplicação dos conteúdos tanto deste Manual quanto da Formação em Coaching Educacional, serão frutos do comprometimento, atenção, dedicação e perseverança do Coachee, visto que o processo de cocriação em Coaching é totalmente voltado e focado para estes.

"Você é o que você repetidamente faz."
Aristóteles

Muito bem. **PARABÉNS!**

Agradeço a sua participação, compartilhamento de experiências, aprendizados, atenção, comprometimento... vida! Tenho a certeza de que, agora, poderá ser você mesmo de uma maneira muito melhor, contribuindo ainda mais para o desenvolvimento humano e social e para a harmonia e a paz mundial.

E ficam duas palavras para você, do fundo do meu coração:

MUITO OBRIGADO!

Prof. José Zaib Antonio

Psicólogo

Master Coach e Trainer em PNL